AF368977

MANUEL

DES MATIÈRES DU CODE

DE

PROCÉDURE CIVILE

EXIGÉES POUR LE 2me EXAMEN DE DROIT

Avec un

RÉSUMÉ

PAR

C. E. CAMUZET, Professeur et Docteur en droit.

Deuxième édition

REVUE ET MODIFIÉE.

PARIS

MARESCQ Jeune, LIBRAIRE-ÉDITEUR

25, RUE SOUFFLOT, SUR LE BOULEVARD St-MICHEL.

MANUEL

DE

PROCÉDURE CIVILE

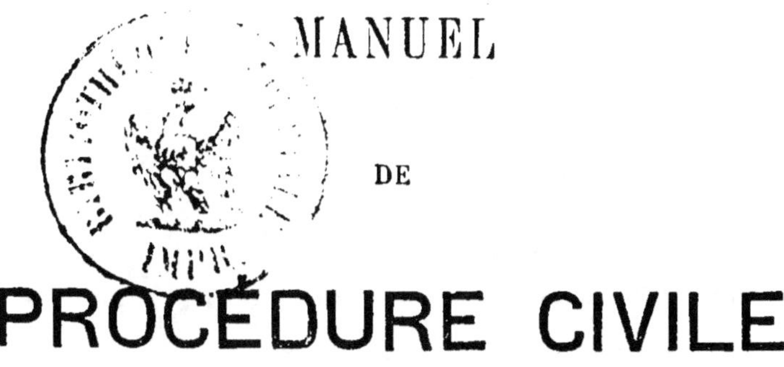

SAINT-JEAN-D'ANGÉLY, TYPOGRAPHIE LEMARIÉ, RUE DE L'HORLOGE, 11.

PROCÉDURE CIVILE.

Organisation Judiciaire.

Le CODE CIVIL (*Code Napoléon*) établit l'état des Personnes (Français ou Étranger, Mineur ou Majeur), et la condition des Choses (Meubles ou Immeubles); il détermine aussi la nature et l'étendue des rapports de personne à personne (droit de créance), de personne à chose (droit réel), ou de chose à chose (servitudes).

Mais il ne suffit pas d'établir les droits de chacun et de les limiter, il est également nécessaire d'indiquer les moyens de recourir à la justice pour faire valoir ces droits et les faire respecter, dans le cas où ils seraient méconnus ou usurpés.

Tel est l'objet du CODE DE PROCÉDURE CIVILE.

La *Procédure* est donc l'ensemble des règles à observer devant les Tribunaux pour obtenir justice, autrement dit, la marche à suivre pour — reconnaître le tribunal compétent, — introduire une demande, — proposer la défense, — exposer et discuter les preuves, — enfin, faire prononcer, — réformer — et exécuter le jugement.

L'*Organisation judiciaire* est l'ensemble des règles sur la composition et les attributions des tribunaux. La loi fondamentale en cette matière est celle des 16-24 août 1790.

L'administration de la justice est confiée au Ministre de la Justice, qui est en même temps Garde-des-Sceaux.

Les *Tribunaux* sont des Corps constitués pour rendre la justice au nom du Chef de l'État.

Ils se divisent en tribunaux *ordinaires* (tribunaux d'arrondissement et cours impériales), — et tribunaux d'*exception* (justices de paix, tribunaux de commerce, conseils de prud'hommes). Sous un autre point de vue, on les divise encore en tribunaux de *1re instance* — et tribunaux d'*appel*.

Chaque tribunal exerce sa juridiution sur une certaine partie du territoire appelée *ressort* (a).

Les circonscriptions judiciaires, entièrement calquées, dans l'origine, sur les circonscriptions administratives, correspondent encore aujourd'hui à ces dernières (b). Ainsi, il y a :

Une *Justice de paix*. — par canton,
Un *Tribunal de 1re instance* (ou d'*arrondissement*), — par arrondissement (excepté à Paris).
Une *Cour impériale*,—pour un ou plusieurs départements.
Une *Cour de cassation*, — pour toute la France.

Quant aux *Tribunaux de commerce*, il y en a dans toutes les villes où les besoins du commerce l'exigent. Quelquefois, dans un arrondissement, il y en a 2, souvent il n'y en a pas du tout ; c'est alors le tribunal d'arrondissement qui en tient lieu.

Enfin, il y a des *Conseils de Prud'hommes* dans les villes manufacturières.

(a) Le mot *Juridiction* désigne le pouvoir de juger. Ainsi, l'on dit que les tribunaux d'arrondissement exercent leur juridiction sur tout le territoire de leur arrondissement.

La *Compétence* est le pouvoir de connaître de telle ou telle affaire, c'est, pour ainsi dire, la mesure de la juridiction.

La compétence est limitée à certaines affaires et à certains territoires.

Le *Ressort* est la circonscription territoriale sur laquelle s'exerce le pouvoir d'un tribunal (c.-à-d. sa compétence).

Mais les mots Juridiction, Compétence, Ressort sont souvent employés comme synonymes. Ainsi, l'on dira indifféremment : Telle affaire est de la juridiction des tribunaux de commerce, — ou bien, est de la compétence, — ou bien encore, est du ressort des tribunaux de commerce, — pour indiquer que c'est aux tribunaux de commerce qu'il appartient de connaître de cette affaire.

Le mot *Juridiction* signifie encore l'ensemble des tribunaux d'une même classe ; dans ce sens, on dit : La juridiction administrative, — pour désigner l'ensemble des tribunaux administratifs; de même, la juridiction commerciale, pour indiquer la classe des tribunaux de commerce.

Le mot *Ressort* indique encore le degré d'instance. Ainsi, l'on dit : Un jugement en 1er ressort, — pour indiquer un jugement rendu en 1re instance et susceptible d'appel ; — Jugement en 1er et dernier ressort, — pour indiquer un jugement susceptible d'une seule instance ou d'un seul degré de juridiction.

(b) En matière criminelle, l'harmonie est plus grande entre les circonscriptions administratives et judiciaires; ainsi il y a un tribunal de simple police par canton et même par commun (pour certains cas), un tribunal de police correctionnelle par arrondissement, une cour d'assises par département.

Justices de paix.

ORGANISATION. — Il y a *une* justice de paix *par canton*.

Le tribunal est composé d'un juge nommé et révoqué par l'Empereur, et par conséquent, *amovible*.

Le traitement est, pour les juges résidant dans les villes où siége le tribunal d'arrondissement, le même que celui des juges de ce tribunal, c.-à-d. de 2,400 à 5,000 ; — pour les autres, il varie de 1,800 à 2.340. Il y a en outre, pour remplacer le juge en cas d'empêchement, *2 suppléants* sans traitement.

Aucun grade en droit n'est exigé, il suffit d'être Français et âgé de 30 ans. Les juges sont souvent choisis parmi les anciens officiers ministériels. Les suppléants peuvent remplir d'autres fonctions; la plupart sont maires, notaires ou avoués.

Il n'y a pas de *ministère public* devant la justice de paix (en matière civile).

Un *greffier* nommé par l'Empereur est attaché à chaque justice de paix; il a un traitement fixe, et de plus, les droits d'expédition.

Tous les huissiers du canton font le service des audiences, et peuvent donner citation.

A Paris, il y a autant de justices de paix que d'arrondissements, c.-à-d. 20. Les arrondissements de Paris correspondent à la fois aux cantons et aux communes de la province.

COMPÉTENCE. — Elle est exceptionnelle, et limitée aux actions de modique intérêt ou à celles qui exigent une prompte solution. Les juges de paix jugent jusqu'à 100 fr. sans appel, et 200 fr. avec appel, toutes actions purement personnelles ou mobilières.

Jusqu'à 100 fr. sans appel, et 1,500 fr. avec appel : — certaines actions entre voyageurs ou locataires en garni et hôteliers, logeurs, voituriers, bateliers ou carrossiers; — certaines actions en indemnité entre locataires ou fermiers et propriétaires.

Jusqu'à 100 fr. sans appel, et, à charge d'appel, quelle que soit la valeur du litige : — les actions en paiement de loyers ou fermages, congés, résiliation de baux fondées sur défaut de paiement, expulsions de lieux, saisie-gagerie, lorsque la location n'excède pas annuellement 400 fr.; — les actions pour dommages causés aux champs ou récoltes, — celles relatives à l'élagage des arbres ou curage des fossés; — les actions pour réparations locatives; — celles relatives au louage de services ou paiement de nourrices; — celles pour injures, diffamation, rixes ou voies de fait.

Enfin, toujours à charge d'appel, quelque minime que soit la valeur du litige : — les actions possessoires ou en bornage, — celles relatives aux entreprises commises dans l'année sur les cours d'eau, — et celles concernant les distances à observer pour certaines constructions (l. 25 mai 1838).

L'*appel* est porté devant le tribunal d'arrondissement.

Tribunaux d'arrondissement (ou de 1re instance) (*a*).

ORGANISATION. — Il y a un tribunal de 1re instance par arrondissement, ils sont divisés en 6 classes sous le rapport de leur importance et du traitement des membres (*b*).

Le tribunal siége au chef-lieu administratif, sauf exception, par ex., dans l'arrondissement de Château-Salins (Meurthe), le tribunal est à Vic; dans l'arrondissement d'Arles, (Bouches-du-Rhône), le tribunal est à Tarascon.

Chaque tribunal se compose de 3 à 12 juges (3, 4, 7, 8, 10 ou 12 juges). Il y a, en outre, de 3 à 6 juges suppléants:

Les tribunaux de 3 ou 4 juges n'ont qu'une chambre; — ceux de 7 à 10 en ont 2; — ceux de 12 en ont 3. Lorsqu'il y a plus d'une chambre, l'une d'elles est chargée de la police correctionnelle.

Dans le nombre des juges se trouve compris le président, plus, autant de vice-présidents qu'il y a de chambres, moins une; la chambre où siége le président n'a pas de vice-prési-

---

(*a* Ces tribunaux s'appellent de 1re instance parce que, le plus souvent, ils jugent en 1er ressort, mais cette dénomination n'est pas parfaitement exacte, car ils jugent quelquefois en dernier ressort (appel des jugements des juges de paix), et quelquefois en 1er et dernier ressort (demandes de peu d'importance); aussi vaut-il mieux les appeler tribunaux d'arrondissement.

(*b* A Paris, bien qu'il y ait 20 arrondissements, il n'y a qu'un seul tribunal pour tout le département de la Seine, qui comprend 2 autres arrondissements (Sceaux et Saint-Denis); aussi l'appelle-t-on *Tribunal de la Seine*.

dent. Les présidents, vice-présidents et juges sont nommés par l'Empereur, mais ils ne peuvent être révoqués, c.-à-d. qu'ils sont *inamovibles*.

Les conditions sont : le grade de licencié en droit, un stage de 2 ans comme avocat près d'un tribunal, et l'âge de 25 ans (27 ans pour les présidents et vice-présidents).

Il faut 3 juges au moins et 6 au plus pour rendre un jugement. A défaut du nombre suffisant de juges ou de suppléants pour composer le tribunal, ou pour remplir les fonctions du ministère public, on appelle les avocats dans l'ordre du tableau, et, à leur défaut, les avoués, dans le même ordre.

Le *ministère public* est composé d'un procureur impérial et d'un ou plusieurs substituts. Tous sont nommés et révoqués par l'Empereur, c.-à-d. *amovibles*.

Près de chaque tribunal, il y a *un greffier* et un ou plusieurs commis greffiers.

En outre, comme *officiers ministériels*, des *avoués* et des *huissiers*, dont le nombre varie suivant les villes.

Enfin, il y a des *avocats* en nombre illimité.

A Paris, il y a 1 président, 8 vice-présidents (autant que de chambres), 56 juges, 1 procureur impérial et 22 substituts. Sur les 8 chambres, 5 sont civiles et 3 correctionnelles.

COMPÉTENCE. — Les tribunaux d'arrondissement, constituant la juridiction ordinaire, ont une compétence générale : ils connaissent de toutes les actions qui ne sont pas attribuées aux tribunaux d'exception.

En outre, dans les arrondissements où il n'y a pas de tribunaux de commerce, ils statuent sur les affaires réservées à ces tribunaux.

Les tribunaux d'arrondissement jugent en 1er et dernier ressort les affaires personnelles ou mobilières jusqu'à 1,500 fr. en capital, et les affaires réelles jusqu'à 60 fr. de revenu; au-dessus de ces chiffres, ils ne jugent qu'en 1er ressort.

L'*appel* est porté devant la cour impériale.

Les tribunaux d'arrondissement sont, à leur tour, tribunaux d'appel pour les justices de paix.

Cours impériales (ou d'Appel).

ORGANISATION. — Il y a une cour impériale pour un ou plusieurs départements, en tout 28, y compris celle de Chambéry (23-29 juin 1860), mais sans compter celle de l'Algérie. Elles se divisent en 3 classes au point de vue de leur importance et du traitement des membres.

La cour de Bastia ne comprend que le département de la Corse, celle de Paris comprend 7 départements; en moyenne, il y a une cour pour 3 ou 4 départements.

La cour siége généralement au chef-lieu du département sur le territoire duquel elle se trouve; quelquefois son siége est au chef-lieu d'arrondissement, ex.: dans le Puy-de-Dôme, la cour est à Riom et non à Clermont-Ferrand; dans le Nord, la cour est à Douai et non à Lille.

Chaque cour se compose de 20 à 40 conseillers; les cours de 24 conseillers ont 3 chambres (une civile, — une de mise en accusation, — une de police correctionnelle). Les cours de 30 conseillers ont 4 chambres (dont 2 civiles), — celles de 40 conseillers ont 5 chambres (dont 3 civiles).

Parmi les conseillers, il y a un premier président et autant de vice-présidents qu'il y a de chambres. Les conseillers des cours sont, comme les juges des tribunaux d'arrondissement, nommés par l'Empereur; de même, ils sont irrévocables, c.-à-d. *inamovibles*.

On exige les mêmes conditions d'aptitude que pour les juges; quant à l'âge, il faut 25 ans pour les conseillers et 30 ans pour les présidents et vice-présidents.

Pour rendre une décision, il faut au moins 7 conseillers dans les chambres civiles, et 5 dans les chambres de mise en accusation ou correctionnelles.

Le *ministère public* près des cours impériales se compose d'un *procureur général impérial*, qui a la direction des parquets du ressort, et qui prend la parole quand bon lui semble, puis de 2 à 4 *avocats généraux* chargés de la parole, et de *substituts* spécialement chargés du travail de bureau au parquet, et de remplacer les avocats généraux.

Il y a *un greffier* et plusieurs commis greffiers.

Les *officiers ministériels* sont : un nombre déterminé d'*avoués* attachés spécialement à la cour impériale, et des *huissiers*.

Enfin, il y a des *avocats* en nombre illimité.

A Paris, il y a 72 conseillers, y compris les présidents (l. 25 mars 1865). Il y a, outre le procureur général, 7 avocats généraux et 11 substituts, 1 greffier et 12 commis greffiers (D. avril 1863). La cour de Paris a 7 chambres (5 civiles, — une de mise en accusation, — une de police correctionnelle).

COMPÉTENCE. — La compétence civile ordinaire des cours est la connaissance des *appels* des jugements des tribunaux d'arrondissement, des jugements des tribunaux de commerce, et des ordonnances de référés.

Exceptionnellement, les cours connaissent en 1er et dernier ressort des prises à partie, — de la réhabilitation des faillis, — de l'exécution de leurs arrêts, lorsque le jugement de 1re instance a été infirmé et l'exécution retenue, — des fautes disciplinaires des officiers ministériels attachés près d'elles.

Tribunaux de commerce.

ORGANISATION. — Il y a des tribunaux de commerce dans toutes les villes où le développement du commerce et de l'industrie l'exigent. Dans certains arrondissements, il peut y en avoir 2 (ex. : dans l'arrondissement d'Arles, il y a 1 tribunal de commerce à Arles et 1 à Tarascon); dans d'autres arrondissements, il n'y en a pas du tout; c'est alors le tribunal civil qui en tient lieu.

Chaque tribunal se compose de *3 à 5 juges* dont *un président;* il y a, en outre, des juges suppléants dont le nombre dépend des besoins du service.

Les membres des tribunaux de commerce sont nommés à l'élection par les notables commerçants (les notables sont les commerçants ayant exercé honorablement le commerce pendant 5 ans, et désignés par le préfet).

Les fonctions de juges sont purement honorifiques; elles durent 2 ans. On peut être élu une 2me fois pour 2 ans, mais il faut ensuite 1 an d'intervalle.

Pour être juge, il faut avoir exercé pendant 5 ans le commerce avec honneur et distinction et avoir 30 ans ; pour être président, il faut avoir été juge et avoir 40 ans.

Les juges élus prêtent serment devant le tribunal civil ou la cour du lieu, et sont institués par décret impérial.

Il n'y a *pas* de *ministère public* près les tribunaux de commerce. Mais il y a 1 *greffier*.

Quant aux officiers ministériels, il y a des *huissiers*, mais pas d'avoués ; il n'y a pas non plus d'avocats, mais des *agréés*, c.-à-d. des personnes investies de la confiance du tribunal et recommandées aux parties pour les représenter. Les agréés font l'office des avoués et des avocats, aucune condition d'aptitude n'est exigée. Le plus souvent, ce sont les avoués et les avocats près le tribunal civil qui sont agréés.

A Paris, le tribunal de commerce se compose d'un président, 14 juges et 16 suppléants ; il est divisé en 2 sections siégeant alternativement.

Outre les huissiers, il y a aussi, près le tribunal de commerce de Paris, un certain nombre de *gardes du commerce*, dont la mission est de faire exécuter la contrainte par corps à la place des huissiers.

Compétence. — Les attributions des tribunaux de commerce sont exceptionnelles, elles comprennent :

Les affaires commerciales entre toutes personnes commerçantes ou non.

Les contestations relatives aux engagements et transactions entre négociants, marchands et banquiers (631, c. co.).

Les actions contre les facteurs, commis des marchands ou leurs serviteurs, pour le fait du trafic du marchand auquel ils sont attachés.

Les billets faits par les receveurs, payeurs, percepteurs, ou autres comptables de deniers publics (634, c. co.).

Les lettres de change, même réputées simples promesses, et les billets à ordre n'ayant pas trait à des actes de commerce, s'ils sont signés à la fois par des commerçants et des non commerçants (636. c. co.).

Tout ce qui concerne les faillites (635, c. co.).

Enfin, les veuves et héritiers des commerçants sont justiciables des tribunaux de commerce (426 c. co).

Les tribunaux de commerce jugent en 1er et dernier ressort les affaires n'excédant pas 1,500 fr., et en 1er ressort celles au-dessus de ce chiffre.

L'appel est porté devant la Cour impériale.

En outre, les tribunaux de commerce sont juges d'appel vis-à-vis des Conseils de Prud'hommes.

Conseils de Prud'hommes.

ORGANISATION. — Il y a des Conseils de Prud'hommes dans les villes manufacturières, telles que Paris, Lyon, Lille, etc.

Le Conseil se compose de fabricants et d'ouvriers en nombre égal, le minimum est de 6, non compris le président et le vice-président.

Les Prud'hommes sont élus pour 6 ans (tous les 3 ans ils sont renouvelés par moitié, mais ils sont rééligibles). Les patrons élisent les prud'hommes patrons ; les ouvriers élisent les prud'hommes ouvriers.

Le président et le vice-président sont nommés pour 3 ans par l'Empereur, ils peuvent être nommés de nouveau et pris en dehors des éligibles.

Le secrétaire est nommé et révoqué par le préfet.

Le Conseil forme 2 bureaux : le *bureau particulier* ou de *conciliation*, composé de 2 membres (1 patron et 1 ouvrier), et le *bureau général* ou de *jugement*, composé de 4 membres (2 patrons et 2 ouvriers), non compris le président.

Les fonctions des prud'hommes sont, comme celles des juges de commerce, purement honorifiques.

COMPÉTENCE.— Les Conseils de Prud'hommes sont chargés de concilier les fabricants ou autres chefs d'ateliers, et les ouvriers ou compagnons ou apprentis, sur les différends relatifs à leur métier, et, à défaut de conciliation, de prononcer sur ces différends. Le bureau particulier ou petit Conseil est chargé de la conciliation ; le bureau général ou grand Conseil est chargé de la décision.

Ils jugent en 1er et dernier ressort jusqu'à 200 fr., et en 1er ressort seulement au-dessus de ce chiffre.

L'*appel* est porté au tribunal de commerce.

Outre les prud'hommes fabricants, il y a encore, sur certains points du littoral, des *Prud'hommes Pêcheurs* qui jugent les contestations entre les pêcheurs, au sujet de la pêche.

Il y en a à Marseille. C'est une institution coutumière.

Cour de cassation.

ORGANISATION. — La cour de cassation est un tribunal unique siégeant à Paris.

Elle se compose de *45 conseillers*, plus un *1er président* et *3 présidents;* tous sont nommés par l'Empereur et sont *inamovibles*.

La cour de cassation se divise en 3 chambres : — la chambre des requêtes, — la chambre civile, — la chambre criminelle.

Le *ministère public* se compose d'*un procureur général* et de 6 *avocats généraux*.

Il y a *1 greffier* et 4 commis greffiers.

Les *officiers ministériels* sont : *60 avocats* qui sont en même temps avocats au conseil d'État; leur ministère est forcé comme celui des avoués, dont ils font, du reste, l'office.

En outre, il y a *8 huissiers* spécialement attachés à la cour.

COMPÉTENCE. — La cour de cassation juge les pourvois contre les jugements en dernier ressort pour :

Incompétence ou excès de pouvoir;
Violation expresse de la loi;
Violation des formes de procédure prescrites à peine de nullité.
Contrariété de jugements en dernier ressort rendus par des tribunaux différents.

Elle connaît, en outre, des Réglements de juges entre cours et tribunaux ne ressortissant pas à la même cour d'appel, et des Prises à partie contre une cour, une section de cour d'appel ou d'assises, ou un membre de la cour de cassation.

Juges — Ministère public — Greffiers — Avocats
Avoués — Huissiers, etc.

JUGES. — Dans un sens général, on entend par *Juges*, aussi bien les membres d'une Cour que ceux d'un Tribunal; mais, dans un sens spécial, les *juges* sont les membres des Tribunaux proprement dits (justices de paix, tribunaux de 1re instance et de commerce). Les membres des Cours portent le nom de *Conseillers*.

Les décisions prennent différents noms suivant la même distinction : on appelle *Ordonnance*, la décision d'un Président ou d'un Juge agissant seul pour ordonner certaines mesures urgentes, — *Jugement*, la décision d'un Tribunal, — *Arrêt*, celle d'une Cour.

MINISTÈRE PUBLIC. — Les membres du Ministère public sont placés près les cours et tribunaux (justices de paix et tribunaux de commerce exceptés), pour veiller à l'application de la loi, à l'exécution des décisions des tribunaux, donner leur avis dans certaines affaires, et même dans toutes s'ils le veulent, enfin, exercer certaines actions au nom de la société, par ex., les demandes en nullité de mariage.

GREFFIER. — Le Greffier est un officier ministériel chargé d'assister les juges dans les actes de leur ministère. Il inscrit les causes, tient la plume à l'audience, écrit la sentence, et rédige l'expédition.

AVOCATS. — Les Avocats ont seuls le privilége de donner des conseils aux parties, et de faire en leur faveur, près des tribunaux, soit des plaidoiries, soit des mémoires; mais leur ministère n'est pas, comme celui des avoués, obligatoire pour les parties : on peut plaider sa cause soi-même, pourvu qu'on soit assisté d'un avoué.

Pour être avocat, il faut être licencié en droit et avoir prêté serment. On est inscrit au tableau après un stage de 3 ans, alors seulement on peut siéger en cas d'insuffisance des juges.

Les *Avocats à la Cour de cassation* et au Conseil d'État sont des officiers ministériels, car ils remplissent à la fois le rôle d'avoués et d'avocats, et leur ministère est obligatoire.

Les *Avocats à la Cour impériale* ne sont que des avocats inscrits sur le tableau au siège d'une cour (ce n'est ni une fonction, ni un grade, ni une charge); les avocats, avant leur inscription, sont dits *avocats stagiaires*.

Avoués. — Ce sont des officiers ministériels chargés de représenter les parties devant les tribunaux, et, de rédiger, recevoir et transmettre les actes de procédure.

Il y a des avoués de 1re instance et des avoués d'appel; ce sont des charges distinctes. Pour être avoué, il faut un stage dans une étude d'avoué et avoir passé, soit l'examen de capacité, soit celui de baccalauréat en droit.

Agréés. — Ce sont des personnes honorées de la confiance d'un tribunal et recommandées par lui aux parties pour les représenter et les défendre. Ils remplissent à la fois le rôle d'avoués et d'avocats, mais ils n'ont pas de caractère public; au reste, leur ministère n'est que facultatif. Aucun grade n'est exigé. Il y en a près la plupart des tribunaux de commerce et quelquefois près des justices de paix.

Huissiers. — Ils sont officiers ministériels; leur rôle consiste à signifier les actes de procédure et à mettre les jugements à exécution. Quelques-uns sont *Audienciers*, c.-à-d. désignés par le tribunal pour faire le service des audiences; en compensation de cette charge, ils ont le monopole des significations d'actes entre avoués. Il y en a près toute espèce de tribunaux.

Commissaires-Priseurs. — Ils n'ont qu'une seule attribution, celle de faire les ventes publiques et les estimations d'effets mobiliers. Toutefois, ce droit ne leur est pas spécial, mais commun avec les huissiers, greffiers et notaires.

Il n'y en a que dans les villes importantes.

Gardes du commerce. — Ils n'ont également qu'une seule attribution, mais elle leur est spéciale. Ils sont chargés, à la place des huissiers, de mettre à exécution la contrainte par corps. Il n'y en a qu'à Paris; autrefois, ils étaient 10, aujourd'hui, ils sont réduits à 7; et, comme la contrainte par corps est sur le point d'être abolie, ils vont bientôt disparaître.

CODE

DE

PROCÉDURE CIVILE.

LIVRE I. — DE LA JUSTICE DE PAIX.

Les rapports que les hommes ont entre eux, au sujet de leurs intérêts pécuniaires ou de leurs droits de famille, engendrent chaque jour des difficultés : si chaque partie, par mauvaise foi, ou par entêtement, maintient ses prétentions, il faut alors pour terminer le différend avoir recours à la justice.

Il y a cependant 2 moyens d'éviter, ou même de terminer un procès : 1° La *Transaction* ; — 2° le *Compromis* ou *Arbitrage*.

La **Transaction** est le règlement amiable que les parties font *elles-mêmes* de leurs droits litigieux.

Le **Compromis** est l'engagement que prennent les parties de confier à des *tiers* le règlement de leurs droits litigieux.

Ces tiers s'appellent *Arbitres :* ce sont généralement des amis des parties, des hommes d'affaires, ou des personnes ayant des connaissances spéciales sur la matière en litige, par ex., des architectes, s'il s'agit de constructions.

Leur décision s'appelle **Arbitrage.** (1003-1028.)

Entre ces 2 manières de terminer une contestation, il y a cette différence que, dans la transaction, les parties sont libres de débattre leurs droits et de maintenir ou de modifier leurs prétentions jusqu'à la signature du traité qui les met d'accord ; tandis que dans le compromis, dès qu'elles ont confié aux arbitres le mandat de régler leur différend, elles ne sont plus maîtresses de leurs droits : elles sont, pour ainsi dire, à la discrétion des arbitres, en ce sens qu'elles ont donné une adhésion anticipée à la décision arbitrale.

Mais si les parties ne sont pas assez sages pour résoudre leurs difficultés par elles-mêmes ou à l'aide d'arbitres, ou bien, si à raison de leur incapacité (mineurs, interdits), ou à raison de la nature du litige (ex. : questions d'état), elles n'ont pas la faculté de faire une transaction ou un compromis, elles devront nécessairement recourir aux tribunaux.

Toutefois, avant de porter l'affaire devant certains tribunaux, la loi oblige, en général, les parties à tenter un accommodement devant le juge de paix. — Cette formalité s'appelle la **Tentative de Conciliation**. — C'est un 3me moyen d'éviter un procès.

Lorsqu'on veut s'adresser à la justice pour obtenir la solution d'un litige, la première chose à faire, c'est de déterminer quelle est la juridiction compétente.

On recherche d'abord si c'est la juridiction administrative ou la juridiction judiciaire.

Au 1er cas, on saisit directement les tribunaux administratifs (Préfet, — Conseil de préfecture, — Ministre, — conseil d'État). Il n'y a pas lieu en cette matière au préliminaire de conciliation. Au reste, cette formalité serait sans intérêt, car la procédure administrative est simple et peu coûteuse.

Au second cas, c.-à-d. si l'affaire est de la compétence des tribunaux judiciaires, il faut encore distinguer si elle est civile, commerciale ou criminelle.

En matière criminelle (Cours d'assises, Tribunaux correctionnels, Tribunaux de police), il n'y a pas d'essai de conciliation préalable, parce qu'à côté de l'intérêt privé, il y a l'intérêt public, sur lequel on ne peut transiger.

En matière commerciale , les affaires exigeant célérité , l'essai de conciliation serait une lenteur inutile, aussi est-il permis de saisir directement les tribunaux de commerce.

Toutefois, lorsqu'il s'agit d'une affaire de la compétence des conseils de Prud'hommes, il y a une conciliation spéciale devant l'une des sections du conseil appelée *Bureau de Conciliation*.

En matière civile, au contraire, que l'affaire soit de la compétence des tribunaux d'arrondissement, ou de la compétence des justices de paix, il y a toujours lieu, en principe, au préliminaire de conciliation, mais le mode de procéder diffère dans les 2 cas.

Si l'affaire rentre dans la compétence du juge de paix, l'adversaire est invité à se présenter devant le juge de paix au moyen d'un avertissement sur papier libre rédigé par le greffier et expédié par la poste. A cet effet, la partie qui fait citer remet 25 centimes au greffier pour frais tant de l'avertissement que de l'affranchissement (loi du 2 mai 1855, art. 2).

En pratique, on donne à cette formalité le nom de *Petite Conciliation*.

Si, au contraire, l'affaire est de la compétence du tribunal d'arrondissement, alors l'invitation est faite à l'aide d'une citation sur papier timbré et remise par huissier; c'est la *Conciliation ordinaire*, ou simplement *Conciliation* (a).

LIVRE II. — DES TRIBUNAUX INFÉRIEURS. (b)

Titre I. — De la Conciliation.

HISTORIQUE. — L'Assemblée Constituante, approuvant la maxime : *Mauvais accommodement vaut mieux que bon procès*, et voulant éviter que sur des motifs peu sérieux ou pour des intérêts minimes, l'on ne soit entraîné à de grandes dépenses, décida qu'avant de commencer un procès, les parties devraient se présenter sans frais devant le bureau de paix, afin de tenter un arrangement amiable (loi du 24 août 1790) (c).

Ce principe était excellent, mais il fut admis d'une manière trop absolue ; car toutes les matières excédant la compétence des juges de paix furent, *sans exception*, soumises à la conciliation préalable devant le bureau de paix (d).

(a) Le livre 1er ne faisant pas partie de l'examen, il n'en sera pas traité.

(b) La dénomination de *tribunal inférieur* s'applique aux tribunaux d'arrondissement et à ceux de commerce, par opposition aux cours impériales et à la cour de cassation.

(c) D'après la loi de 1790, le bureau de paix, dans les villes où il y avait un tribunal de district, était composé de 6 notables, — dans les autres lieux, il était tenu par le juge de paix assisté de ses 2 assesseurs. En outre, les contestations entre mari et femme, leurs descendants et ascendants, — celles entre les pupilles et leurs tuteurs devaient être portées devant un *tribunal de famille* siégeant comme arbitre, sauf appel.

(d) Voltaire rapporte que cet usage était déjà établi en Hollande, où les juges conciliateurs étaient appelés *faiseurs de paix*.

La loi de 1790 exigeait, en effet, la tentative de conciliation dans les causes d'appel ; or, il y a peu d'espoir de concilier les parties après un premier essai infructueux et surtout après les plaidoiries de 1re instance.

En second lieu, elle ne dispensait pas les affaires où il n'y a pas possibilité de transaction ; c'était assujettir les parties à tenter l'impossible et leur imposer des dépenses et des lenteurs inutiles.

Enfin, elle aurait dû dispenser les affaires urgentes et celles où le grand nombre des parties laisse peu d'espoir d'une entente.

Plusieurs lois introduisirent des exceptions nécessaires : — la loi des 6-27 mars 1791 dispensa du préliminaire de conciliation les affaires intéressant la Nation, les Communes, l'Ordre public, ainsi que les affaires commerciales ; de plus, certaines procédures urgentes, telles que les Saisies, Oppositions ou autres actes conservatoires purent précéder la conciliation. — La loi des 20-25 septembre 1792 dispensa les appels sur opposition au mariage. — La loi du 26 ventôse an IV excepta toutes les instances d'appel.

Bien que ces restrictions eussent fait disparaître la plupart des inconvénients reprochés à la loi de 1790, la tentative de conciliation fut l'objet de critiques sérieuses ; une réaction vive succéda à l'enthousiasme de la Constituante, et, lors de la discussion du Code de procédure, en 1806, la suppression de la tentative de conciliation fut demandée presque unanimement par les Cours d'appel; le Tribunat était du même avis. Cependant, on respecta le principe consacré de nouveau par la Constitution de l'an VIII, et l'essai de conciliation fut maintenu par le Code de procédure, mais renfermé dans de justes limites.

Aujourd'hui, cette institution est encore vivement critiquée; on la considère comme une pure formalité ignorée le plus souvent des parties, et remplie par les clercs d'avoués auxquels leurs patrons donnent, pour toute instruction de l'affaire, la mission de repousser tout accommodement.

Mais si la Conciliation ordinaire n'a pas produit, surtout dans les grandes villes, les bons effets que l'on en espérait, il est cependant certains endroits où elle a amené d'heureux résultats.

Quant à la petite Conciliation, elle fonctionne d'une manière plus satisfaisante; elle rend tous les jours de nombreux services. Aussi, de facultative qu'elle était en vertu de la loi du 25 mai 1838, elle est devenue obligatoire depuis la loi du 5 mai 1855.

On appelle **Conciliation** (essai, préliminaire, ou tentative de), la formalité imposée aux parties de se présenter devant le juge de paix pour tenter un arrangement avant de commencer un procès devant les tribunaux d'arrondissement.

Demandes soumises aux préliminaires de conciliation. — 3 conditions sont exigées. La demande doit être :

1° *Introductive d'instance ;*
2° *En 1re instance devant les tribunaux d'arrondissement ;*
3° *Susceptible de transaction*, (soit à raison des parties, soit à raison de la matière).

Introductive d'instance. — L'art. 48 porte : *demande principale introductive d'instance ;* le mot *principale* est, pour ainsi dire, un pléonasme, toute demande introductive d'instance étant par cela même principale.

La demande **Principale** est, en effet, celle qui commence un procès entre les parties, que ce procès se rattache ou non à un autre déjà pendant entre elles ou entre l'une d'elles et un tiers.

La demande **Introductive** est celle qui commence un procès entre les parties, mais sans que ce procès se rattache à aucun autre, soit entre les parties, soit entre l'une d'elles et un tiers.

Celle-ci comprend donc la première comme le genre embrasse l'espèce : ainsi, la demande introductive est toujours principale, puisqu'elle fait naître un procès et, de plus, commence une instance ; tandis que la demande principale n'est pas toujours introductive, car tout en faisant naître un procès, elle n'ouvre pas toujours une instance nouvelle, mais quelquefois se rattache à une instance déjà commencée et à laquelle elle se joint.

L'action en garantie nous fournit les deux exemples : J'ai acheté une maison ; quelque temps après, une personne prétend en être propriétaire et me fait un procès en revendication. Cette demande est introductive d'instance, et par conséquent, principale. Je puis, à mon tour, agir en garantie contre mon vendeur, et cela de 2 manières : — ou bien je l'appelle de suite en cause pour qu'il prenne ma défense contre mon adversaire ; dans ce cas, ma demande est principale, car elle commence un procès entre mon vendeur et moi ; mais elle n'est pas introductive, puisqu'elle se joint à l'instance commencée contre moi ; — ou bien, après avoir soutenu seul et perdu mon procès contre le revendiquant, je poursuis le vendeur en restitution du prix; ici, mon action est à la fois principale et introductive. Principale, car elle fait naître un procès, — introductive, car le 1er procès étant terminé, elle donne lieu à une nouvelle instance (*a*).

Quant à la *demande en intervention,* c.-à-d. celle par laquelle un tiers prétend avoir intérêt à figurer au procès pendant entre 2 personnes, elle est toujours principale, puisqu'à l'égard de ce tiers elle commence un procès, mais elle n'est jamais introductive, puisqu'elle est nécessairement formée dans le cours d'une instance.

En employant les mots : *demande principale introductive d'instance.* l'art. 48 a voulu dire que la demande doit non-seulement commencer un procès entre les parties, mais encore ne se rattacher à aucun autre procès en cours d'instance, même entre l'une des parties et un tiers.

En 1re instance devant le tribunal d'arrondissement. — Ainsi, il n'y a pas lieu à conciliation :

1° Sur les affaires de la compétence des juges de paix.
   (Dans ce cas, il y a une conciliation particulière.)

2° Sur celles de la compétence des tribunaux de commerce.
   (Ces matières exigent ordinairement célérité.)

3° Sur celles soumises aux Conseils de Prud'hommes.
   (Il y a aussi, dans ce cas, une conciliation particulière.)

4° Sur celles soumises directement, c.-à-d. en 1er ressort à la Cour impériale.
   (Elles sont le plus souvent d'ordre public, il y a donc rarement lieu à transaction.)

5° Sur les *appels* de justice de paix, — des tribunaux d'arrondissement, — des tribunaux de commerce, — et des Conseils de Prud'hommes.
   (Après les débats, il y a peu d'espoir de conciliation.)

---

a On oppose à la demande *introductive d'instance* la demande *incidente,* mais le mot *introductif* est rarement employé : le plus souvent, il est remplacé par le mot *principal;* c'est ainsi qu'on dit de la demande en garantie, qu'elle est tantôt principale et tantôt incidente, pour indiquer qu'elle se forme tantôt en dehors, tantôt dans le cours d'un procès; tandis que cette action est toujours principale, en ce sens que, dans les 2 cas, elle commence un procès entre le garanti et le garant (dans notre espèce, entre l'acheteur et le vendeur).

Susceptible de transaction. — La conciliation étant une espèce de transaction, les parties en cause doivent être capables de transiger, et l'objet du procès doit être susceptible de transaction.

PERSONNES INCAPABLES DE TRANSIGER. — Ce sont :

Les *mineurs* émancipés ou non (*a*).

Les *interdits* (*b*). — Les *prodigues* (*c*).

Les *femmes mariées* (*d*).

Les *tuteurs des mineurs et des interdits* (*e*).

Les *curateurs des émancipés* (*f*).

Les *représentants des personnes morales publiques* (*g*).

Ces personnes ne sont pas véritablement incapables de transiger, mais seulement incapables de transiger par elles-mêmes. Les mineurs et interdits, par ex., ne peuvent transiger en personne, mais leurs tuteurs ou curateurs ont droit de faire une transaction avec l'avis de 3 jurisconsultes et l'homologation du tribunal. Malgré cela, la loi a cru devoir dispenser de la conciliation les causes intéressant des parties qui ne peuvent transiger qu'après des formalités longues et coûteuses.

OBJETS OU DROITS NON SUSCEPTIBLES DE TRANSACTION. — On ne peut ni *transiger* ni *compromettre* sur :

Les *dons et legs d'aliments, logement et vêtements.*

Les *séparations de corps ou de biens* (*h*).

Les *causes sujettes à communication au ministère public.*

Forcer les parties à tenter un acte impossible eût été ridicule.

Demandes dispensées du préliminaire de conciliation. — Ce sont :

1° Les demandes *requérant célérité*. — Par ex., les demandes en matière de commerce, celles en main-levée de saisie ou en

---

a Certaines personnes pensent que les mineurs émancipés peuvent transiger sur ce qui concerne leurs revenus.

b 199. c. n. — *c* Il faut l'assistance du conseil judiciaire. 513. c. n.

d L'autorisation du mari ou de justice est nécessaire. 217. 1449. c. n.

e 167, 199, 2046. c. n. — *f* 484 c. n.

g Par ex., le maire pour la commune, le préfet pour le département, les administrateurs pour les établissements publics. (A. 21 frim. an XII.)

h Toutefois, en matière de séparation de corps, il y a une conciliation toute particulière devant le président du tribunal d'arrondissement : la loi a pensé que ce magistrat aurait plus d'influence sur les parties que le juge de paix 876 .

paiement de loyers. Le temps qu'on passe à citer et à comparaître devant le juge de paix suffirait pour faire juger l'affaire au tribunal.

2° Les demandes formées contre *plus de 2 défendeurs* (encore qu'ils aient le même intérêt). Il est difficile d'accorder 3 parties, aussi y a-t-il peu d'espoir d'en concilier un plus grand nombre.

Telles sont les véritables exceptions, mais la loi en admet d'avantage.

Après avoir posé les conditions nécessaires pour qu'une demande soit soumise à la conciliation, dans l'art. 49, la loi énumère les causes dispensées de cette formalité ; mais cette énumération est incomplète et inutile : — incomplète, car elle omet les causes intéressant les prodigues et les femmes mariées ; — inutile, car sauf 2 sortes de demandes qui sont de véritables exceptions (celles *requérant célérité* et celles *formées contre plus de 2 défendeurs*), toutes les autres sont dispensées d'après l'application des règles générales. Voici l'art. 49 :

« Sont dispensées du préliminaire de conciliation :

« 1° Les demandes intéressant l'Etat, — le Domaine, — les « communes, — les établissements publics, — les mineurs, — « les interdits, — les curateurs aux successions vacantes.

Toutes ces personnes sont incapables de transiger.

« 2° Les demandes *requérant célérité* — (1re exception).

Ce sont les demandes commerciales et celles du n° 5.

« 3° Les demandes en intervention. — Celles en garantie.

L'intervention est toujours incidente : — la garantie est tantôt incidente, tantôt introductive a.

« 4° Les demandes en matière de commerce.

Elles requièrent célérité et rentrent dans le n° 2.

« 5° Les demandes de mise en liberté. — Celles en main-« levée de saisie ou opposition. — Celles en paiement de loyers, « fermages, arrérages de rentes ou pensions. — Celles des « avoués en paiement de frais.

Toutes requièrent également célérité.

« 6° Les demandes formées contre *plus de 2 défendeurs*, « bien qu'ils aient le même intérêt — (2me exception).

---

a On pense généralement que la loi n'a voulu dispenser la demande en garantie qu'autant qu'elle est incidente, ce qui rend, il est vrai, l'exception inutile, mais l'article est loin d'être irréprochable, et il n'y a aucune raison d'exempter de la conciliation la demande en garantie lorsqu'elle est introductive d'instance.

« 7° Les demandes en vérification d'écritures *a*. — En désa-
« veu *b*. — En règlement de juges *c*. — En renvoi *d*. — En
« prise à partie *e*.

> Demandes le plus souvent incidentes et sujettes à communication au
> ministère public.

« 8° Les demandes contre un tiers-saisi *f*. — Et en général
« sur les saisies *g*. — Les offres réelles (*h*. — La remise des
« titres, — leur communication *i*).

> Ces 4 demandes requièrent célérité.

« 9° Sur les séparations de biens. — Sur les tutelles et cura-
« telles.

> Ces 2 demandes ne sont pas susceptibles de transaction.

« 10° Enfin, sur toutes les causes exceptées par la loi *j*. »

Juge compétent. — Si les parties comparaissent volontairement, elles ont le choix de leur juge.

Dans le cas contraire, le juge compétent est, en principe, celui
du *domicile du défendeur*, que l'affaire soit personnelle ou réelle.

a 193-213. — *b* 332-362. — *c* 363-367. — *d* 368. — *e* 505-516.

f Tiers-saisi. — Le créancier qui sait qu'une personne doit de l'argent ou un
autre objet à son débiteur, a le droit de faire signifier à cette personne de ne
pas payer avant que la justice ait décidé à qui le paiement sera fait; la chose due
est ainsi saisie ou arrêtée. Cette procédure s'appelle *opposition* ou *saisie-arrêt*,
le créancier est le *saisissant*, le débiteur le *saisi*, et la personne sommée le *tiers-
saisi*.

g Les Saisies. — Outre la saisie-arrêt, il y a beaucoup d'autres saisies :

La *saisie-exécution* ou *saisie-mobilière* 683, c'est la mise sous la main de la
justice des meubles corporels du débiteur, à l'effet de les faire vendre aux en-
chères.

La *saisie-brandon* ou *saisie des fruits pendant par racine* 626.

La *saisie des rentes constituées sur les particuliers* 636 celles sur l'État sont
insaisissables.

La *saisie-immobilière* 673.

La *saisie-gagerie* (819. Elle est faite par un propriétaire sur les meubles et
objets d'un locataire garnissant la maison, pour garantie des loyers échus.

La *saisie-conservatoire* 417. Celle faite par un créancier sur les objets mobiliers de son débiteur commerçant.

La *saisie-foraine* 822. Celle faite par un créancier en la commune qu'il
habite, sur les effets de son débiteur forain, trouvés en cette commune.

La *saisie-revendication* 826. Celle faite par un individu qui se prétend propriétaire d'un meuble possédé par un autre; elle fait séquestrer cet objet jusqu'à
ce que la question de propriété soit jugée.

Enfin, la *contrainte par corps* ou *saisie de la personne* 780.

h Les Offres réelles sont la proposition faite par un débiteur à son créancier, par l'intermédiaire d'un officier public, de recevoir ce qu'il lui doit 812.

i A. 811 et 839, c. x. *j* L. 5 mai 1838, a. 8, et a. 875, c. pc.

A la différence de ce qui a lieu devant les tribunaux, on ne s'inquiète pas ici, en matière réelle, de la situation de l'objet litigieux; il est inutile, en effet, de déplacer les deux parties pour les envoyer devant le juge du lieu où est situé l'immeuble, sous prétexte que ce juge est mieux renseigné, puisqu'il n'a pas le droit de les condamner en cas de désaccord ; le juge du domicile du défendeur a plus d'influence, ce qui offre plus d'espoir de conciliation (a).

Quand il y a 2 *défendeurs*, c'est le juge *du domicile de l'un d'eux*, au choix du demandeur. S'ils sont plus de 2 *défendeurs*, il n'y a pas lieu de tenter la conciliation.

Exceptions. — Dans 2 cas, il y a une compétence exceptionnelle :

1° En matière de SOCIÉTÉ autre que celle de commerce, tant qu'elle existe, c'est le juge du lieu où est le siége de la Société. C'est là que sont les livres (b).

2° En matière de SUCCESSION, c'est le juge de paix du lieu où la succession s'est ouverte, c.-à-d. du domicile du défunt, que la demande soit formée par un *héritier*, un *créancier héréditaire* ou un *légataire*, et cela jusqu'au partage inclusivement, ou jusqu'au jugement d'homologation de partage. C'est au domicile du défunt, en effet, que se trouvent les pièces à consulter, les objets litigieux, et le plus souvent, les plaideurs eux-mêmes (c).

Citation. — *Formes.* — Quand les parties comparaissent volontairement, aucun acte n'est exigé; dans le cas contraire, celle des parties qui veut forcer l'autre à venir en conciliation doit recourir à un exploit d'huissier appelé *Citation* (d).

(a En cas d'élection de domicile, le juge compétent est-il celui du domicile élu, ou celui du domicile réel? Controverse.

(b La loi excepte la Société de commerce, dans la pensée sans doute que ses affaires sont toutes commerciales, et par conséquent, dispensées de la conciliation, a. 49, 1°. Cependant une Société commerciale peut être propriétaire et avoir, à l'occasion des immeubles, des procés civils, tels que des revendications ; dans ce cas, on pense généralement qu'il y a lieu à conciliation.

(c Voy. a. 59, le tribunal compétent en cette matière, et la note relative à la conciliation.

(d Tous les huissiers d'un même canton ont droit de faire ces citations ; le monopole des huissiers-audienciers, admis par le Code 52, a été supprimé par la loi du 25 mai 1838, a. 16.

La loi n'ayant pas indiqué les formes de cet acte, on est d'avis qu'il doit contenir les mêmes mentions que la citation en justice de paix, c.-à-d. :

La *date des mois jour et an de l'exploit.*
Les *noms, profession et domicile du demandeur.*
Les *noms, demeure et immatricule de l'huissier.*
Les *noms et demeure du défendeur.*
L'objet de la demande, mais non les moyens (*a*).
Les *jour et heure de la comparution.*

Délai. — Le délai est de **3** *jours francs,* c.-à-d. 3 jours pleins entre le jour de la citation et celui de la comparution, qui ne sont comptés ni l'un ni l'autre. Ainsi, une citation faite le 1ᵉʳ du mois convoquera pour le 5 au plus tôt, le 2, le 3 et le 4 étant seuls des jours francs (*b*).

Il y a, en outre, une augmentation de délai à raison des distances (1 jour par 5 myriamètres).

Comparution. — *Les parties comparaîtront en personne, en cas d'empêchement, par un fondé de pouvoirs.* — Ces termes de l'art. 52 comparés à ceux de l'art. 9 semblent créer pour les parties *l'obligation* plutôt que la *faculté* de comparaître en personne ; dès-lors, il ne devrait être permis de se faire représenter qu'en justifiant d'un empêchement. Telle est sans doute la pensée de la loi, mais une pratique constante n'exige aucune excuse et rend par là la comparution personnelle purement *facultative* (*c*). La réunion a lieu dans le cabinet du juge de paix et non en audience publique.

A la différence de ce qui était admis autrefois, on peut aujourd'hui se faire représenter par des particuliers ou des hommes

---

(*a*) La citation en conciliation diffère, sous ce rapport, de la citation en justice qui, outre l'*objet,* doit aussi contenir les *moyens.* Il est rationnel, en effet, d'obliger le demandeur, qui choisit son jour et qui a dû préparer son attaque, à faire connaître à l'avance ses moyens au défendeur, afin que ce dernier puisse les étudier et les combattre ; mais en conciliation, il est inutile d'indiquer et de préparer ses armes, puisqu'il n'y a pas de combat.

(*b*) A. 1033.

(*c*) La procuration peut être donnée par acte sous seing-privé, car la loi n'ordonne pas qu'elle soit authentique. Mais elle doit être sur papier timbré et enregistrée.

d'affaires (avoués, avocats) indifféremment, et il n'est pas nécessaire que le représentant ait pouvoir de transiger (*a*).

Deux hypothèses sont à distinguer dans la comparution :

1° Les 2 parties se présentent ;

2° L'une d'elles comparait, — l'autre fait défaut.

La 1re hypothèse peut conduire à 2 résultats : — ou les parties se concilient, — ou elles ne se concilient pas.

Dans le cas de *conciliation*, on dresse un *procès-verbal* de toutes les clauses de l'arrangement. Les conventions y insérées ont force d'obligation privée ; ce qui ne veut pas dire que le procès-verbal n'a que la force d'un acte sous seing-privé, car le juge de paix étant un officier public, donne à ses actes l'authenticité. Les conventions seront donc réputées vraies jusqu'à inscription de faux, et ce sera à la partie qui les déniera à prouver qu'elles sont fausses ; de plus, la date sera réputée certaine, même à l'égard des tiers. Mais si le procès-verbal a la *foi* d'un acte authentique, il n'en a pas la *force* : ainsi, il n'est pas revêtu de la formule exécutoire, en sorte que si l'une des parties ne s'exécute pas, il faudra obtenir un jugement contre elle ; en outre, il n'emporte pas hypothèque comme les actes notariés ou actes judiciaires. C'est en ce sens que le Code dit que le procès-verbal n'a que *force d'obligation privée* (*b*).

---

a Il y a là 2 dérogations à la loi du 27 mars 1791. Autrefois, les personnes de l'ordre judiciaire (avocats, avoués, huissiers), ne pouvaient faire l'office de représentants, on craignait qu'ils fussent peu disposés à un arrangement. Leur exclusion ne produisit pas de bons résultats ; au contraire, la partie se présentait avec un plan de conduite tout tracé et était bien moins disposée à s'en départir que ne l'eût été son conseil lui-même. D'un autre côté, dans le cas où l'une des parties était elle-même un homme d'affaires, il n'était pas juste d'empêcher l'autre partie de se faire assister. Aujourd'hui, cette prohibition ne s'applique plus qu'aux huissiers (l. du 25 mai 1838), encore prétend-on que ce n'est qu'autant que la cause est portée devant le tribunal de paix, et non en conciliation. Autrefois, dans le but de faire produire quelque effet à la conciliation, on exigeait que le mandataire eût pouvoir de transiger, mais c'était forcer les parties à confier à un tiers le droit de disposer de tout ou partie de leur fortune, alors qu'elles refusaient personnellement toute concession. Aussi, le plus souvent, le pouvoir était-il retiré par une clause secrète.

b Dans le projet, le procès-verbal devait procurer tous les effets de l'acte authentique ; mais les notaires ayant fait observer que si le procès-verbal conservait ces effets, les parties iraient toujours, sous prétexte de difficultés, faire constater leurs conventions devant le juge de paix, et se passeraient ainsi de leur ministère, on déclara que le procès-verbal ne serait pas exécutoire et ne donnerait pas hypothèque. Cette rédaction fut ensuite modifiée dans ses termes, mais non dans son esprit.

Devant le juge de paix, le demandeur a le droit d'expliquer et même d'augmenter sa demande. Toutefois, s'il peut ajouter à sa demande certains accessoires, tels que les intérêts d'une somme dont il n'avait réclamé d'abord que le capital, ou bien les fruits d'un immeuble qu'il avait simplement revendiqué, il ne peut introduire une contestation étrangère à la demande primitive. Ainsi, je vous appelle en conciliation à propos d'une maison que vous possédez et que je revendique contre vous, je ne puis pas profiter de cette circonstance pour vous forcer à vous expliquer sur la location d'une autre maison que je vous ai louée, ou sur la restitution d'une somme que je vous ai prêtée ; ce sont là des causes distinctes de la première et pour lesquelles vous pouvez exiger une nouvelle tentative de conciliation.

Quant au défendeur, il peut, à son tour, opposer certaines demandes, mais il faut qu'elles se lient à la principale, ou tout au moins qu'elles soient une sorte de défense. Ainsi, le locataire cité pour défaut de paiement de loyers peut opposer dans la conciliation le refus du propriétaire de faire les réparations nécessaires. Ainsi encore, le débiteur cité pour une dette de 1,000 fr. comprendra dans la conciliation la créance de 500 fr. qu'il a sur le demandeur, car la compensation est une sorte de défense.

Dans le cas de *non conciliation*, au lieu d'un exposé détaillé, le juge fait une mention sommaire du *désaccord*. Doit-il, comme autrefois, constater les *dires, aveux, dénégations des parties?* Cette formalité a été repoussée comme pouvant être *un moyen de circonvenir des hommes simples et sans connaissances.*

Quand l'une des parties défère le **Serment** à l'autre, le juge de paix le reçoit ou fait mention du refus de le prêter.

Si le serment est prêté, il y a une *véritable transaction* : le demandeur est censé avoir dit au défendeur : *Si vous jurez que vous ne me devez rien, je consens à ne rien vous réclamer.* Celui qui jure ainsi ne rien devoir ne peut plus être poursuivi.

Si le serment est refusé, il est fait *mention de ce refus.* Dans ce cas, celui qui l'a déféré peut-il conclure directement devant le tribunal à une condamnation sans avoir besoin de prouver sa prétention et sans que celui qui a refusé de jurer puisse invoquer aucune preuve pour sa défense?

Cette conséquence, certaine pour le serment déféré en justice, n'est généralement pas appliquée au serment déféré en conciliation.

Le tribunal, dit-on, peut avoir égard à ce refus, mais non pas condamner absolument.

En effet, le refus de prêter serment ne doit entraîner condamnation qu'autant qu'il a été préalablement jugé que le serment a été valablement déféré, c.-à-d. que le fait sur lequel il porte est personnel à l'adversaire et que ce fait peut être l'objet d'un aveu. Or, le juge de paix n'étant que conciliateur n'a pas qualité pour trancher ces questions. Le refus de la partie peut donc avoir été fondé. En outre, il est possible que la partie n'ait pas voulu prêter serment à huis-clos et ait préféré ne le faire qu'à l'audience, après avoir fourni des preuves qui la mettent à l'abri de tout soupçon.

Défaut de comparution. — La partie qui ne comparaît pas encourt *10 francs d'amende,* et toute audience lui est refusée jusqu'à justification de la quittance. Le juge de paix n'ayant pas qualité pour condamner, cette amende ne peut être prononcée que par le tribunal d'arrondissement, en sorte que si l'affaire n'est pas poursuivie, l'amende ne sera pas payée (*a*).

Au lieu d'un procès-verbal, le juge fait mention de la non comparution sur le registre du greffe, et en outre sur l'*original* ou la *copie* de la citation. L'original étant entre les mains du demandeur, et la copie entre celles du défendeur, la mention se fera sur l'original, si c'est le défendeur qui est absent, — sur la copie, si c'est le demandeur qui ne se présente pas.

Effets de la citation. — La citation en conciliation, outre qu'elle permet d'assigner devant le tribunal, produit les effets suivants :

1° *Elle interrompt la prescription.*
2° *Elle fait courir les intérêts moratoires* (*b*).

Pourvu, dans les 2 cas, qu'elle soit suivie dans le mois d'une demande en justice (*c*).

---

a Une circulaire, du 30 juillet 1806, ne veut pas que l'amende soit encourue de plein droit.

b On appelle MORATOIRES les intérêts dûs par suite du retard *mora* apporté par le débiteur à rembourser une somme. Ils courent du jour où le débiteur a été mis en demeure, c.-à-d. constitué en retard.

c Ce n'est qu'au point de vue de la prescription et des intérêts moratoires que la citation doit être suivie *dans le mois* d'une assignation en justice. Pour auto-

Il était nécessaire d'attacher à la citation l'effet d'interrompre la prescription, autrement, celui qui aurait découvert un droit 2 ou 3 jours avant l'accomplissement de la prescription n'eût pu empêcher son adversaire de prescrire. En effet, si l'assignation en justice eût dû seule arrêter la prescription, cette assignation eût été tardive, puisqu'elle doit nécessairement être précédée de la conciliation, formalité qui exige un délai de 5 jours au moins. Ainsi, le 1er du mois, je trouve dans une succession, par ex., un titre qui sera prescrit le 4. Si l'assignation seule interrompt la prescription, il est inutile d'agir, car ma demande devant être précédée de la conciliation, si je cite le 1er, je ne puis convoquer que pour le 5 ; or, ce jour-là, il serait déjà trop tard pour assigner en justice.

Pour éviter ce résultat, la loi attribue l'effet interruptif à la citation devant le juge conciliateur, à la seule condition qu'elle sera suivie dans le mois d'une demande en justice (a).

En principe, les sommes d'argent ne produisent pas d'intérêts à partir de l'échéance de la dette, il faut que le débiteur ait été mis en demeure par un acte de poursuite (citation en conciliation, assignation) (b).

S'il eût fallu absolument une action en justice, comme le dit le Code civil (1153), le créancier n'aurait jamais obtenu les intérêts à partir de l'échéance de la dette, il les aurait perdus pendant les délais de la conciliation.

La *comparution volontaire* a-t-elle, comme la citation, le double effet d'arrêter la prescription et de faire courir les intérêts? — On l'admet généralement.

Défaut de tentative de conciliation. — Si le demandeur, négligeant le préliminaire de conciliation, traduit directement devant le tribunal son adversaire, celui-ci peut refuser les

riser les parties à se présenter devant un tribunal, peu importe le temps qui s'est écoulé entre la citation en conciliation et l'assignation. Toutefois, pour ceux qui admettent que la conciliation est une instance, il y aura péremption après 3 ans. La *péremption* est l'annulation des actes de procédure par suite de cessation des poursuites pendant 3 ans (a. 397).

(a) Ici, le Code de procédure répète le Code civil (2245). Quant aux intérêts, il le rectifie (1153).

(b) Quelquefois, les parties conviennent que les intérêts courront à partir de l'échéance, sans aucun acte; quelquefois, la loi décide elle-même qu'ils courront de plein droit après une simple sommation.

débats et exiger l'essai de conciliation. Mais si par oubli, négligence ou calcul, le défendeur n'oppose pas cette fin de non recevoir au début de l'instance, pourra-t-il ensuite, soit dans le cours du procès en 1re instance, soit en appel, soit même en cassation, invoquer le défaut de citation préalable? — De son côté, le tribunal ainsi irrégulièrement saisi peut-il, soit sur la requête du ministère public, soit d'office, renvoyer les parties? — La jurisprudence a varié sur ces questions : après avoir admis que la formalité de conciliation était d'ordre public, et que par conséquent son inobservation pouvait être invoquée en tout état de cause, et même d'office, elle décide aujourd'hui que la tentative de conciliation est d'ordre privé, c.-à-d. que son défaut doit être proposé au début de l'instance, sous peine d'être couvert. Toutefois, elle admet que le tribunal peut l'invoquer d'office, ce qui est un peu contradictoire (a).

(a) *Différences* entre la CONCILIATION ORDINAIRE et la PETITE CONCILIATION.

CONCILIATION ORDINAIRE	PETITE CONCILIATION
La Citation est écrite sur papier timbré, elle est rédigée et remise par huissier.	L'Avertissement est écrit sur papier non timbré, il est fait par le greffier et expédié par la poste.
Le coût est de 5 à 6 fr. environ.	Le coût est de 25 c., y compris l'affranchissement.
La conciliation ou la non conciliation est toujours constatée par un procès-verbal.	En cas de conciliation ou de non conciliation, il n'est dressé procès-verbal que sur la demande des parties, autrement, le greffier mentionne simplement ce qui s'est passé sur le registre destiné à constater l'envoi de l'avertissement.
Le défaut de comparution entraîne 10 fr. d'amende contre celui qui ne se présente pas, et l'audience lui est refusée tant que l'amende n'est pas acquittée.	Le défaut de comparution n'entraîne pas d'amende.
Le défaut de citation permet au défendeur de refuser les débats devant le tribunal, et les juges peuvent, d'office, repousser l'affaire.	Le défaut d'avertissement ne permet pas de refuser l'audience; seulement, l'huissier supporte sans répétition les frais de l'exploit.
L'assignation donnée après la citation en conciliation doit contenir copie soit du procès-verbal de non conciliation, soit de la mention de non comparution.	L'assignation donnée après l'avertissement ne contient ni la copie de la non conciliation, ni celle de la mention de non comparution.
Les causes dispensées sont :	Les causes dispensées sont :
1° Celles requérant célérité.	1° Celles requérant célérité.
2° Celles où il y a plus de 2 défendeurs.	2° Celles où le défendeur est domicilié hors du canton.

Ainsi, la 1re cause de dispense est la même dans les 2 cas, mais la seconde est différente.

Titre II. — Des Ajournements.

Quand une affaire n'est pas susceptible de conciliation, ou lorsque la tentative d'accommodement n'a pas eu de résultat, on porte la demande devant un tribunal d'arrondissement, par un acte d'huissier qu'on appelle *Ajournement* ou *Assignation*.

Ainsi, l'**Ajournement** est l'acte par lequel on introduit une demande en justice. On peut le définir d'une manière complexe : un acte signifié par huissier et par lequel le demandeur fait savoir à son adversaire (le défendeur) qu'il lui intente une action devant un tribunal déterminé et le met en demeure de *comparaître* dans un certain délai, faute de quoi, il le fera condamner par défaut (*a*).

FORMES DE L'AJOURNEMENT. — Tout ajournement est fait en double par original et par copie. L'*original* reste entre les mains de l'huissier, qui le remet ensuite au demandeur, lequel peut en avoir besoin pour prouver qu'il a cité son adversaire, et qu'il l'a fait en bonnes formes. La *copie* est remise au défendeur (*b*).

L'exploit d'ajournement doit contenir :

La *Date des jour, mois et an :*
Les *noms, profession et domicile du* Demandeur ;
La *Constitution de l'Avoué :*
Les *noms, demeure et immatricule de l'Huissier ;*
Les *noms et demeure du Défendeur ;*
L'*Objet de la demande et l'exposé sommaire des Moyens :*
L'*indication du Tribunal :*
La *mention de la Personne à qui l'exploit a été remis ;*
Le *Délai pour comparaître.* (Le tout à peine de nullité).

Chacune de ces énonciations mérite examen :

---

a Il ne faut pas croire que l'injonction de comparaître au jour fixé par l'exploit signifie que le défendeur ou quelqu'un pour lui doit se présenter à l'audience ; COMPARAITRE, veut dire se faire représenter par un avoué et faire savoir au demandeur l'avoué qu'on a chargé de sa défense. Ce n'est qu'autant que le défendeur ne remplit pas cette formalité que l'avoué du demandeur se présente au jour indiqué, et obtient condamnation par défaut.

b Cette copie est plutôt une sorte d'original ; mais on l'appelle ainsi parce qu'elle contient la reproduction de l'autre acte. S'il y a plusieurs défendeurs, il faut une copie pour chacun ; mais un seul original suffit.

1° La ***Date***. — L'ajournement étant le point de départ du délai donné à l'adversaire pour comparaître, il est nécessaire qu'il soit *daté*. De plus, l'ajournement — interrompt la prescription, — fait courir les intérêts des sommes d'argent, — met en demeure le débiteur d'un corps certain, — constitue de mauvaise foi le possesseur : la date indiquera donc le jour à partir duquel tous ces effets sont produits ; enfin elle fera connaître si l'action a été intentée dans les délais voulus.

Peu importe que la date soit en chiffres ou en lettres; il suffit d'indiquer l'année, le mois et le jour ; la mention de l'heure est inutile, les délais de procédure se comptant par jour, et non d'heure à heure.

2° Le ***Demandeur***. — Il faut indiquer non-seulement les noms de famille, mais aussi les prénoms, le domicile, et la profession du demandeur (*a*).

Si, au lieu d'agir lui-même, le demandeur charge un mandataire de poursuivre le procès, il est nécessaire d'énoncer le nom du mandataire et celui du mandant, car c'est au nom de ce dernier qu'est rendu le jugement.

A ceci se rattache cette règle que : **NUL EN FRANCE NE PLAIDE PAR PROCUREUR, HORMIS LE ROI.** Cela ne signifie pas que le Roi (ou autre chef d'État) peut seul se faire représenter par mandataire, tout le monde a ce droit ; mais que le Roi, seul, a le privilége de ne pas être nommé dans les actes de procédure, c.-à-d. que dans tous les procès exercés pour ou contre le Roi, son nom ne figure pas, le nom de son mandataire suffit ; tandis que le nom des particuliers qui se font représenter doit toujours être indiqué à côté de celui de leur mandataire.

3° L'***Avoué***. — La désignation de l'avoué chargé de représenter le demandeur s'appelle *Constitution d'avoué*, elle emporte de plein droit élection de domicile chez l'avoué constitué; c'est là qu'on signifiera tous les actes qui ne doivent pas être absolument signifiés au domicile réel ou à la personne du demandeur ; cette élection de domicile chez l'avoué n'est pas obligatoire, elle peut être faite chez une autre personne du

---

(*a*) La mention de la *patente*, exigée autrefois lorsque le demandeur était commerçant, a été supprimée par la loi du 18 mai 1850.

lieu où siège le tribunal. Le ministère de l'avoué est obligatoire, sauf de rares exceptions. (Voyez tit. 3.)

4° L'*Huissier*. — Il importe de désigner convenablement l'huissier qui a remis l'exploit, afin de savoir s'il avait le droit d'instrumenter. Outre ses *noms* et *demeure*, l'huissier indique son IMMATRICULE, c.-à-d. le numéro sous lequel il est inscrit au tableau ; mais en pratique, il se contente d'indiquer qu'il exerce près tel tribunal. Bien que la loi n'en parle pas, la *signature* de l'huissier au bas de l'acte est une condition essentielle.

L'huissier est responsable de la nullité de l'exploit résultant de *son fait*, il paie les frais de cet acte et de la procédure annulée ; il peut, en outre, être condamné à des dommages-intérêts, s'il a causé un préjudice à son client, par ex., si une prescription qui eût été interrompue par un ajournement valable, a couru et s'est accomplie contre le demandeur, par suite de la nullité de l'exploit (2247, c. N.).

5° Le *Défendeur*. — On est plus exigeant pour la désignation du demandeur que pour celle du défendeur : ce dernier, en effet, peut ne pas être bien connu de son adversaire. Il suffit donc d'indiquer les *noms* et *demeure*, c.-à-d. la résidence du défendeur; on n'exige ni le domicile, ni la profession.

Quant aux prénoms, suivant certaines personnes, on devrait aussi les mettre, car ils sont, disent-elles, compris sous l'expression : les *noms*.

6° L'*Objet* et les ***Moyens*.** — Ce qu'il importe le plus au défendeur de connaître, c'est la prétention du demandeur ; celui-ci doit donc indiquer d'une manière précise l'*objet* de sa demande, c.-à-d. s'il prétend être créancier, possesseur ou propriétaire ; — quelle est la somme qu'il demande ou la chose sur laquelle il prétend avoir tel ou tel droit.

En matière immobilière, l'exploit doit énoncer la nature de l'héritage litigieux, la commune ou la partie de la commune où il est situé, et deux au moins des tenants et aboutissants, c.-à-d. des immeubles qui l'entourent *a*.

---

a S'il s'agit d'un domaine, corps de ferme ou métairie, il suffit d'en désigner le nom et la situation. Quant aux maisons, on se contente généralement d'indiquer la rue et le numéro. (a. 61 et 675.)

En outre, l'exploit doit contenir l'exposé sommaire des moyens ou motifs que le demandeur fait valoir à l'appui de sa prétention, afin que son adversaire puisse en examiner le fondement et préparer sa défense.

7° Le *Tribunal compétent.* — Quand on a reconnu que l'affaire n'était ni administrative ni criminelle, mais civile, il faut se demander quelle est la juridiction ou la classe de tribunaux compétente en cette matière : est-ce un tribunal d'arrondissement ? une justice de paix ? un tribunal de commerce ? un conseil de Prud'hommes ?

C'est ce qu'on appelle rechercher la compétence absolue (ou *ratione materiæ*).

Après avoir déterminé la juridiction, il reste à rechercher quel est celui des tribunaux de cette juridiction qui doit en connaître.

C'est ce qu'on appelle déterminer la compétence *relative* (ou *ratione personæ*).

En un mot, on détermine d'abord quelle classe de tribunaux est compétente, puis, parmi les tribunaux de cette classe, lequel est compétent.

Le principe, en matière civile, est que les tribunaux d'arrondissement forment la juridiction ordinaire ou de droit commun ; en sorte qu'ils sont compétents pour tout ce qui n'a pas été attribué, par un texte spécial, à une autre juridiction.

Quant à savoir lequel des tribunaux d'arrondissement est compétent, l'art. 59 donne les règles suivantes :

En matière personnelle, c'est le tribunal du domicile du défendeur.
En matière réelle, celui de la situation de l'immeuble.
En matière mixte (c.-à-d. personnelle et réelle), l'un et l'autre de ces tribunaux.

Puis viennent de nombreuses exceptions.

Ainsi qu'on le voit, la nature de l'action a une très-grande influence sur la compétence ; il faut donc examiner les diverses espèces d'actions.

On divise les actions en *personnelles, réelles* et *mixtes ;* — de plus, en *mobilières* et *immobilières*, et encore en *possessoires* et *pétitoires*. (L'action POSSESSOIRE est relative aux questions de possession ; l'action PÉTITOIRE aux questions de propriété) (23).

La première division est basée sur la cause de l'action, ou la nature du droit qui l'engendre ; la deuxième sur l'objet.

L'action est **Personnelle**—lorsqu'on prétend qu'une personne est notre obligée, qu'elle est notre débitrice,— autrement dit, lorsqu'on fait valoir un *droit de créance*.

C'est cette personne seule, et après elle ses héritiers, que nous pouvons poursuivre, et nulle autre à sa place, parce que la relation de débiteur à créancier n'existe qu'entre elle et nous. Ex.: Je réclame à quelqu'un une somme que j'ai prêtée à lui ou à celui dont il est héritier,— ou bien je demande à un ouvrier d'exécuter le travail qu'il a entrepris, sinon, de me payer des dommages-intérêts.

L'action est **Réelle** — lorsqu'on prétend avoir un droit sur une chose (*droit de propriété* ou *ses démembrements* : usufruit, servitude et autre droit réel).

S'il est vrai qu'on soit forcé, en ce cas, de diriger son action contre quelqu'un, c'est seulement parce que cette personne est actuellement le possesseur de la chose ; mais la relation n'existe que de nous à la chose; si celle-ci passe en d'autres mains, c'est contre le nouveau détenteur que nous devons agir (a). Ex. : Je revendique une maison dont j'ai été dépossédé il y a plusieurs années : si celui qui m'a dépossédé a vendu, mon action doit être dirigée contre le possesseur actuel.— Ou bien encore, je prétends qu'une servitude m'a été concédée au profit de mon terrain sur le terrain voisin, c'est le détenteur de ce terrain que je dois actionner.

L'action est **Mixte** — lorsqu'elle réunit les deux caractères : lorsqu'on peut aussi bien exercer un *droit de créance* contre une personne, que faire valoir un *droit réel* sur une chose qui est entre ses mains.

Ex.: J'ai acheté un cheval : l'action pour me faire délivrer ce cheval est mixte, parce que je puis prétendre qu'en vertu de la convention, le vendeur *s'est obligé* à me livrer le cheval (1582, c. n.) et que je suis son *créancier* ; ou bien me dire *propriétaire* du cheval, car la vente, par le seul effet de la convention, est *translative de propriété* (1138, c. n.).

(a) On pourrait dire que l'action réelle est *absolue*, en ce sens qu'elle peut être exercée contre toute personne qui a la chose, tandis que l'action personnelle est *relative*, puisqu'elle ne peut s'exercer que contre une personne déterminée.

L'action est **Mobilière** ou **Immobilière** suivant que l'objet qu'on a pour but d'obtenir est un *meuble* ou un *immeuble*; et, comme une créance aussi bien qu'un droit de propriété, peut porter tant sur un meuble que sur un immeuble, il s'ensuit qu'il y a :

Des actions *personnelles mobilières*, par ex., la réclamation d'une somme prêtée.

Des actions *personnelles immobilières*, par ex., la demande de 50 hectares de terre dans une prairie, en un endroit au choix du vendeur.

Des actions *réelles mobilières*, par ex., quand on réclame dans les 3 ans un cheval perdu ou volé (2279, c. n.).

Des actions *réelles immobilières*, par ex., lorsqu'on veut repousser de sa maison un usurpateur.

Toutefois, les actions personnelles sont presque toujours mobilières, et les actions réelles le plus souvent immobilières; aussi a-t-on confondu quelquefois l'action personnelle avec l'action mobilière, et l'action réelle avec l'action immobilière. C'est ce que fait le Code (art. 59) ; il ne faut donc pas prendre cet article à la lettre et dire que l'action personnelle est portée au domicile du défendeur et l'action réelle au tribunal de la situation de l'objet litigieux, ce serait inexact, notamment pour l'action réelle mobilière. Ainsi, quand on réclame un cheval perdu (action réelle mobilière), ce n'est pas au lieu où est le cheval qu'on doit agir, mais au domicile de l'individu qui l'a trouvé; autrement, le cheval étant susceptible de changer de situation, on ne saurait à quel tribunal s'adresser.

Le vrai principe de compétence est que **toute action** (tant réelle que personnelle) **est portée au domicile du défendeur**, — *Actor sequitur forum rei*.

Ainsi, sont portées au tribunal du domicile :

1° Les actions *purement personnelles* ;

2° Les actions *réelles mobilières* ;

3° Les actions *réelles* dont l'objet n'est ni mobilier, ni immobilier ; telles sont les *questions d'état*.

S'il y a *plusieurs défendeurs*, le demandeur choisit le *tribunal du domicile de l'un d'eux*, afin d'éviter des frais, des lenteurs, et quelquefois la contrariété de décision.

Exceptions. — Il y a de nombreuses exceptions au principe *Actor sequitur forum rei :* la loi a déterminé, dans certains cas, devant quels tribunaux l'action doit être portée :

I. En matière **Réelle immobilière**, — devant le *tribunal de la situation de l'immeuble litigieux.*

Ces actions nécessitant souvent des expertises, des descentes sur les lieux, l'observation des usages locaux, ce tribunal est le mieux placé pour bien juger et à moins de frais.

II. En matière **Mixte**, — devant le *tribunal du domicile* du défendeur ou *celui de la situation* de l'objet litigieux. L'action ayant à la fois le caractère personnel et réel, il était naturel de déclarer compétent l'un ou l'autre tribunal.

Quelles sont les actions mixtes ? En droit romain, il y en avait 3 :

L'action en partage d'une succession (*familiæ erciscundæ*) ;

Celle en partage d'une chose commune (*communi dividundo*);

Enfin, l'action en bornage (*finium regundorum*).

S'il n'y avait aujourd'hui que ces trois actions, la règle ou plutôt l'exception de l'art. 59 serait à peu près inutile, car pour les successions, il y a un tribunal spécial, celui de l'ouverture de la succession ; quant au partage d'une chose commune, comme le plus souvent c'est par suite d'une Société qu'on l'exerce, il y a encore un tribunal d'exception, celui du siége de la Société; enfin pour l'action en bornage, il ne serait pas raisonnable de la porter ailleurs qu'au tribunal de la situation.

Mais dans notre ancienne jurisprudence (*a*), on admettait d'autres actions mixtes, telles que :

L'action en réméré, c.-à-d. celle par laquelle le vendeur réclame la chose vendue avec la faculté de pouvoir la reprendre dans un certain délai en remboursant le prix (1559, c. x.).

(*a*) En droit romain, d'après les principes purs et rigoureux, celui qui avait transmis la propriété d'une chose sous certaines conditions, n'avait, en cas d'inexécution des conditions, qu'une action en dommages et intérêts, c.-à-d., une action personnelle, bien qu'il eût stipulé la résolution du contrat pour cette cause. Mais notre ancienne jurisprudence ayant admis que la condition résolutoire remettrait les choses dans l'état primitif, la propriété faisait retour à celui qui l'avait transmise, ce qui donnait une action réelle et une action personnelle, par conséquent une action mixte. Au reste, cette théorie était déjà soutenue par certains jurisconsultes romains, entre autres, Ulpien.

L'action en résolution de la vente pour défaut de paiement du prix, c.-à-d. celle par laquelle le vendeur réclame la chose vendue en prétendant que la vente est nulle pour inexécution des conditions (1652).

L'action en rescision pour vilité de prix, c.-à-d. celle au moyen de laquelle le vendeur d'un immeuble, lésé de plus de 7 1/2 de la valeur, demande à reprendre sa chose en restituant le prix reçu (1671).

Dans ces actions, en effet, on agit en raison d'un contrat, on demande l'exécution d'une obligation : sous ce rapport, elles sont personnelles ; mais comme on tend aussi à faire reconnaître qu'on n'a jamais cessé d'être propriétaire, et que ces actions peuvent atteindre les tiers, elles sont considérées, en outre, comme réelles ; aujourd'hui encore, ce sont des actions mixtes.

Mais ce n'est pas là la seule source des actions mixtes ; en effet, du principe nouveau admis par le Code civil que, *toute convention est translative de propriété, à l'instant où elle est formée* (711), il résulte que celui qui s'est fait promettre un corps certain en vertu d'un contrat, par ex., qui a acheté telle maison déterminée, peut exercer :

1° Une action personnelle (comme autrefois) pour faire exécuter la convention ;

2° Une action réelle (droit nouveau) pour réclamer l'objet, ici la maison, comme sa propriété, puisque dès le moment du contrat il est devenu propriétaire. Il est donc à la fois créancier et propriétaire. Dès lors, il peut exercer à son choix son action devant le tribunal du domicile du défendeur, ou celui de la situation de l'objet litigieux.

III. En matière de **Société**, tant qu'elle existe,—devant le *tribunal du siége de la Société*. C'est dans ce lieu que se trouvent les papiers, les titres, les registres de la Société. Si la Société n'a pas de siége fixe, on va au tribunal du domicile de l'un des associés (*a*).

(*a*) Il s'agit ici de Société civile. Quant aux actions, ce sont aussi bien celles d'un tiers contre la Société que celles des associés entre eux, pour reddition de comptes, par ex. Toutefois, si l'action était réelle immobilière, il faudrait aller au tribunal de la situation. Les termes de l'article semblent subordonner la compétence du *tribunal du siége de la Société* à la durée de l'existence de la Société ; néanmoins, on étend généralement cette compétence aux actions en partage, en garantie de lots, et même en rescision de partage, par analogie à ce qui est admis pour les successions.

IV. En matière de **Succession**,—devant le *tribunal du lieu où la succession est ouverte*, c.-à-d. au domicile du défunt (110, c. N.), au moins pour certaines actions et pendant un certain temps. C'est là que se trouvent ordinairement la plus grande partie des biens, les papiers de famille, et que les héritiers se réunissent.

Cette compétence exceptionnelle a lieu :

1° Sur les demandes entre héritiers ;

2° Sur celles formées par les créanciers ;

3° Sur celles formées par des légataires ou des donataires.

Dans les trois cas, *jusqu'au partage inclusivement*, dit l'art. 59; mais cette restriction abroge-t-elle la règle plus rationnelle de l'art. 822 du Code civil, qui étend la compétence de ce tribunal aux demandes en rescision de partage et à celles en garantie des lots ?

On admet généralement le maintien de cette extension en ce qui concerne les demandes entre héritiers : le tribunal qui a connu du partage est, en effet, le mieux placé pour rectifier cet acte ou en apprécier les résultats *a*.

Quant aux créanciers et légataires, ce n'est que jusqu'au partage qu'ils doivent agir devant le tribunal de l'ouverture de la succession *b*.

V. En matière de **Faillite**,—devant le *tribunal du domicile du failli*.

Dès qu'un individu est en faillite, il est représenté par un ou plusieurs syndics : au lieu de porter l'action au domicile de ceux-ci, la loi veut que les tiers continuent à saisir le tribunal du domicile du failli, afin que rien ne soit changé. Toutefois, cette compétence exceptionnelle ne concerne pas les actions immobilières.

----

a Quant à la Conciliation, l'art. 50 n'admet également la compétence du juge de paix de l'ouverture de la succession que jusqu'au partage. Faut-il appliquer en cette matière l'extension de l'art. 822 ? Controverse : il est préférable de repousser cette extension, par ce motif que le juge de paix n'a pas, comme le tribunal, connu du premier partage ; en outre, après ce partage, les héritiers n'étant plus au domicile du défunt, ce serait les déranger inutilement. Enfin, le juge du domicile du défunt pouvant être étranger à toutes les parties, aura moins d'influence que celui du domicile de l'une d'elles.

b Cette compétence exceptionnelle ne s'applique qu'aux actions personnelles ou mobilières ; les actions réelles immobilières formées contre une succession devront être portées devant le tribunal de la situation de l'objet litigieux. Enfin, s'il n'y a qu'un héritier, c'est le tribunal de son domicile qui est compétent, car l'exception ne s'applique qu'au cas où il y partage.

Quant aux actions exercées par les syndics, il est admis que malgré la généralité des termes de l'art. 59, elles doivent être portées au domicile des tiers.

VI. En matière de **Garantie**, — devant le *tribunal où la demande originaire est pendante*. Il s'agit nécessairement de la garantie incidente.

L'acheteur actionné en revendication par un tiers, a droit de recourir en garantie contre son vendeur : au lieu de le citer devant le tribunal de son domicile, il peut l'appeler devant le tribunal déjà saisi de la demande originaire. De même, la caution actionnée par le créancier appellera le débiteur devant le tribunal déjà saisi : de cette façon, les deux procès seront terminés en même temps, il y aura économie de frais et on évitera la contrariété de jugement (*a*).

VII. En cas d'**Élection de domicile** pour l'exécution d'un acte,— devant le *tribunal du domicile élu* ou devant le tribunal du domicile réel.

Il arrive quelquefois que pour éviter de trop grands dérangements, les parties en contractant établissent qu'en cas de contestations, l'assignation sera donnée et le procès sera fait dans tel lieu déterminé : c'est ce qu'on appelle *faire élection de domicile* (111, c. x.). Cette désignation étant, en général, dans l'intérêt du demandeur, celui-ci est libre de renoncer à sa faculté et de faire citer son adversaire à son domicile réel ; mais il n'aurait pas ce choix, si l'acte indiquait que l'élection a été faite à l'avantage du défendeur. Ainsi une personne de Paris prête de l'argent à une autre domiciliée à Rouen : en cas de non remboursement à l'échéance, elle sera forcée de poursuivre l'emprunteur à Rouen; mais pour éviter un déplacement, elle peut exiger de la part de son débiteur élection de domicile à Paris. Dans ce cas, le tribunal de la Seine sera compétent.

VIII. Les demandes formées pour **frais par les officiers ministériels**, — devant le *tribunal où les frais ont été faits*.

Les officiers ministériels sont : les avoués, huissiers, greffiers, commissaires priseurs, notaires (l. 25 vent., an xi).

---

a Si, au lieu d'appeller de suite son garant, le garanti soutenait seul le procès et voulait ensuite agir en garantie, sa demande serait principale, et il ne profiterait pas de l'exception (voy. p. 1).

Quant aux *frais*, ce sont ceux faits tant par actes judiciaires que par actes extrajudiciaires, et par conséquent, non-seulement devant le tribunal, mais encore dans tout son ressort.

Cette dérogation de compétence est impérative, on ne peut donc s'y soustraire ; elle est fondée, dit-on, sur un triple intérêt : d'abord l'intérêt des officiers ministériels, qui ne sont pas distraits de leurs affaires par des dérangements et des pertes de temps fréquents ; en outre, l'intérêt des clients, car les avoués craignant la surveillance du tribunal près duquel ils exercent, n'oseront pas présenter des notes (état de frais) trop exagérées ; enfin l'intérêt public, qui exige que les avoués ne puissent se soustraire à cette surveillance.

Ainsi, l'exploit d'ajournement doit indiquer le tribunal compétent ou celui parmi les tribunaux compétents choisi par le demandeur, par ex., lorsqu'il y a plusieurs défendeurs ou lorsque l'action est mixte (*a*).

8° La *Remise de l'ajournement.* — *Par qui doit-il être remis?* L'ajournement doit être remis par un *huissier* en personne et non par un de ses clercs : l'huissier est, en effet, un officier public, et comme tel, il est cru jusqu'à inscription de faux lorsqu'il affirme avoir remis son exploit. C'est pourquoi la loi lui défend, à peine de nullité, d'instrumenter *pour ses parents et alliés et ceux de sa femme :* la loi craint que dans l'intérêt du demandeur, l'huissier ne supprime la copie de l'assignation, ce qui peut entraîner la condamnation par défaut du demandeur, ou qu'il n'antidate l'exploit, afin d'arrêter une prescription accomplie depuis peu de jours (*b*).

Les huissiers peuvent instrumenter dans tout le ressort du tribunal près lequel ils sont attachés, mais non en dehors : le demandeur doit donc prendre un huissier dans l'arrondissement où est domicilié le défendeur, mais il peut choisir n'importe quel huis-

---

a L'indication du tribunal doit être précise ; on regarde comme insuffisante l'invitation à comparaître *devant le tribunal compétent.* Ici on repousse la maxime que Nul n'est censé ignorer la loi, par cette raison que la détermination du tribunal est une question trop délicate pour laisser au défendeur le soin de la résoudre, et qu'en outre, il lui est impossible de le faire dans le cas où 2 tribunaux sont compétents à la fois, par ex., dans les actions mixtes.

b Malgré le silence de la loi, l'huissier ne doit pas faire de signification *pour lui-même,* ni *pour sa femme,* mais on admet qu'il peut en faire *contre ses parents,* car il n'y a pas le même danger.

sier, même le plus éloigné ; toutefois, pour éviter que ce choix ne soit fait en vue d'augmenter les frais, la loi ne passe à l'huissier, en cas de transport, qu'une journée au plus, pour tous frais de déplacement.

En quel temps et en quel lieu l'ajournement doit-il être remis? — Aucun exploit ne peut être donné un jour de fête légale, ni la nuit, si ce n'est en vertu de permission du juge, dans le cas où il y a péril en la demeure (*a*).

Quant au lieu où la signification doit être faite à la personne, il y a aujourd'hui pleine liberté, peu importe que le lieu soit public ou privé. Ainsi, un ajournement peut être remis à la messe, pourvu que ce ne soit pas à la messe de minuit (*b*).

A qui l'ajournement doit-il être remis? — Cet exploit, comme tous les autres, peut être remis, soit à la personne du défendeur, soit à son domicile. Il faut distinguer si le défendeur est un individu domicilié en France, — ou un individu sans domicile connu, — ou domicilié à l'étranger, — enfin, une personne morale (État, communes, établissements ou Sociétés).

I. — Individu *domicilié en France.* — Il y a 2 manières de remettre l'ajournement :

1° **A la personne** du défendeur, quel que soit le lieu où il est rencontré par l'huissier, et malgré son refus d'accepter l'exploit.

2° **Au domicile** ; là aussi la remise doit être faite *au défendeur* lui-même. Mais s'il n'y est pas ou ne se présente pas, l'huissier donne la copie d'abord aux personnes de la maison (parents ou serviteurs), à leur défaut, aux voisins, — à défaut de ceux-ci, au maire ou adjoint, — enfin, à défaut de ces fonctionnaires, au procureur impérial.

---

a Les fêtes légales sont, outre les Dimanches, l'Ascension, l'Assomption, la Toussaint et Noël (L. 18-29 germinal an x). Le 1er Janvier est aussi considéré comme fête légale (Av. C. d'État, 20 mars 1810).

Les heures pendant lesquelles les huissiers ont droit d'instrumenter sont : de 6 heures du matin à 6 heures du soir, du 1er Octobre au 31 Mars, et de 4 heures du matin à 9 heures du soir, du 1er Avril au 30 Septembre (1037).

b Le Code a rejeté les prohibitions de l'ancienne jurisprudence, qui défendait de signifier les exploits dans certains lieux et à certains moments; ainsi, au tribunal pendant l'audience, à l'église pendant les cérémonies, dans la crainte que le silence et l'ordre ne fussent troublés (voir toutefois l'art. 781).

Aux parents ou serviteurs. — Ils sont ici sur le même rang, on peut remettre indifféremment à une personne de l'une ou l'autre classe; il n'est même pas nécessaire d'indiquer les nom et prénoms de cette personne, mais il faut déclarer que c'est au domicile (*In domo alicui ex familia*). Ainsi, on peut se contenter de dire : *A son domicile, parlant à son domestique* (ou à *son clerc,* ou à *son frère*). Si l'on disait simplement : *A son domestique,* sans mentionner le domicile, l'exploit serait nul d'après la jurisprudence (*a*).

Aux voisins. — Si au domicile il n'y a ni parents, ni serviteurs, ou si ceux-ci refusent de recevoir l'acte, l'huissier constate le refus et remet la copie à un voisin qui, s'il l'accepte, doit apposer sa *signature sur l'original.* Cette mesure a pour but d'engager le voisin à remplir sa commission, car elle l'oblige, sous peine de dommages-intérêts, à remettre à son tour l'exploit au défendeur (*b*).

Au maire ou adjoint. — Si aucun voisin ne veut ou ne peut signer, l'huissier constate ce refus ou cette impossibilité et laisse la copie au maire, qui doit mettre son *visa sur l'original.* Cette formalité est exigée afin d'éviter un conflit. Il pourrait arriver, que l'huissier prétendît et ait écrit sur l'original qu'il a remis la copie au maire, et que celui-ci, de son côté, soutînt ne pas l'avoir reçue. Ces allégations contradictoires ayant la même valeur, puisqu'elles émanent de deux officiers publics, auraient nécessité un débat judiciaire dont le résultat eût été d'établir le mensonge de l'un de ces officiers. Ce visa, mis sans frais par le maire, obvie à cet inconvénient.

Au procureur impérial. — A défaut du maire ou de l'adjoint, l'huissier laisse la copie au procureur impérial, qui met aussi son visa sur l'original (1039).

---

a La loi parle de *parents* en général, sans exiger qu'ils demeurent habituellement avec le défendeur. Le lien de parenté fait présumer assez d'affection pour que l'exploit soit remis promptement.

Quant aux *serviteurs,* ils s'entendent dans un sens large et comprennent tant les domestiques que les employés, clercs et secrétaires. Le portier ou concierge d'une maison a aussi qualité pour recevoir des significations au nom des différents locataires, bien qu'il ne soit ni commis, ni payé par eux.

b Cette mesure n'est pas exigée des parents ni des domestiques, ces personnes étant censées disposées à remettre fidèlement l'exploit.

II. — Individu *sans domicile connu* en France. — L'ajournement est alors remis à la *résidence* actuelle. Si la résidence elle-même est inconnue, l'exploit est affiché *à la principale porte de l'auditoire du tribunal* où la demande est portée (a). Une seconde copie est donnée au procureur impérial.

III. — Individu *habitant le territoire français, hors du continent*, c.-à-d. dans les colonies françaises. — L'ajournement est remis au procureur impérial près le tribunal où doit être portée la demande. Le procureur impérial vise l'original et envoie la copie au ministre de la marine, qui à son tour fait parvenir cette copie à la résidence du défendeur.

Si, au lieu d'être aux colonies, la partie *habite le territoire étranger*, les règles sont les mêmes, sauf que la copie est remise par le procureur au ministre des affaires étrangères.

On admet généralement que ces formalités doivent être suivies à l'égard des *Étrangers*.

IV. — Enfin, le défendeur est une *personne morale*. — La loi indique à la fois l'individu chargé de représenter cette personne et le lieu où doit se faire l'assignation.

1° l'*État*, en la personne ou au domicile du préfet du département où siège le tribunal compétent, — mais seulement lorsqu'il s'agit de son domaine ou de droits s'y rattachant (droits domaniaux); par ex., un particulier réclame en qualité d'héritier une succession dont l'État s'est emparé comme étant en déshérence; ou bien il prétend avoir un droit de servitude sur un bien privé de l'État.

Lorsqu'il s'agit de ses revenus, ou de droits d'enregistrement, l'État est alors représenté par l'administration des domaines et de l'enregistrement.

2° Le *Trésor public*, en la personne ou au bureau de l'agent. — Dans les bureaux du Trésor, à Paris, il y a une agence judi-

---

(a) Si l'action est réelle immobilière, aucune difficulté pour reconnaître le tribunal, c'est celui de la situation de l'objet litigieux. Mais si l'action est mobilière ou personnelle, devant quel tribunal assigner le défendeur, puisqu'il n'a ni domicile ni résidence? Il n'y a aucune disposition à cet égard. Anciennement, on saisissait le tribunal du lieu où l'obligation s'était formée. Ce système est encore soutenu; d'autres pensent que l'action doit être portée au domicile du demandeur.

ciaire, c.-à-d. un certain nombre d'employés spécialement chargés de suivre et de diriger les procès concernant le Trésor; c'est le chef qui est assigné (*a*).

3° Les *Administrations* ou *Établissements publics*, en leur bureau dans le lieu où réside le siége de leur administration ; dans les autres lieux, en la personne et au bureau de leur préposé.

4° L'*Empereur*, pour ses domaines, en la personne, non plus du procureur impérial (a. 69), mais de l'administrateur du domaine privé et celui de la dotation de la Couronne (*b*).

5° Les *Communes*, en la personne ou au domicile du maire, et à Paris, en la personne ou au domicile du préfet de la Seine.

Dans les cinq hypothèses ci-dessus, l'huissier doit faire viser l'original à la personne à laquelle il remet la copie ; en cas d'absence ou de refus, le visa est donné par le juge de paix ou le procureur impérial auxquels, dans ce cas, la copie est laissée. Ce visa est exigé pour éviter un conflit entre un fonctionnaire public et un officier ministériel. (Voy. a. 68.)

6° Les *Sociétés de commerce*, tant qu'elles existent, en leur maison sociale, et, s'il n'y en a pas, en la personne ou au domicile de l'un des associés.

Il importe, toutefois, de distinguer les différentes sortes de Sociétés commerciales (*c*).

Quant aux Sociétés civiles, cette disposition est inapplicable : au lieu d'assigner les associés en commun par un même exploit en la personne ou au domicile de l'un d'eux, il faut assigner chacun personnellement, car ces Sociétés ne constituent pas une personne morale.

7° Les *Unions* et *Directions de créanciers*, en la personne ou au domicile de l'un des syndics ou directeurs (*d*).

(*a*) La plupart des Administrations et des grandes Compagnies ont une agence judiciaire qu'on appelle plus volontiers : *Bureaux du contentieux.*

(*b*) L. 7 mars 1852, a. 27. — S. C. 12 décembre 1852, a. 22

(*c*) Il y a aujourd'hui 4 sortes de Sociétés commerciales : — la Société en nom collectif. — anonyme. — en commandite, par actions ou par intérêts. — à responsabilité limitée. — C. Co., l. 17 juillet 1856. — L. 23-29 mai 1863. Quant à l'association en participation, elle ne suit pas les règles des Sociétés. 47. C. Co.

(*d*) Le mot *Direction* a vieilli et n'est plus employé. Quant au mot *Union*, il ne faut pas le prendre dans son sens spécial, c.-à-d. comme indiquant la dernière phase d'une faillite 529. C. Co., car, dès le début, les créanciers sont représentés par les syndics 443. C. Co.

Lorsqu'un commerçant est tombé en faillite, la loi veut que les créanciers, au lieu d'agir individuellement, agissent collectivement par l'intermédiaire d'un ou plusieurs syndics.

9° Le *Délai*. — Le délai accordé pour comparaître varie suivant que le défendeur est domicilié en France ou hors de France.

1° Si le défendeur est *domicilié en France*, le délai ordinaire de l'ajournement est de **huitaine franche**, c.-à-d. non compris le jour de l'assignation et le jour de la comparution. Ainsi, l'ajournement remis le 1er du mois ne peut assigner à comparaître que pour le 10 ; mais on est libre de fixer un délai plus long (1033).

Ce délai est susceptible d'être augmenté à raison des distances, et diminué en cas d'urgence.

Ainsi, au délai de huitaine, il faut ajouter **1** jour par **5** myriamètres de *distance* ; la distance se compte du domicile du défendeur au tribunal saisi (1033, et l. 2 juin 1862).

Dans les *causes requérant célérité*, on peut, en présentant une requête au président, obtenir, par une ordonnance, permission d'assigner à *bref délai*.

2° Si le défendeur est *domicilié hors de France*, les délais sont beaucoup plus longs, ils sont fixés d'après l'éloignement, mais on a tenu compte plutôt de la difficulté des communications que de la distance réelle. Ces délais ont été diminués par la loi du 2 juin 1862 : ils varient aujourd'hui entre *1 mois et 8 mois* (73).

Outre les énonciations ci-dessus, qui sont toutes prescrites, à peine de nullité, on exige encore :

La *Copie du procès-verbal de non conciliation*, ou la copie de la mention de non comparution (aussi à peine de nullité), afin que l'on sache si le procès est admissible ou non par le tribunal.

La *Copie des pièces* ou de la partie des pièces sur lesquelles la demande est fondée ; cette formalité n'est pas requise à peine de nullité. Le demandeur pourrait signifier ces copies dans le cours de l'instance, mais dans ce cas, elles n'entrent pas en taxe, c.-à-d. elles ne sont pas mises à la charge de l'adversaire qui succombe, le demandeur est toujours tenu de les payer : on a voulu empêcher que, par malice, il ne signifiât, au moment où il croit avoir gain de cause, des pièces tout-à-fait inutiles.

Le *Coût de l'original à la fin d'icelui* (c.-à-d. le prix à la fin de l'original) et le coût de la copie à la fin d'icelle, à peine de 5 fr. d'amende payables lors de l'enregistrement, et même de l'interdiction de l'huissier (le coût comprend les honoraires de l'huissier, le timbre et l'enregistrement). Cette mention a pour but d'éviter que l'huissier n'exige des honoraires supérieurs au tarif.

Enfin, l'ajournement doit être écrit sur *papier timbré,* sous peine de 20 fr. d'amende, et être *enregistré* dans les 4 jours de sa date, sous peine de nullité.

EFFETS DE L'AJOURNEMENT. — Quand il n'y a pas eu citation en conciliation, ou lorsqu'il s'est écoulé *plus d'un mois* depuis la citation, l'ajournement produit les mêmes effets que la citation :

1° *Il interrompt la prescription.*

2° *Il fait courir les intérêts.*

S'il a lieu *dans le mois* de la citation en conciliation, il ne fait que confirmer les effets conditionnels de cet acte.

Dans tous les cas, l'ajournement produit, en outre, un effet qui lui est spécial : il détermine la valeur du litige, chose importante au point de vue de la compétence et de l'appel.

Titre III. — Constitution d'avoués et Défenses.

Les parties ne peuvent, sauf de rares exceptions, figurer seules en justice ; elles doivent nécessairement se faire représenter par des avoués (a). C'est pour cela que l'ajournement, qui est le premier acte de procédure, doit contenir, de la part du demandeur, *Constitution d'avoué,* c.-à-d. indication de l'avoué chargé de l'assister (ou d'*occuper* pour lui).

---

a Dans les procès concernant l'État, les particuliers sont tenus de se faire représenter par des avoués, mais l'État n'a pas besoin de cette assistance (Ar. 10 thermidor an IV. — Av. C. d'État, 1er juin 1807). — Dans les procès avec l'Enregistrement, ni l'Administration, ni les particuliers n'ont besoin d'avoués, ces affaires se jugent sur mémoire et sans plaidoiries (L. 22 frimaire an VII). Il en est de même en matière de douanes et de contributions indirectes.

À son tour, le défendeur doit faire connaître l'avoué auquel il a confié le soin de sa défense.

Ainsi, après l'*Ajournement* envoyé par le demandeur, le deuxième acte de procédure, la *Constitution d'avoué*, est fait par le défendeur; dans les 15 jours de cette constitution, le défendeur a la faculté de notifier à son adversaire ses moyens, c.-à-d. ses *Défenses ;* le demandeur a 8 jours pour réfuter, c'est la *Réponse* ; après quoi, la partie la plus diligente fait inscrire la cause au greffe (*mise au rôle*), et prévient l'autre partie que l'affaire sera appelée tel jour pour poser les conclusions, cet avertissement s'appelle *Avenir*. Les plaidoiries n'ont lieu qu'à une autre audience.

Telle est la marche ordinaire de la procédure.

Constitution d'avoué. — Dans le délai fixé par l'ajournement (ordinairement *huitaine*), le défendeur est tenu de *comparaître*, ce qui ne veut pas dire se présenter en *personne* à l'audience, ou se faire représenter par un avoué ou un avocat, mais faire connaître l'avoué qu'on a choisi pour suivre le procès.

COMPARAÎTRE signifie donc constituer avoué, notifier son avoué à son adversaire.

Cette constitution se fait par acte signifié d'*avoué à avoué*, c.-à-d. qu'elle est rédigée par l'avoué qui se constitue, et signifiée à l'avoué adverse par un *huissier audiencier* (*a*).

Dans le cas où l'ajournement a été donné à *bref délai,* le défendeur peut n'avoir pas eu le temps de constituer avoué, aussi la loi lui permet de faire présenter à l'audience un avoué qui se constitue verbalement sur l'appel de la cause. Le tribunal donne acte de cette constitution, c.-à-d. la constate, mais l'avoué doit la réitérer dans le jour, par acte ; faute par lui de le faire, le jugement sera levé à ses frais, c.-à-d. qu'il en sera pris copie et fait signification par l'adversaire.

Si, dans le délai fixé par l'ajournement, le défendeur ne comparaît pas, c.-à-d. ne signifie pas sa constitution d'avoué, le demandeur peut, à l'expiration de ce délai, obtenir jugement par défaut contre lui. Toutefois, le délai pour comparaître n'est pas considéré comme fatal, le défendeur est admis à faire sa constitution

---

a Les huissiers audienciers ont le monopole des actes d'avoué à avoué ; c'est en compensation du temps qu'ils consacrent au service des audiences.

tant que le jugement n'a pas été rendu; en pratique, les avoués se constituent souvent à l'audience sur l'appel de la cause, à l'instar de ce qui a lieu pour les demandes à bref délai *a*.

Défenses. — Après avoir constitué avoué, le défendeur a **quinze jours** à partir de sa constitution pour signifier ses *Défenses*, c.-à-d. pour faire connaître les moyens qu'il oppose à ceux que le demandeur a insérés dans l'ajournement.

Cette signification des défenses est facultative; en sorte que le défendeur peut, avant les 15 jours et même aussitôt sa constitution, poursuivre l'audience ou garder le silence, jusqu'à ce que le demandeur l'appelle devant le tribunal.

Les défenses doivent contenir offre de communiquer les pièces à l'appui. Cette communication peut se faire de 2 manières : — ou bien *à l'amiable*, c.-à-d. d'avoué à avoué et de la main à la main sur récépissé; — ou bien *par la voie du greffe*, c.-à-d. en déposant les pièces au greffe, où l'avoué du demandeur peut aller en prendre connaissance sans les déplacer et sous les yeux du greffier.

Réponse aux défenses. — Quand le défendeur signifie des défenses, le demandeur peut, à son tour, les réfuter : à cet effet, il a **8** *jours* à partir des défenses pour signifier sa *Réponse*.

Cette réponse est facultative comme les défenses; en sorte que le demandeur peut, aussitôt la réception des moyens de son adversaire, mettre celui-ci en demeure de plaider.

Si le défendeur n'a point fourni ses défenses dans le délai de quinzaine, le demandeur peut poursuivre l'audience.

Avenir. — L'*Avenir* est un acte d'avoué à avoué par lequel l'un des avoués constitués somme l'autre de venir au tribunal pour y conclure et plaider la cause à un jour déterminé.

La loi n'ayant pas déterminé le délai qui doit s'écouler entre la signification de l'avenir et le jour des plaidoiries, l'usage s'est établi de laisser 1 jour franc.

L'avenir peut être envoyé tant par le demandeur que par le défendeur. Aussitôt sa constitution, ce dernier peut le faire, s'il

---

a Chaque partie est libre de révoquer son avoué, mais elle doit notifier à l'autre partie cette révocation et la constitution du nouvel avoué. Aucun acte ne peut plus être fait *par* l'avoué révoqué, à partir du jour de sa révocation; mais tous les actes faits *contre* lui sont valables, tant qu'il n'a pas été remplacé.

renonce à ses défenses ; aussitôt la réception des défenses, le demandeur peut également le signifier, s'il renonce à sa réponse ; enfin, après les 8 jours accordés pour la réponse, l'audience peut être poursuivie par la partie la plus diligente.

Il n'est admis en taxe qu'UN SEUL AVENIR *pour chaque partie.*

Cette disposition a pour but de prévenir un ancien abus : il paraît qu'autrefois on avait l'habitude de se signifier plusieurs avenirs ; on se donnait successivement plusieurs rendez-vous à l'audience sans avoir l'intention de plaider et dans le seul but de multiplier les frais.

Aujourd'hui, un seul avenir est permis ; toutefois, si le procès se complique d'incidents qui nécessitent plusieurs jugements, on passe en taxe un avenir pour chaque jugement, excepté pour les jugements simplement préparatoires ou de remise. (T. a. 70).

Les mots : *pour chaque partie* n'ont aucun sens, ils ont été ajoutés par inadvertence à la rédaction primitive ; il ne faut pas conclure de ces mots que l'avoué auquel avenir a été donné peut, à son tour, en signifier un autre : cet acte serait frustratoire.

Dans les affaires dites **Ordinaires**, la procédure, lorsqu'elle est dépourvue de toute complication, de tout incident, comprend donc seulement : — un ajournement, — une constitution d'avoué, — des défenses, — une réponse, — un avenir.

Ces actes sont les seuls que la loi permette. L'art. 81 porte, en effet : « *Aucunes autres écritures ni significations n'entreront en taxe.* »

Cette disposition a encore pour but d'éviter un ancien abus, celui des répliques, dupliques, tripliques, etc., c.-à-d. de ces écritures que les procureurs se signifiaient réciproquement pour grossir les frais (a).

Dans les affaires **Sommaires**, au contraire, il n'y a ni défenses, ni réponse, ni avenir ; mais seulement — un ajournement — et une constitution d'avoué (Tit. XXIV).

(a) Toutefois, cette prohibition ne s'applique qu'aux procès dégagés de toute complication, car chaque incident nécessite souvent des écritures spéciales, et qui sont, au reste, prescrites par la loi elle-même. — D'un autre côté, ce n'est qu'au point de vue de la taxe qu'il est défendu d'augmenter les écritures ; les parties sont libres, si les besoins de leur cause l'exigent, de produire de nouveaux moyens ou de notifier de nouvelles conclusions : seulement, chacune d'elles supporte les frais de ses propres écritures.

Titre IV. — De la Communication au ministère public.

On entend par MINISTÈRE PUBLIC, certains magistrats placés près les tribunaux pour requérir l'application et l'exécution de la loi.

Le ministère public se compose, devant les tribunaux d'arrondissement, d'un *procureur impérial* et d'un ou plusieurs *substituts*. Devant les cours impériales, il y a un *procureur général*, des *avocats généraux* et des *substituts*. Ni devant le juge de paix, ni devant le tribunal de commerce, il n'y a de ministère public (*a*).

Dans les causes civiles (*b*), les fonctions du ministère public consistent à agir, tantôt comme *partie principale,* ce qui est rare, tantôt comme *partie jointe.*

Le ministère public est *partie principale.* — lorsqu'au nom de la société, il joue le rôle de plaideur ordinaire contre un particulier; par ex., en demandant la nullité d'un mariage (*c*), l'interdiction d'une personne (*d*), ou en provoquant certaines mesures dans l'intérêt d'un absent (*e*).

Il est *partie jointe.* — lorsque dans une instance entre deux ou plusieurs particuliers, il prend part à la discussion dans l'intérêt de l'un ou l'autre; c'est toujours son droit et quelquefois son devoir de poser ses conclusions à l'audience, c.-à-d. de donner son avis.

Dans toutes les causes, le ministère public a le *droit* de poser ses conclusions; mais son intervention étant, en règle générale, facultative, il use rarement de sa prérogative.

Dans certaines causes, c'est un *devoir,* une obligation pour le ministère public de prendre des conclusions à l'audience : dans ces cas spéciaux, on dit que *l'affaire est sujette à communication,* parce que les pièces du procès doivent être remises au ministère public quelques jours d'avance, afin qu'il puisse les étudier et conclure en connaissance de cause.

---

a En cas d'absence ou d'empêchement des procureurs impériaux et de leurs substituts, ils sont remplacés par l'un des juges ou suppléants; à défaut de ceux-ci par un avocat; à son défaut par un avoué, suivant l'ordre du tableau. 81 et 118. — L. 22 ventôse an XII, a. 50. — D. 12 décembre 1810, a. 35.

b Dans les affaires criminelles, le ministère public est toujours partie principale.

c A. 184, 190, 199 et 200 c. N. — *d* A. 191. c. N. — *e* A. 11. c. N.

 PROCÉDURE CIVILE.

FORMES. — La *Communication* se fait par le dépôt du dossier au parquet 3 jours avant celui indiqué pour les plaidoiries (*a*). En pratique, les avoués remettent le plus souvent les pièces le matin de l'audience et même pendant l'audience (*b*).

CAUSES SOUMISES A LA COMMUNICATION. — D'après l'art. 83, ce sont celles concernant :

1° *L'Ordre public*. — *l'État*. — le *Domaine*. — les *communes*, — les *établissements publics*. — les *dons* et *legs aux pauvres*.

2° *L'État des personnes* (par ex., désaveu de paternité, nullité de mariage, séparation de corps). — et les *Tutelles*.

3° Les *Déclinatoires sur incompétence* (*c*).

4° Les *Règlements de juges*. — les *Récusations* — et les *Renvois pour parenté et alliance* (*d*).

5° Les *Prises à partie* (*e*).

6° Les *Causes des femmes non autorisées par leurs maris*, ou même *autorisées, lorsqu'il s'agit de leur* DOT *et qu'elles sont mariées sous le régime dotal*.

Ainsi, la femme autorisée de son mari n'a pas besoin de la protection du ministère public, mais il est un cas où l'intérêt public exige la communication; c'est lorsqu'il s'agit de la *dot*, sous le régime dotal.

Sous tous les régimes, il y a une dot; mais sous le régime dotal, cette dot offre cette particularité, qu'elle est, sauf exception, inaliénable, c.-à-d. que les biens dotaux ne peuvent être aliénés, ni par le mari seul, ni par la femme seule, ni par tous les deux ensemble (1554, c. N.).

Cette disposition a pour but de garantir à la femme la restitution de sa fortune à la fin du mariage.

Pour éluder cette prohibition de la loi, les époux auraient pu, en simulant un procès, déguiser une aliénation : par ex., faire revendiquer un immeuble par le tiers auquel ils veulent vendre, et se laisser déposséder en n'opposant aucune défense sérieuse.

(*a*) On appelle *Parquet*, les bureaux du ministère public.

Le *Dossier* est l'ensemble des actes de procédure et des pièces du procès réunis par ordre de date dans une enveloppe de papier.

b Les communications tardives de la part des avoués ne doivent pas entrer en taxe, mais le jugement est néanmoins valable si le ministère public a conclu.

c Voy. Tit. IX. — *d* Liv. II. Tit. XIX, XX, XXI. — *e* Liv. IV. Tit. III.

C'est pour éviter cette fraude et faire observer la loi, que le ministère public doit prendre connaissance des affaires concernant la dot *a*.

7° Les causes des *Mineurs*, et généralement toutes les causes où l'une des parties est défendue par un curateur. Par ex., le curateur au ventre 393, c. N.).

8° Celles concernant les personnes *présumées absentes*.

Quant aux *absents déclarés*, ils sont représentés par les envoyés en possession provisoire, qui ont intérêt à bien les représenter 120, c. N.).

Enfin, le *tribunal* peut *ordonner d'office* la communication, et la *loi* elle-même prescrit cette formalité en dehors des cas énumérés par l'art. 83, ex., désaveu d'un officier ministériel 359) (*b*).

EFFETS. — Le ministère public est tenu de donner ses conclusions, mais il n'est pas forcé de prendre la défense des personnes dans l'intérêt de qui est faite la communication; il peut donner un avis défavorable à leurs prétentions.

Quelquefois, le ministère public développe ses conclusions, mais le plus souvent il se contente de dire : *Je m'en rapporte à la prudence du tribunal*. Est-ce bien là le vœu de la loi? Ne serait-il pas plus conforme à l'esprit du Code de donner un avis quelconque, même sans le motiver.

Les parties n'ont pas le droit de répliquer à ces conclusions, mais seulement la faculté de transmettre immédiatement au tribunal de simples notes énonciatives des faits que le ministère public aurait exposés d'une manière incomplète ou inexacte.

Qu'arrive-t-il, si la communication n'a pas eu lieu, dans le cas où elle est exigée par la loi? On distingue si la partie dans l'intérêt de qui elle était ordonnée a triomphé, ou si elle a succombé : au second cas, la partie protégée par la loi peut attaquer le jugement par une voie extraordinaire appelée **Requête civile** (480).

____

a Il ne faut pas prendre l'article à la lettre, comme on l'a soutenu, et dire qu'il n'y a lieu à communication que dans les causes où la femme agit elle-même. S'il en était ainsi, l'article serait à peu près inutile, puisque sous le régime dotal c'est le mari qui exerce toutes les actions de sa femme a. 1549), et le but de la loi ne serait pas atteint, car la communication n'aurait lieu qu'en cas de séparation de biens, cas où la femme exerce elle-même ses actions 1563, 1445).

b En outre, en matière de cession de biens 900). — d'assistance judiciaire l. 30 janvier 1851, a 15).

Titre V. — Des Audiences , de leur publicité et de leur police.

Inscription. — Distribution. — Appel des causes. — Le Code n'indique pas la manière dont les causes doivent être inscrites, distribuées et appelées; on a pensé que ces détails faisaient plutôt l'objet d'un réglement; ils se trouvent dans le décret du 30 mars 1808.

L'un des avoués (en général, celui du demandeur), fait inscrire la cause sur le registre du greffe la veille au moins du jour de l'audience, c.-à-d. du jour indiqué dans l'ajournement.

Le registre sur lequel toutes les causes sont ainsi incrites dans l'ordre de leur présentation se nomme *rôle général.*

Cette inscription est ce que la loi appelle la *mise au rôle;* elle contient les noms des parties, ceux des avoués et la nature de l'affaire.

Chaque semaine, à l'ouverture de l'audience tenue par le président (ordinairement, il siége à la 1re chambre), l'huissier audiencier fait l'appel des causes dans leur ordre d'inscription.

Si le défendeur n'a pas constitué avoué, il est donné défaut contre lui sur les conclusions de l'avoué du demandeur.

S'il a constitué, le président désigne la chambre qui connaîtra de l'affaire; il distribue ainsi toutes les causes, sauf celles qui doivent être spécialement jugées par la chambre où il siége (*a*).

Il est dressé pour chaque chambre un *rôle particulier* des affaires qui lui ont été attribuées.

Le président de chaque chambre fait faire des *affiches,* c.-à-d. des tableaux d'un certain nombre de causes; ces affiches doivent être exposées, 8 jours avant l'appel des causes, en la salle d'audience et au greffe. C'est pour se rendre au jour fixé par l'affiche qu'est donné l'*avenir.*

Chaque semaine, on appelle un certain nombre d'affaires : si les avoués ne comparaissent pas, la cause est retirée du rôle; — si l'un d'eux seulement comparaît, il requiert jugement par défaut; — si tous les deux se présentent, ils prennent leurs *conclusions,* ce qui consiste : — pour le demandeur, à lire les réclama-

---

(*a*) Ce sont les interdictions, — les envos en possession des biens des absents, — les erreurs dans les actes de l'état civil, — les causes intéressant l'Etat, les communes et les établissements publics, etc.

tions contenues dans l'ajournement et la réponse; — pour le défendeur, à lire les réfutations écrites dans ses défenses. Puis, chacun des avoués remet au tribunal copie de ses conclusions sur papier libre, afin que les juges puissent prendre connaissance de l'affaire avant les plaidoiries. — Enfin, le président indique un jour pour plaider : l'affaire est alors portée sur le *rôle d'audience*. Ce jour arrivé, la cause est plaidée sans nouvel avenir (*a*).

Plaidoiries. — Si le ministère des avoués est indispensable, l'assistance des avocats n'est que facultative pour les parties; elles peuvent, assistées de leurs avoués, se défendre elles-mêmes : mais le tribunal a la faculté de leur interdire ce droit, s'il reconnaît que la passion, ou l'inexpérience, les empêche de discuter leur cause avec la décence convenable ou la clarté nécessaire pour l'instruction des juges. Au reste, les plaidoiries ne sont pas nécessaires, et les parties peuvent se contenter de faire lire leurs conclusions par les avoués.

Si elles désirent faire plaider leur cause, doivent-elles absolument s'adresser à un avocat? Certaines personnes étendent aux matières civiles la faculté accordée en matière criminelle (295, I. c.), de se faire défendre par un parent ou un ami avec l'autorisation du président. Mais d'autres pensent que les avocats ont seuls le droit de plaider au civil.

Quant aux avoués, ils ne peuvent plaider que sur les incidents de procédure ou sur les demandes incidentes de nature à être jugées sommairement. Mais dans les tribunaux où le nombre des avocats est insuffisant, les avoués, licenciés ou non, ont le droit de plaider (*b*).

---

a A Paris, l'avoué poursuivant rédige un *placet* ou *réquisition d'audience;* c'est un acte sur papier libre contenant les nom et demeure des parties, ceux des avoués, l'objet de la demande et les conclusions. Le placet est remis au greffier qui, après l'avoir inscrit sur le rôle général, le transmet au président pour que la cause soit distribuée à l'une des chambres. Les avoués sont avertis de cette distribution par un bulletin envoyé du greffe. Le poursuivant fait son avenir et dépose, la veille du jour fixé pour se présenter, son placet sur le bureau de l'huissier audiencier, afin que celui-ci fasse l'appel de la cause. A l'audience, les conclusions sont prises et déposées, le jour pour plaider est fixé. Le greffier envoie encore un bulletin aux avoués pour leur rappeler le jour des plaidoiries.

En province, les avoués ne remettent pas de placet, ils requièrent verbalement la mise au rôle, le greffier mentionne le numéro du rôle sur le dossier ou sur l'ajournement.

b O. 27 février 1822. — Toutefois, les avoués reçus licenciés dans l'intervalle de la loi de ventôse an XII au décret de juillet 1812, ont le droit de plaider.

Bien que les membres des tribunaux et les officiers du ministère public soient licenciés, il leur est interdit de prendre la défense des particuliers, soit verbalement, soit par écrit, même à titre de consultation, tant devant les tribunaux où ils exercent leurs fonctions que devant les autres. Toutefois, ils peuvent plaider devant tous les tribunaux leurs causes personnelles et celles de leurs femmes, parents ou alliés en ligne directe, et de leurs pupilles (86).

Cette prohibition ne s'applique pas aux juges suppléants.

Tenue des audiences. — *Publicité.* — Le principe de la publicité, applicable aujourd'hui, même en matière pénale, était déjà consacré dans notre ancienne jurisprudence, en matière civile.

La publicité de l'audience offre un double avantage : elle est une garantie de la bonne administration de la justice, car la présence du public sollicite les juges à remplir leurs devoirs avec zèle et prudence. D'un autre côté, elle montre au public la sagesse et l'impartialité des juges et lui inspire le respect dont doit être entouré la magistrature.

Toutefois, il est certaines affaires où, par exception, la publicité serait un inconvénient et où le *huis-clos* est ordonné, soit par la loi elle-même, soit par les tribunaux (adoption, 241, divorce, 355, c. x.).

Mais il n'y a que les plaidoiries qui aient lieu à huis-clos, le jugement doit toujours être rendu publiquement (l. 20 avril 1810).

Police. — Les assistants doivent se tenir découverts dans le respect et le silence. Tout ce que le président ordonne pour le maintien de l'ordre doit être exécuté ponctuellement et à l'instant.

Si quelqu'un trouble le silence ou donne des signes d'approbation ou d'improbation, soit aux paroles des défenseurs, soit aux paroles ou actes des membres du tribunal, il est averti par l'huissier audiencier; s'il ne rentre pas dans l'ordre sur-le-champ, il est expulsé; s'il fait résistance, il est saisi et déposé à la maison d'arrêt pendant 24 heures.

Si l'auteur du trouble remplit une fonction près le tribunal, il pourra, outre la peine ci-dessus, être suspendu de ses fonctions.

Si le tumulte est accompagné d'injures ou voies de fait, constituant une contravention ou un délit, le délinquant sera condamné sur-le-champ (505, l. c., 94).

S'il s'est rendu coupable d'un crime, le juge ou le tribunal le fait arrêter, dresse un procès-verbal, et renvoie devant les magistrats compétents (506, 1. c., 92). Enfin, si ce fait se passait devant une cour, la condamnation pourrait avoir lieu séance tenante (597, 1. c.).

Titre VI. — Des Délibérés, et Instructions par écrit (a).

L'instruction d'une affaire déjà avancée par les écritures est ordinairement complétée par les plaidoiries des avocats et les conclusions du ministère public; en sorte que le tribunal étant suffisamment éclairé, rend son jugement le jour même des débats. Mais quelquefois, les juges, désirant examiner les dossiers, discuter entre eux la décision, enfin préparer la rédaction de leur sentence, renvoient à une autre audience pour prononcer.

C'est ce qu'on appelle le *Délibéré*.

Quelquefois aussi, à raison de la longueur des débats, ou de la nécessité d'examiner avec soin des pièces nombreuses ou très-importantes, les juges chargent l'un d'entre eux de faire un *rapport* sur l'affaire à une audience prochaine.

C'est ce qu'on appelle le *Délibéré sur rapport* (b).

L'instruction d'une affaire devant le tribunal est le plus souvent *orale*, c.-à-d. qu'elle se fait par plaidoiries; mais lorsqu'une affaire paraît compliquée ou difficile à suivre, le tribunal, craignant qu'un débat oral ne l'éclaire pas suffisamment, ordonne que l'instruction se fera *par écrit*, c.-à-d. par mémoires au lieu de plaidoiries, et que l'un des juges fera un rapport à l'audience.

On emploie cette procédure dans les affaires de comptes ou de généalogie; au reste, on y recourt rarement (c).

---

a Il sera traité des Délibérés au titre suivant.

b Le jugement qui ordonne le Délibéré n'a pas besoin d'être levé ni signifié. Si l'une des parties ne remet pas ses pièces, la cause est jugée sur les pièces de l'autre.

c Quant aux affaires de l'Enregistrement, elles sont instruites par écrit, mais comme elles n'exigent pas le ministère des avoués, elles ne sont pas soumises à toutes les formes de cette procédure.

Le Délibéré simple et le Délibéré sur rapport ne sont ordonnés qu'après les débats terminés ; quant à l'instruction par écrit, elle est, au contraire, ordonnée avant les débats, et même au début de l'instance. Les juges peuvent l'exiger, soit d'office, soit sur la demande des parties. Leur jugement doit être rendu à l'audience et à la pluralité des voix (*a*).

Procédure. — Le Demandeur doit *lever* et *signifier* le jugement qui ordonne instruction par écrit. Il a *15 jours* à partir de cette notification pour signifier une requête (ou mémoire) contenant ses moyens et ses conclusions. Cet acte remplace les plaidoiries. Il y joint un *état*. c.-à-d. l'énonciation des pièces invoquées au soutien de sa demande. — Dans les *24 heures* de cette nouvelle signification, — il doit *produire*. c.-à-d. déposer au greffe les pièces mentionnées dans la requête ; — enfin, *dans* le même délai, signifier sa production au défendeur.

Le Défendeur, de son côté, a *15 jours* à partir de cette production pour prendre connaissance des pièces déposées au greffe, et *signifier sa réponse* avec un état des pièces à l'appui (*b*). — Dans les 24 heures de cette signification, il doit remettre au greffe les les pièces produites par son adversaire, — faire à son tour la production de ses propres pièces, — et signifier cet acte à son adversaire (*c*).

Le Demandeur a encore un délai de *8 jours* pour prendre communication des pièces produites par le défendeur et contredire au moyen d'une nouvelle requête ; on ne passe en taxe aucunes autres écritures (*d*).

(*a*) Ces précautions tendaient autrefois à éviter un abus. En effet, les juges obtenant de plus fortes épices dans les instructions par écrit, on craignait qu'ils n'accordassent trop facilement ce genre de procédure. Mais aujourd'hui, il n'y aurait pas d'inconvénient à ce que le jugement fût rendu en chambre du conseil.

(*b*) Le greffier. sur un récépissé. donne les pièces aux avoués qui ne doivent les garder que 24 heures : il y a contre eux des peines sévères s'ils ne rétablissent pas les pièces au greffe dans le délai voulu (106-108).

(*c*) Les parties peuvent signifier des pièces nouvelles. mais celle qui fait une nouvelle production supporte les frais d'écriture sans pouvoir les répéter ; il n'en est pas de même de la partie adverse. on lui accorde le droit de répondre dans la huitaine (101-103).

(*d*) S'il y a plusieurs défendeurs ayant des avoués et des intérêts différents, ils ont chacun et successivement un délai de quinzaine pour prendre communication. répondre et produire (97. 100 et 101).

Le Greffier, ces productions étant faites, ou le délai pour les faire étant expiré, remet les pièces au juge rapporteur en lui faisant signer le registre de production.

Le Juge rapporteur résume les faits et les moyens et lit son rapport à l'audience sans donner son avis.

Les Défenseurs, sous aucun prétexte, n'ont la parole après lui, ils peuvent seulement remettre sur-le-champ au président de simples notes énonciatives des faits sur lesquels ils prétendraient que le rapport a été incomplet ou inexact.

Le Ministère public, s'il y a lieu à communication, est entendu en ses conclusions à l'audience.

Enfin, le Tribunal rend son jugement.

Les pièces sont remises au greffe par le rapporteur qui s'en décharge en signant de nouveau le registre ; elles sont ensuite rendues aux avoués, qui déchargent le greffier en signant à leur tour.

On a supposé jusqu'ici, que les parties avaient fait, de part et d'autre, leurs significations et productions. Qu'arrive-t-il dans le cas contraire ?

Si le demandeur ne produit pas, dans le délai fixé, le défendeur fait alors sa production, et le demandeur n'a que 8 jours pour prendre communication et contredire ; ce délai passé, il est procédé au jugement sur les pièces du défendeur.

Si c'est le défendeur qui ne produit pas, à l'expiration du délai, on procède au jugement sur les pièces du demandeur.

Les jugements rendus sur les pièces de l'une des parties, faute par l'autre d'avoir produit, ne sont pas *susceptibles d'opposition*.

L'opposition est une manière particulière d'attaquer les jugements par défaut ; elle est basée sur cette présomption, que le défendeur a ignoré le procès ou jugement. Mais en cette matière, l'opposition n'est admise que contre le jugement qui ordonne l'instruction par écrit, parce que ce jugement peut être ignoré du défendeur ; mais elle n'est pas admissible sur le jugement définitif, parce que le défendeur est réputé avoir été averti par les significations successives qu'exige la procédure par écrit (a).

(a) Tant que le juge n'a pas fait son rapport, les productions faites après l'expiration des délais sont admises ; mais une fois le rapport fait sur ce qui a été produit, il y a déchéance pour l'autre partie ; c'est ce que la loi appelle *forclusion* (de *forum claudere*).

Titre VII. — Des Jugements.

Le mot JUGEMENT dans son sens général, désigne toute décision d'un tribunal ou d'un juge sur les affaires qui lui sont soumises.

Dans un sens spécial, le **Jugement**, est la décision émanée des tribunaux proprement dits (c.-à-d. justice de paix, tribunal d'arrondissement ou de commerce).

Par opposition, on appelle :

Arrêt, la décision prononcée par une cour (cour d'appel, cour de cassation).

Ordonnance, celle rendue par un président seul ou un juge à sa place (*a*).

Sentence, celle émanée des arbitres.

DIVISION DES JUGEMENTS. — Considérés sous différents rapports, les jugements se divisent en :

Définitifs ou *avant faire droit.*
Contradictoires ou *par défaut.*
1er ressort ou *dernier ressort.*
Exécutoires ou *non exécutoires par provision.*

Jugements Définitifs ou **Avant faire droit.** — Le jugement **définitif** est celui qui termine une contestation en donnant la solution sur le fond même du procès, de telle sorte que le tribunal n'a plus à s'occuper de l'affaire (*b*).

Les jugements **avant faire droit** (ou *avant dire droit*) ordonnent certaines mesures, soit pour cause d'urgence, soit pour faire avancer le procès, mais jamais ils ne le terminent. On en distingue 3 espèces :

Les *provisoires.*
Les *préparatoires.*
Les *interlocutoires.*

(*a*) Les ordonnances ont ordinairement en vue des mesures provisoires et d'urgence, mais ne portent pas sur le fond, par ex., l'autorisation de citer à bref délai (72).

(*b*) *Définitif* ne veut pas dire inattaquable ; ainsi le jugement d'un tribunal d'arrondissement sur une demande supérieure à 1,500 fr. est définitif et dessaisit ce tribunal, mais il est susceptible d'appel devant la cour impériale.

Le jugement **provisoire** est celui qui décide pour le moment certaines questions urgentes, sauf à revenir sur cette décision dans le jugement définitif. Tel est le jugement qui, au début d'une instance en séparation de corps, accorde à la femme une pension alimentaire pendant le cours du procès.

Ainsi encore : Je réclame un cheval ou une maison ; mais je crains que pendant l'instance mon adversaire, possesseur de l'objet litigieux, ne le fasse périr ou ne le détériore ; je demande le séquestre, c.-à-d. la remise de l'objet entre les mains d'un tiers désigné par le tribunal. Le jugement qui ordonnera le séquestre sera *provisoire*.

Le jugement **préparatoire** est celui qui ordonne certaines mesures propres à compléter l'instruction de l'affaire et à préparer une solution définitive, mais *sans préjuger le fond*, c.-à-d. sans faire pressentir quelle sera la décision définitive. Tel est le jugement ordonnant une communication de pièces, — une instruction par écrit, — la jonction de 2 causes connexes ; il n'y a rien là, en effet, qui indique en quel sens le tribunal jugera le fond de l'affaire.

Le jugement **interlocutoire** a aussi pour but des mesures relatives à l'instruction, mais à la différence du préparatoire, *il préjuge le fond*, c.-à-d. qu'il fait connaître quelle sera la décision définitive.

Ex. : Dans une instance en séparation de corps, une femme demande à prouver qu'elle a reçu un soufflet de son mari ; si le tribunal s'y refuse, par ce motif que le fait, fût-il prouvé, n'est pas suffisant, le jugement est définitif, et la séparation est rejetée ; si, au contraire, la preuve est autorisée, cette décision est interlocutoire, car le tribunal reconnaît par là que le fait est susceptible d'entraîner la séparation, et il indique qu'il la prononcera si le fait est prouvé (a).

L'utilité pratique de distinguer l'interlocutoire du préparatoire est au point de vue de l'*appel* : le préparatoire n'ayant pas d'influence sur le fond, on ne peut en appeler qu'après le jugement définitif ; au contraire, l'interlocutoire peut être porté en appel

---

(a) Autre ex. : Je demande à prouver par témoins que vous me devez 200 fr. ; vous opposez que la preuve testimoniale n'est pas admise au-dessus de 150 fr. ; je réplique qu'il s'agit d'un des cas exceptionnels où cette preuve est admise quelle que soit la somme ; vous prétendez le contraire. Si le tribunal admet la preuve, son jugement est interlocutoire, car il indique que vous serez condamné si j'établis la dette.

avant le jugement définitif, afin d'éviter qu'il n'ait quelque influence sur ce dernier (150-151) (a).

Jugements Contradictoires ou **Par défaut.** — Le jugement est **contradictoire** lorsque les 2 parties ont été représentées par des avoués et que ceux-ci ont posé leurs conclusions.

Le jugement est **par défaut**, soit lorsque le défendeur n'a pas constitué avoué, soit lorsque l'un des avoués constitués n'a pas pris ses conclusions ; dans le 1er cas, le jugement est dit *par défaut contre partie,* ou faute de constitution d'avoué ; dans le 2me cas, *par défaut contre avoué,* ou faute de conclure.

Les jugements par défaut sont susceptibles d'être attaqués par l'*opposition* et l'*appel;* — les jugements contradictoires, par l'*appel* seulement.

Jugements en 1er ou **en dernier ressort.** — Le jugement est en *1er ressort* lorsqu'il est susceptible d'*appel.*

Le jugement en *dernier ressort* n'est pas susceptible de ce recours.

Cela dépend de l'importance de la demande. — Le recours en cassation n'empêche pas que le jugement soit en dernier ressort.

Jugements exécutoires ou **non exécutoires par provision.** — Les jugements *exécutoires par provision* sont ceux dont l'exécution peut être poursuivie et achevée malgré l'appel.

Les *non exécutoires par provision* sont ceux dont l'exécution est suspendue par l'appel.

---

a Le jugement provisoire n'a pas rapport à l'instruction de la cause ; en cela il diffère des 2 autres jugements avant faire droit, mais il ressemble à l'interlocutoire et diffère encore du préparatoire en ce que l'appel peut en être formé sans attendre le jugement définitif.

Il y a, en outre, d'autres jugements avant faire droit qui ne rentrent dans aucune des 3 classes ci-dessus. Ce sont les jugements sur la caution exigée du demandeur étranger, a. 166 : — ceux sur la compétence, a. 168 ; — sur la nullité des actes de procédure, a. 173.

Ces jugements ne préjugent pas le fond, et cependant on peut en appeler immédiatement. Ils diffèrent donc à la fois des préparatoires et des interlocutoires.

Les juges sont-ils forcés de décider dans le sens de l'interlocutoire ? autrement dit : *l'interlocutoire lie-t-il les juges ?* Ainsi, après avoir ordonné la preuve testimoniale, peuvent-ils ne pas condamner, bien que la preuve soit constante ? Il y a controverse.

On distingue encore :

Les jugements d'**EXPÉDIENT** ou *d'accord*, c.-à-d. ceux où le tribunal n'a qu'à homologuer les dispositions rédigées et présentées par les avoués, après avoir été arrêtées par les parties. Ex. : homologation de partage.

Ce sont des conventions revêtues de la forme d'un jugement, aussi n'y a-t-il lieu ni à appel, ni à cassation.

Les jugements sur **REQUÊTE**, c.-à-d. ceux rendus sur la demande d'une partie qui n'a pas de contradicteur. Tels sont : les jugements d'envoi en possession (120, 770, c. x.), ceux autorisant un héritier bénéficiaire à vendre les immeubles de la succession (806, c. x.).

Enfin, les jugements par **FORCLUSION**, c.-à-d. rendus contre une partie qui n'a pas produit ses titres, soit dans une instruction par écrit (113), soit dans 2 autres procédures spéciales : l'ordre (756) et la distribution par contribution (660).

CONDITIONS DES JUGEMENTS. — Un jugement est régulier aux conditions suivantes :

1° Concours du nombre de juges fixé par la loi.

2° Assistance des juges à toutes les audiences de la cause.

3° Délibération secrète.

4° Pluralité des voix (majorité absolue).

5° Prononcé de la décision en public.

I. *Nombre de juges.* — Dans les tribunaux d'arrondissement, les juges, pour délibérer, doivent être *3 au moins* et *6 au plus*.

En cas d'empêchement d'un juge, on appelle, pour compléter le tribunal au minimum, un juge d'une autre section (s'il y en a), à son défaut, un juge suppléant, puis un avocat, enfin un avoué [a].

II. *Assistance des juges aux audiences.* — On n'exige pas que les juges qui s'occupent d'une affaire soient les mêmes depuis l'ajournement jusqu'au jugement définitif. On considère généralement chaque incident produit dans une instance comme une cause distincte ; en sorte qu'il peut y être statué par des jugements préparatoires ou interlocutoires émanant de juges différents et autres que ceux qui jugeront le fond.

---

[a] On peut même appeler 2 juges d'une autre section ou 2 suppléants, mais non 2 avocats ou avoués, car il faut que la magistrature soit en majorité. Les juges sont appelés suivant l'ordre de nomination, les avocats et les avoués suivant l'ordre du tableau.

III. *Délibération en secret.* — Que la délibération ait lieu dans la salle d'audience ou dans la chambre du conseil, elle doit toujours être secrète.

Le tribunal rend son jugement le jour même de la clôture des débats, — ou il remet à une autre audience pour le prononcer.

S'il le rend le jour même, il peut le faire de 2 manières :

Quand la cause est simple, aussitôt les plaidoiries terminées, le président, séance tenante et dans la salle même d'audience, recueille les voix et prononce le jugement.

Quand l'affaire présente quelque difficulté et que les juges ont à examiner des pièces, à consulter des textes, ils se retirent dans la chambre du conseil pour y délibérer plus à l'aise. Aussitôt la décision arrêtée, ils rentrent en séance et le président prononce le jugement.

Si l'affaire est compliquée, si les juges ont besoin d'examiner les dossiers et de préparer la rédaction de leur jugement, au lieu d'interrompre l'audience pendant un temps trop long, ils renvoient à une autre audience. C'est ce que l'on appelle *mettre la cause en délibéré.*

Il y a 2 sortes de délibérés : le **délibéré simple**, lorsque le renvoi est prononcé purement et simplement; — le **délibéré sur rapport**, lorsque le tribunal charge un juge de faire un rapport sur l'affaire. Cela a lieu surtout lorsque l'affaire a occupé plusieurs audiences.

Ainsi, 4 manières d'arrêter un jugement :

1º Sur-le-champ, c.-à-d. après délibération à l'audience même.

2º Après délibération en chambre du conseil.

3º Après remise à une autre audience (*délibéré simple*).

4º Après remise et rapport d'un juge (*délibéré sur rapport*).

IV. *Pluralité des voix* (majorité absolue). — Le président recueille les voix en commençant par le juge dernier nommé, afin que ce juge ne soit pas influencé par l'avis des autres (*a*) Il faut

---

a) **CONFUSION DES VOIX**.—En principe, il est défendu, comme autrefois, de nommer à un même tribunal le père et le fils, le beau-père et le gendre, 2 frères, l'oncle et le neveu; mais le gouvernement peut accorder des dispenses pour les tribunaux de 8 juges au moins (D. 20 avril 1810, a. 63). Comme tempérament, on admet encore la *confusion des voix*, c.-à-d. que les voix de 2 juges parents et dispensés ne comptent que pour une lorsqu'ils sont de la même opinion; mais chaque voix compte séparément, si ces juges sont d'opinion opposée.

la majorité absolue; une majorité relative, quelque forte qu'elle soit, ne suffit jamais *(a)*.

Quand on ne peut arriver à la majorité absolue, soit directement, soit en forçant la plus faible opinion à se réunir à l'une des plus fortes, on dit qu'il y a *partage*. Dans ce cas, on appelle un autre juge, et l'affaire est de nouveau plaidée, afin que le juge *départiteur* en prenne connaissance.

Voici les différentes hypothèses qui se présentent :

1° Tous les juges sont du même avis, il y a alors *unanimité (b)*.

2° Deux opinions se forment, il y a dans cette hypothèse :

— *Majorité absolue*, si le tribunal siége en nombre impair (ce qui arrive le plus souvent), le jugement est alors prononcé ;

— Ou *partage*, si le tribunal siége en nombre pair et si les 2 opinions ont le même nombre de voix ; dans ce cas, on recommence les plaidoiries en présence d'un juge départiteur *(c)*.

3° Trois opinions sont émises, on distingue plusieurs cas :

— L'opinion la plus forte réunit à elle seule plus de voix que les 2 autres ensemble. Dans ce cas, il y a une majorité absolue. Ex.: sur 5 juges, il y a 2 opinions à une voix et une opinion à 3 voix.

— Ou 2 opinions (égales ou inégales entre elles) sont plus fortes chacune que la troisième. Dans ce cas, les juges de la plus faible opinion sont tenus de se réunir à l'une ou à l'autre des 2 opinions plus fortes. Toutefois, on doit auparavant recueillir les voix une seconde fois. Ex. : 3 personnes revendiquent une maison ; sur 5 juges, 2 sont pour Primus, 2 autres pour Secundus, et 1 pour Tertius. On va aux voix une seconde fois, et si le résultat est le même, le juge favorable à Tertius doit prendre parti pour Primus ou pour Secundus.

(a) Il y a **MAJORITÉ ABSOLUE** lorsqu'une opinion réunit à elle seule la moitié de toutes les voix, plus une. Ainsi, cette opinion est plus forte que toutes les autres. Ex.: 2 voix sur 3; 3 voix sur 4 ou sur 5; 4 voix sur 6 ou sur 7.

Il y a **MAJORITÉ RELATIVE** lorsqu'une opinion est plus forte que les autres prises isolément, mais inférieure à ces opinions réunies.

Ainsi, sur 4 voix, supposons 3 opinions : 2 opinions à une voix, la troisième de 2 voix, cette dernière à la majorité relative, car bien qu'inférieure aux 2 autres réunies, elle est supérieure à chacune d'elles. De même, si sur 7 voix, il y a 3 opinions, dont une seule de 3 voix.

(b) Le jugement n'indique jamais s'il est rendu à la majorité ou à l'unanimité.

(c) Le juge départiteur n'est pas appelé pour trancher seul la question, les **autres juges** sont libres de modifier leur opinion tant que le jugement n'est pas prononcé.

— Ou bien une opinion seulement est forte, mais elle est inférieure aux 2 autres réunies, lesquelles sont égales entre elles. Ex. : sur 7 juges, 2 opinions sont de 2 voix chacune, la 2me de 3 voix. Ici, les 2 opinions faibles étant égales, on ne peut forcer l'une plutôt que l'autre à se sacrifier. La majorité relative n'étant jamais admise, il y a nécessairement *partage*.

— Enfin, si les 3 opinions sont égales entre elles, il y a encore partage. Ainsi, sur 3 juges, 3 opinions d'une voix chacune; — sur 6 juges, 3 opinions de 2 voix (*a*).

V. *Prononcé de la décision en public.* — Que les débats aient eu lieu publiquement ou à huis-clos, le jugement est toujours prononcé en audience publique.

DIVERSES MATIÈRES CONTENUES DANS LE TITRE DES JUGEMENTS.

Les jugements *préparatoires* ou *interlocutoires* ordonnent des mesures d'instruction, telles que :

La comparution personnelle des parties (119).
La prestation de serment (128-121).
L'interrogatoire sur faits et articles (324-336).
La vérification d'écritures (193-213).
Le faux incident civil (214-251).
Les enquêtes (252-294).
La descente sur les lieux (295-304).
L'expertise (302-323).

(Les 2 premières mesures sont traitées au titre des jugements; les autres étant plus importantes et plus détaillées, font chacune l'objet d'un titre spécial.)

Les jugements *définitifs*, outre la décision sur le fond, contiennent des dispositions accessoires, telles que :

Les délais de grâce (122-125).
La contrainte par corps (126-127).
Les dommages-intérêts (128).
Les restitutions de fruits (129).
Les dépens du procès (130-133).
L'exécution provisoire (134-137).

(Toutes ces matières sont traitées au titre des jugements, qui contient, en outre, des dispositions sur la rédaction de la minute et l'expédition des jugements (138-146); ainsi que sur leur signification et exécution (147-148).

(*a*) Il ne faut pas croire que toutes les fois qu'on obtient 3 opinions égales entre elles, il y ait nécessairement partage et que l'on soit obligé d'appeler un nouveau juge. Il peut se faire que 2 de ces opinions aient au fond une même manière de

§ I. **Comparution personnelle.**

Lorsque la cause exige des éclaircissements de la bouche des parties elles-mêmes, on emploie, au choix, 2 moyens :

La comparution des parties à l'audience.

L'interrogatoire sur faits et articles en la chambre du conseil (voy. tit. XV).

La **COMPARUTION PERSONNELLE** est ordonnée par jugement, soit sur la demande de l'une des parties, soit d'office par le tribunal.

Ce mode d'instruction peut être ordonné en toute matière, même dans les cas où la preuve testimoniale n'est pas admissible. En pratique, les juges considèrent souvent la comparution comme ayant fourni un commencement de preuve par écrit, et ils s'appuient sur ce fait pour permettre la preuve testimoniale dans les affaires dépassant 150 fr.

Le jugement qui ordonne la comparution indique le jour où elle aura lieu, le nom des parties et celui des avoués ; mais il ne contient pas les questions qui doivent être posées, afin que les réponses ne soient pas combinées à l'avance (a).

Procédure — Au jour fixé, les 2 parties se présentent en personne devant le tribunal entier, c.-à-d. en audience publique ; là, chacun des juges peut les interroger sur tous les faits de la cause ; en présence l'une de l'autre, ou même isolément, c'est du moins l'avis général (b).

---

voir et qu'elles varient seulement dans le degré ou la mesure de la condamnation ; alors elles forment, vis-à-vis de la 3me, une sorte de majorité.

Par ex., sur 3 juges statuant sur des dommages-intérêts, l'un accorde 200, l'autre 100, le 3me rien : 2 juges étant d'avis d'accorder une indemnité, il y a, dit-on, sur cette question, majorité. Reste à fixer le taux : sur ce point, les uns veulent que le 3me juge se réunisse à l'un de ses collègues, qu'il opine pour 200 ou pour 100, à son choix ; — les autres disent que 200 comprenant 100, il y a 2 voix pour 100, c.-à-d. majorité.

Dans le cas où, sur 6 juges, il y a 3 opinions de 2 voix chacune, combien faut-il appeler de départiteurs ? La loi parle d'un seulement. Mais si chaque juge maintient son avis, l'opinion la plus forte sera de 3 sur 7, ce qui ne forme qu'une majorité relative. Que, si l'on en appelle 2, il en sera peut-être de même : car s'ils se réunissent tous les deux à la même opinion, on aura 4 voix sur 8, ce qui ne donnera pas la majorité absolue, et comme les 2 opinions plus faibles sont égales, aucune n'est tenue de se sacrifier. Heureusement, ce cas se présente rarement.

(a) Le jugement doit être signifié aux parties, mais en pratique, on ne le fait pas.

(b) On admet également que le tribunal peut ordonner la comparution d'une seule partie, selon les circonstances, par ex., lorsque l'autre est éloignée.

Les réponses se font verbalement et non par écrit (a).

Si l'une des parties appelées refuse de comparaître, les juges ne tiennent pas les faits allégués contre elle comme avérés; mais il y a une présomption suffisante pour leur permettre de déférer le serment à l'autre partie (b).

§ II. Serment.

Le serment est l'affirmation solennelle d'un fait en prenant *Dieu* à témoin.

Il est *judiciaire* ou *extrajudiciaire,* suivant qu'il est prêté devant la justice ou en dehors du tribunal.

Le Serment judiciaire est, comme la comparution, un moyen d'obtenir la vérité par la déclaration des parties elles-mêmes. C'est, pour ainsi dire, un aveu solennel.

Il y a 2 espèces de serment judiciaire :

    1° *Décisoire* (1357, c. n.).
    2° *Supplétoire* (1357 à 1369, c. n.).

Le serment Décisoire est celui déféré par une partie à l'autre pour en faire dépendre le jugement de la cause.

C'est une espèce de transaction, car la partie qui, n'ayant aucune preuve de sa prétention, défère le serment à son adversaire, en disant, par ex. : *Jurez que vous ne m'avez pas emprunté mille francs,* dit implicitement : *Si vous jurez, je consens à perdre mon procès.* Si la partie à qui le serment est déféré jure, elle obtient gain de cause; — si elle refuse, elle est condamnée. Mais elle peut, à son tour, référer le serment à son adversaire, en lui disant : *Jurez vous-même que vous m'avez prêté mille francs.* Elle est censé lui dire : *Si vous jurez, je m'engage à vous payer.* Celui à qui le serment est référé doit nécessairement jurer ou succomber, car son refus est un aveu tacite.

Le serment décisoire peut être employé dans toute cause, pourvu, toutefois, que la matière soit susceptible de transaction et les personnes capables de transiger.

---

a Durant l'interrogatoire, le tribunal ne permet guère aux avoués ou avocats de présenter des observations, autrement, les réponses des parties ne seraient plus spontanées.

b Voir les différences avec l'interrogatoire, tit. xv, a. 324-336.

Le serment **Supplétoire** est celui déféré d'office par le tribunal à l'une des parties, pour en faire dépendre la décision de la cause, — ou pour déterminer le montant de la condamnation, lorsqu'il y a insuffisance de preuves (1366, c. N.).

Le tribunal, pour s'éclairer, défère le serment supplétoire à celle des parties qu'il estime la plus digne de foi, mais il n'est nullement lié par ce serment, et il peut décider contrairement à ce qui a été juré. Les juges n'ont pas, comme les parties, la faculté de déférer le serment quand bon leur semble; ils ne peuvent le faire, — ni s'il y a absence de preuves, — ni s'il y a preuves complètes, — mais seulement lorsque les preuves sont insuffisantes (1367, c. N.).

Le serment supplétoire doit toujours être ordonné par jugement contenant les faits sur lesquels il doit porter.

Quant au serment décisoire, il n'exige un jugement qu'autant que la partie à qui on le défère ne consent pas à le prêter, alléguant soit que la matière n'est pas susceptible de transaction ou que son adversaire n'est pas capable de transiger, soit que le fait ne lui est pas personnel. Mais lorsqu'une partie défère ou réfère un serment à l'autre, qui le prête sans contestation, le tribunal ne prononce pas de jugement, il donne seulement acte de la délation et de la prestation.

Formes. — Le serment est prêté *en personne* (et non par procureur, comme l'admettaient certains parlements), — en *audience publique* (a), — enfin, *en présence de l'adversaire* ou lui dûment appelé.

Ce sont autant de garanties contre le parjure.

La loi n'a pas déterminé la formule de la prestation de serment; dans l'usage, le président ordonne à la partie de lever la main droite et lui dit : *Vous Jurez devant Dieu que...* (Il énonce les faits); la partie, la main droite toujours levée, répond : *Je le jure* (b).

(a) Dans le cas d'un empêchement légitime et dûment constaté, le serment est prêté devant un juge commis, qui se transporte chez la partie avec son greffier. Si la partie est trop éloignée, le tribunal ordonne qu'elle prêtera serment devant le tribunal du lieu de sa résidence (121).

(b) Quant aux israélites, doivent-ils prêter serment *more judaico*, c.-à-d. avec les solennités dont leur religion entoure le serment? Les tribunaux, en général, ne l'exigent pas; les formes ordinaires suffisent.

§ III. **Délai de grâce.**

Le plus souvent, les parties fixent un délai pour l'exécution des obligations qu'elles contractent; or, d'après le principe que : les conventions font la loi des parties, ce délai ne peut être dépassé par le débiteur, ni modifié par les juges. Lors donc qu'un créancier cite son débiteur devant le tribunal afin de le contraindre à remplir ses engagements, les juges devraient faire exécuter rigoureusement la convention et condamner le débiteur à s'exécuter de suite.

Toutefois, il est permis aux juges, en considération de la position malheureuse du débiteur, d'accorder des délais modérés pour le paiement, et de surseoir à l'exécution des poursuites. Mais ils doivent user de ce pouvoir avec une grande réserve, c.-à-d. dans le cas seulement où le débiteur ne saurait exécuter de suite la condamnation sans inconvénients graves pour le créancier (1244, c. N.).

Ce sursis à l'exécution des condamnations s'appelle DÉLAI ou TERME DE GRACE, par opposition au *Terme de droit*, c.-à-d. celui fixé par les parties et quelquefois par la loi (1185 et 1292, c. N.).

On a discuté si les juges devaient accorder *un seul délai* au débiteur, afin de ne pas fractionner l'exécution, — ou s'ils avaient le pouvoir de lui accorder *des délais successifs* de manière à échelonner les paiements et à les rendre moins onéreux au débiteur ; ce dernier système semble prévaloir. On voit, en effet, tous les jours les tribunaux permettre de se libérer d'une obligation unique en payant une certaine somme par mois ou même par semaine.

Le délai de grâce ne peut être accordé que par le jugement qui statue sur la contestation et qui doit indiquer les motifs de cette indulgence. Ainsi, un débiteur ne serait pas admis, quelques jours après sa condamnation, à réclamer un sursis (*a*).

(a) Les juges peuvent-ils non-seulement accorder des délais dans le cas où on leur demande une condamnation contre le débiteur, mais encore arrêter les poursuites déjà commencées en vertu d'un exécutoire émané, soit d'un notaire, soit d'un autre tribunal? Ce pouvoir est très-contesté; il y a cependant un cas où la loi le reconnaît formellement (2212, c. N.).

On admet généralement que la convention par laquelle le débiteur renoncerait à l'avance au délai de grâce est nulle. Cette disposition du Code étant fondée sur un principe d'humanité, et par conséquent d'ordre public (8, c. N.).

Les juges ont la faculté d'accorder des délais de grâce dans tous les cas où la loi ne le défend pas. Mais la loi le défend, d'abord à raison de certaines matières : ainsi, dans la *vente*, quand il a été stipulé que faute du paiement du prix au jour fixé, il y aurait résolution (1656, c. N.). Ainsi encore, le paiement des lettres de change et billets à ordre ne peut être retardé par les juges (157, 187 c. co.) (*a*).

En second lieu, la loi défend dans certains cas de donner répit au débiteur, à raison de la condition dans laquelle il se trouve, et même elle lui retire le sursis déjà accordé.

Ces cas sont au nombre de 5 :

1° *Si ses biens sont vendus à la requête d'autres créanciers.* — Tous les biens d'un débiteur étant le gage commun de ses créanciers, le prix doit être distribué à tous; or, si le tribunal, au moment où les biens sont vendus à la requête de l'un des créanciers, accordait à ce débiteur des délais pour payer un autre créancier, ce dernier ne pourrait participer à la distribution du prix des objets vendus, et serait victime ainsi de l'indulgence intempestive des juges.

2° *S'il est en faillite.* — Un des effets de la faillite est de rendre immédiatement exigibles toutes les dettes, même celles à terme. Puisque le failli est privé du terme de droit (c.-à-d. consenti librement par le créancier, à plus forte raison doit-il être déchu du terme accordé par justice, contre le gré du créancier (*b*).

Bien que la loi ne parle pas de la *déconfiture*, on refuse également, dans ce cas, le bénéfice du terme, par analogie à ce qui a lieu dans la vente (1613, c. N.).

3° *En état de contumace.* — Le contumax est celui qui, étant accusé de crime, refuse de se présenter devant la justice après

---

a De même, quand il s'agit d'une vente à réméré (1661) — ou d'un prêt de consommation (1900, c. N.).

b La **FAILLITE** est l'état d'un *commerçant* qui a cessé ses paiements; elle peut arriver sans qu'il y ait ruine. Un commerçant peut, en effet, avoir plus de biens que de dettes et être dans l'impossibilité, à un moment donné, de se procurer l'argent nécessaire pour ses paiements. L'insolvabilité n'est que probable.

La **DÉCONFITURE** est l'état notoire d'insolvabilité d'un *non commerçant*. Le motif est, comme dans le cas précédent, de faire participer tous les créanciers au partage de la fortune; autrement, les uns seraient intégralement payés, tandis que d'autres n'auraient rien, et cela, par le fait du tribunal (118, c. N.; 441. c. co.).

un appel solennel et réitéré ; la justice ne doit plus le couvrir de sa protection, du moment qu'il est sourd à son appel (a).

4° *S'il est constitué prisonnier.* — De l'avis général, il s'agit ici de l'*emprisonnement pour dettes,* et non de l'emprisonnement en matière criminelle. Le créancier qui a exercé la contrainte par corps pouvant saisir et vendre les biens, les autres créanciers ne doivent pas être retardés dans leur exécution.

5° *Si, par son fait, il a diminué les sûretés données par contrat à son créancier.* — Par ex., s'il a dégradé ou détruit une maison qu'il avait hypothéquée pour sûreté de sa dette (b).

EFFETS. — Le délai de grâce suspend les *actes d'exécution,* mais non les *actes conservatoires.* Ainsi le créancier peut, sans en attendre l'expiration, inscrire son hypothèque judiciaire sur les biens du débiteur (2123, c. N.), et faire opposition à la levée des scellés (926).

Si le jugement est par défaut, le délai court du jour de la signification ; mais s'il est contradictoire, il court du *jour de la sentence,* contrairement au principe que : les jugements ne produisent d'effet que du jour de leur signification. Il y a un double motif : d'abord, le débiteur connaît ce délai, soit par lui, soit par son avoué ; en second lieu, le créancier, s'il n'a pas d'autre intérêt à signifier le jugement, se dispensera de le faire et évitera ainsi des frais (c).

(a) Le **CONTUMAX** n'est pas tout individu qui fait défaut devant un tribunal criminel ; celui qui ne se présente pas devant un tribunal correctionnel ou de police est simplement *défaillant;* il n'y a que celui qui ne comparaît pas devant la cour d'assises, après y avoir été appelé solennellement, qui est contumax.

(b) Ce cas et celui de faillite ou de déconfiture font perdre même le terme de droit (1133, c. N.).

(c)

Différences

Entre le TERME DE DROIT	et le TERME DE GRACE.
Il est en faveur, tantôt du débiteur, tantôt du créancier.	Il est toujours en faveur du débiteur.
Il peut toujours être stipulé.	Il ne peut pas toujours être accordé.
Les intérêts ne courent pas sans convention expresse, sauf exception.	Les intérêts moratoires courent toujours à partir de la demande en justice, et malgré le terme de grâce, a. 1153.
La compensation n'a pas lieu, car la dette n'est pas échue.	La compensation a lieu, a. 1272.
Le débiteur en perd le bénéfice par la faillite, la déconfiture, ou lorsqu'il diminue les sûretés données au créancier.	Il le perd des mêmes manières que le terme de droit, et de plus, par l'emprisonnement, la saisie de biens et la contumace.

§ IV. **Contrainte par corps** (a).

La CONTRAINTE PAR CORPS consiste à emprisonner un débiteur pendant un certain temps pour le forcer à acquitter sa dette.

Cette saisie de la personne est une *voie exceptionnelle* d'exécution des jugements, c.-à-d. qu'elle s'exerce seulement dans certains cas déterminés, tandis que la saisie des biens, *voie ordinaire* d'exécution, s'applique dans tous les cas.

Il y a entre ces deux sortes de saisies plusieurs autres différences (b).

La contrainte par corps est *conventionnelle* ou *légale* :

CONVENTIONNELLE, lorsqu'elle résulte du consentement du débiteur, qui s'y est soumis par acte.

En principe, cette convention est nulle, mais par exception, la loi l'autorise dans un cas : la caution, en effet, peut se soumettre à cette rigueur, si le débiteur principal est lui-même contraignable (2060, 5°, c. N.) (c).

LÉGALE, lorsqu'elle est établie par la loi.

Cette division a rapport aux sources.

Au point de vue du pouvoir des juges, la contrainte par corps se divise en *impérative* et *facultative*.

---

a Un projet de loi tendant à supprimer la contrainte par corps a été présenté le 16 février 1865, au Corps législatif ; mais n'ayant été déposé que quelques jours avant la clôture de la session de 1866, la loi n'a pu être encore discutée.

b *Différences*

Entre la SAISIE DES BIENS	et la CONTRAINTE PAR CORPS. *(Saisie de la personne.)*
La saisie des biens est de droit commun, c.-à-d. a lieu dans tous les cas.	La contrainte par corps est exceptionnelle, c.-à-d. a lieu dans certains cas déterminés.
Quelle que soit la somme.	Pour 300 fr. en matière civile, 200 fr. en matière commerciale, 150 fr. contre un étranger.
En vertu d'un jugement, d'un exécutoire notarié, ou même sans titre.	En vertu d'un jugement seulement.
Contre toute personne, quel que soit le sexe ou l'âge.	Jamais contre les femmes, les mineurs ou septuagénaires, sauf exception.
Contre l'héritier du débiteur, a. 877, c. N.	Ni contre l'héritier du débiteur, a. 2017, c. N.

c Un deuxième cas a été supprimé par la loi de 1848, a. 2 : dans un bail de biens ruraux, le fermier pouvait se rendre contraignable (2062, c. N.).

Impérative, lorsque la loi commande aux juges de l'appliquer sans leur laisser le droit de ne pas la prononcer. Mais ce n'est qu'autant que le créancier réclame dans ses conclusions cette mesure rigoureuse, que le tribunal ne peut pas la refuser ; car la contrainte par corps n'est *jamais prononcée d'office*.

Sont soumis à ce genre de contrainte : les stellionataires, les dépositaires nécessaires, etc.

Facultative, lorsque la loi laisse à la prudence des juges le pouvoir de la prononcer ou de la refuser. Cette classe est moins nombreuse que la précédente, il y en a 2 cas dans l'art. 126 :

1° Pour *dommages-intérêts au-dessus de 300 fr.*, en matière civile (a).

Les dommages-intérêts sont pris ici dans un sens restreint ; ils ne comprennent : — ni la restitution de l'objet principal ou son équivalent, — ni la restitution des fruits, — ni les dépens, — mais seulement les indemnités dues en dehors de l'objet principal de l'obligation, pour retard, mauvaise foi ou injures. Ainsi, un dépositaire perd un objet valant plus de 300 fr., et est condamné à en restituer la valeur ; il ne sera pas contraignable, parce que la condamnation ne comprend pas l'objet principal de l'obligation. Mais si, par dol, il a détruit la chose déposée, et si, outre le remboursement de la valeur du dépôt, il est condamné à plus de 300 fr. de dommages-intérêts, il sera susceptible d'être contraint par corps, à raison de cette dernière somme.

Pourquoi la loi s'est-elle montrée plus sévère pour le remboursement des dommages-intérêts que pour la restitution de l'objet même ou de sa valeur ? Elle considère, dit-on, les dommages-intérêts comme une espèce de punition du dol et de la mauvaise foi (b).

2° Pour *Reliquats de comptes* de tutelle, curatelle, ou de toute

---

(a) Par opposition : 1° aux matières commerciales, où la contrainte a lieu pour 200 fr., et est de droit commun, c.-à-d. dans tous les cas ; 2° aux matières criminelles, où elle a toujours lieu, quelle que soit la somme.

(b) Autrefois Ord. de 1667, les dépens et restitution de fruits étaient sanctionnés par la contrainte par corps. Aujourd'hui, les restitutions de fruits le sont seulement dans le cas de réintégrande. Quant aux dépens, ils sont garantis indirectement toutes les fois que la contrainte est exercée pour une autre cause, car le débiteur incarcéré n'obtient sa liberté qu'en payant la somme due et les dépens (800 et l. 1832, a. 22).

autre administration confiée par justice, par ex., pour la curatelle d'une succession vacante (811, c. n.) *(a)*.

Durée. — En matière civile, la durée de la contrainte par corps était autrefois illimitée; aujourd'hui, elle est de *6 mois* au minimum, et de *5 ans* au maximum. — En matière commerciale, elle varie, suivant le chiffre de la dette, de *3 mois* à *5 ans*.

Sursis. — A l'instar du délai de grâce, qui est un sursis à la saisie des biens, il y a un répit à la saisie de la personne : les juges peuvent, en effet, ordonner qu'il sera sursis à l'exécution de la contrainte par corps pendant un certain temps. Le motif et la durée du délai sont indiqués dans le jugement sur la contestation qui, seul, peut accorder cette mesure. A l'expiration du délai fixé, la contrainte s'exerce sans nouveau jugement.

Ce pouvoir d'accorder un sursis n'appartient pas aux juges, dans le cas de contrainte impérative *(b)*. Mais quand la contrainte est facultative, les uns pensent qu'il leur appartient dans tous les cas, car, disent-ils, le droit de refuser la contrainte emporte celui d'en tempérer la rigueur. Suivant les autres, ce pouvoir n'est accordé aux juges que dans les 2 cas de l'art. 126, que l'art. 127 semble seul viser. La première opinion paraît préférable.

§ V. **Dommages et intérêts.**

Les **DOMMAGES-INTÉRÊTS** sont la réparation d'un préjudice causé; ils consistent en une indemnité pécuniaire représentant la perte éprouvée et le gain manqué *(damnum emergens, lucrum cessans)* (1140, c. n.).

Lorsque le montant des dommages-intérêts n'a pas été fixé à l'avance par *les parties* elles-mêmes (clause pénale, 1158), ni déterminé par *la loi* (taux légal de l'argent, 1153), c'est *la justice* qui l'apprécie.

Liquidation. — Les juges doivent non-seulement décider que des dommages-intérêts sont dus, mais encore déterminer en chiffres la somme exacte à laquelle ils s'élèvent; c'est ce qu'on appelle la *liquidation des dommages et intérêts*. Elle est indis-

---

a Quant aux comptables des établissements publics, la contrainte, de facultative, est devenue impérative (l. 1832, a. 9).

b Excepté en matière commerciale, lorsque la dette est inférieure à 200 fr., ou lorsque le débiteur a des enfants mineurs (l. 1848, a. 3 et 11).

pensable, car pour saisir et vendre les biens du débiteur, il faut avoir un titre exécutoire, et qu'il s'agisse de choses liquides.

Il n'est pas toujours possible aux juges de fixer immédiatement le chiffre de l'indemnité. Ainsi, quand une personne est condamnée à exécuter un fait (par ex., à détruire des travaux faits à tort), et en outre, à une somme (5 fr., par ex.), par chaque jour de retard, on comprend que le montant des dommages-intérêts ne peut être connu au moment où les juges rendent leur décision; alors ils peuvent ordonner que la liquidation sera faite **par état**, c.-à-d. que plus tard, le créancier donnera un compte détaillé qui sera envoyé à l'avoué du débiteur, afin que celui-ci y adhère ou fasse faire le réglement par le tribunal (523).

Mais pourquoi condamner de suite à des dommages-intérêts indéterminés, au lieu d'attendre l'époque où on pourra en fixer le chiffre ?

Il est vrai que ce mode de procéder exige 2 jugements, et conséquemment plus de frais ; — et que la 1re condamnation ne peut être exécutée, puisqu'elle n'est pas liquidée ; mais cette 1re décision a son utilité, car elle permet au créancier de prendre immédiatement une hypothèque sur tous les biens du débiteur, en évaluant provisoirement lui-même, d'une manière approximative, le montant des dommages-intérêts, (2123, c. n.). Cette inscription est très-avantageuse, en ce sens qu'elle fixe immédiatement le rang de l'hypothèque et qu'elle prime celles qui seront prises avant la liquidation des dommages-intérêts.

§ VI. Restitution de fruits.

Il y a plusieurs hypothèses où une personne est obligée à faire des **restitutions de fruits**, notamment en matière de succession, quand il y a lieu au rapport ou à la réduction (856 et 828, c. n.) (a).

Quand les juges ont à ordonner des restitutions de fruits, ils doivent d'abord déterminer la nature et la quotité des fruits, ce qui a lieu par titres, enquête ou expertise, puis, ils doivent fixer la manière dont ces fruits seront restitués.

Il y a 2 modes de restitution : — 1° en nature, — 2° en argent.

Sont restitués **en nature**, les fruits de la dernière année, (c.-à-d.

(a) De même, lorsqu'un envoyé en possession provisoire rend les biens à l'absent (127, c. n.), — ou lorsqu'un possesseur de mauvaise foi restitue un immeuble à un vrai propriétaire (549, c. n.).

de l'année qui a précédé la demande, et non de celle qui a précédé la condamnation), la partie est censée ne pas les avoir consommés.

Quant aux fruits perçus depuis la demande, ils doivent, à plus forte raison, être restitués en nature, parce que la partie ne devait pas s'en dessaisir (558, c. x.).

Sont restitués **en argent**, les fruits des années antérieures, et en second lieu, les fruits restituables en nature, mais qu'il est impossible de remettre de cette façon, parce qu'ils sont déjà consommés. Le calcul se fait différemment, suivant les cas :

Les fruits perçus depuis la demande sont estimés *au plus haut prix* auquel ils ont été vendus pendant cette période. Ceux de la dernière année, suivant les *mercuriales* du marché le plus voisin, eu égard aux saisons, et au prix commun de l'année (*a*). Ainsi le prix de l'hectolitre de blé était de 17 fr. pour le 1er trimestre, 18 fr. pour le 2me, 19 fr. pour le 3me, et 20 fr. pour le 4me; en réunissant les prix des 4 saisons, on obtient 74 fr., dont le 1/4, 18 fr. 50, est le prix moyen de l'année.

Enfin, les fruits des années antérieures à celle qui a précédé la demande sont également estimés d'après les mercuriales.

Quand il n'y a pas de mercuriale, ou quand les fruits ne sont pas susceptibles d'être cotés, l'estimation est faite par experts.

§ VII. **Dépens.**

ADJUDICATION DES DÉPENS. — Les *dépens* d'un procès comprennent : 1º les droits de timbre, d'enregistrement et de greffe perçus par le fisc sur les divers actes de l'instance; 2e les honoraires dus aux officiers ministériels, auxquels les parties sont forcées de recourir (*b*). Les frais font toujours l'objet d'une disposition du jugement.

En principe, la partie *perdante* est condamnée aux dépens, elle doit supporter non-seulement les frais faits par elle, mais encore

____

(*a*) Les mercuriales sont la constatation par les maires ou les commissaires de police du prix moyen des différentes denrées vendues à chaque marché.

(*b*) Toutefois, la partie perdante ne doit pas acquitter tous les déboursés faits par son adversaire, mais seulement les frais passés en taxe : les *faux frais*, c.-à-d. les voyages et les consultations ne sont pas à sa charge. Quant aux honoraires des avocats, il n'est passé en taxe que 15 fr. à Paris, et 10 fr. en province : le client paie le surplus.

ceux faits par son adversaire (*a*); dans ce cas, on dit que les dépens sont *adjugés* à la partie *gagnante* (*b*).

Quand plusieurs plaideurs liés par un intérêt commun sont condamnés ensemble, par ex., plusieurs cohéritiers déclarés débiteurs vis-à-vis d'un créancier du défunt, chacun d'eux supporte seulement une partie des dépens : la solidarité, en effet, ne se présume pas, et la loi ne l'établit pas pour les condamnations en matière civile; il en est différemment en matière criminelle (*c*).

Si les débiteurs sont solidaires, y a-t-il solidarité pour la condamnation au principal ? Controverse.

La condamnation des dépens doit-elle être ordonnée d'office par les juges, ou prononcée seulement sur la demande de l'adversaire? Cette dernière opinion est généralement admise.

COMPENSATION DES DÉPENS.—Au principe que la partie qui succombe est condamnée aux dépens, il y a 2 exceptions :

1º Si les parties sont parentes à un certain degré (conjoints, ascendants, descendants, frères et sœurs, ou alliés au même degré (*d*).

2º Si elles succombent respectivement sur quelques chefs.

Dans ces 2 cas, les dépens peuvent être *compensés en tout* ou *en partie* par les juges, c.-à-d. qu'ils sont mis à la charge de l'un et l'autre des plaideurs. La compensation des dépens est *totale*

---

a Lorsque le ministère public succombe, non-seulement comme partie jointe, mais encore comme partie principale, par ex., en demandant la nullité d'un mariage, la partie qui triomphe contre lui ne peut se faire rembourser ses frais. C'est une exception fort ancienne maintenue par la jurisprudence.

b Si une partie est représentée en justice par un mandataire (conventionnel, légal ou judiciaire), c'est elle, si elle succombe, qui est condamnée aux dépens, et non pas son représentant.

Toutefois, les tuteurs curateurs, héritiers bénéficiaires et autres administrateurs qui compromettent les intérêts de leur administration, peuvent être condamnés aux dépens en leur nom et sans répétition, même aux dommages-intérêts, s'il y a lieu, sans préjudice de la destitution. Même responsabilité pour les avoués et huissiers qui excèdent les bornes de leur ministère, a. 132.

c Les individus condamnés pour un même crime ou délit sont tenus solidairement des demandes, des restitutions, des dommages-intérêts et des frais (55, c. p.). En matière civile, la division a lieu par parts viriles ou portions égales, à moins que la présence ou l'intérêt d'une partie n'occasionne des frais particuliers que cette partie doit supporter seule.

d La crainte de supporter une partie des frais arrêtera souvent un parent, quand même il serait certain d'avoir gain de cause : d'un autre côté, celui qui perdra sera moins irrité. Toutefois, lorsqu'un frère demande contre son frère la rescision d'un partage fait par un ascendant pour cause de lésion, il paie seul tous les frais s'il succombe 1080. c. N.).

lorsque les juges renvoient les parties *sans dépens* ou *dépens compensés;* dans ce cas, chaque partie supporte sans répétition les frais qu'elle a faits. La compensation est *partielle* lorsque l'une des parties doit payer, outre ses propres frais, une fraction de ceux de son adversaire, tels que le 1/3 ou le 1/4 (*a*). Cela a lieu, par ex., lorsqu'une partie, tout en succombant sur certains chefs, est considérée, au fond, comme gagnant le procès (*b*).

DISTRACTION DES DÉPENS. — Les avoués font habituellement l'avance des frais pour le compte des parties ; chaque avoué alors a un recours contre son client pour recouvrer ses déboursés et ses honoraires. Quand une partie s'est fait adjuger ses dépens, et par suite a le droit de se faire payer ses propres dépens par son adversaire, l'avoué qui a fait pour elle l'avance de ces frais peut-il agir lui-même contre le perdant? En principe, l'avoué, comme tout créancier, peut, en vertu de l'art. 1166, exercer l'action de son débiteur, c.-à-d., dans l'espèce, exercer, du chef de son client, une action en paiement des frais contre l'adversaire condamné aux dépens. Mais cette action *indirecte* offre des inconvénients, car l'avoué n'étant que l'ayant cause de son client, se verra repousser par les mêmes exceptions que celui-ci, notamment par la compensation.

Ainsi, dans un procès où les dépens ont été mis à la charge du perdant, s'il est dû 100 fr. à l'avoué du gagnant, cet avoué peut, du chef de son client, réclamer les 100 fr. au perdant, mais celui-ci pourra lui répondre : Je dois, il est vrai, 100 fr. à mon adversaire, votre client; mais, comme de son côté, il me doit 200 fr. que je lui ai prêtés, je ne paie pas, car il y a compensation.

(*a*) Les dépens n'étant pas liquidés lors du jugement, le tribunal ne sait pas, en employant ce mode de compensation, dans quelle proportion les frais seront supportés par les parties, aussi ordonne-t-il souvent qu'il sera fait une masse des dépens. tant du demandeur que du défendeur, et que chaque partie paiera une part déterminée, par ex., le 1/3, le 1/4 de la totalité.

(*b*)   *Différences*

Entre la COMPENSATION DES DÉPENS	et la COMPENSATION ORDINAIRE.
La compensation des dépens a lieu le plus souvent pour dépens non liquidés.	La compensation ordinaire exige toujours 2 dettes liquidées 1291. c. N..
Elle n'a lieu qu'en vertu d'une décision du juge.	Elle s'exerce de plein droit, par la seule volonté de la loi (1290).
Elle éteint les 2 dettes en entier, même quand elles sont inégales.	Elle n'éteint la dette la plus forte que jusqu'à concurrence de la plus faible (1290).

Peut-être encore le gagnant s'est-il fait payer lui-même ; — ou bien encore, ses créanciers ont-ils saisi entre les mains du perdant le montant des dépens ; dans ce cas, l'avoué devra partager cette somme avec les autres créanciers au marc le franc.

Pour mettre l'avoué en mesure de recouvrer ses frais sans craindre l'insolvabilité de son client, on a imaginé de lui donner une action *directe* contre le perdant : à cet effet, il peut obtenir du tribunal que la condamnation aux dépens soit prononcée à son profit. Ce bénéfice s'appelle la **distraction des dépens** : il ne peut être accordé que par le jugement et à la condition que l'avoué affirmera, lors de la prononciation de la sentence, qu'il a fait la plus grande partie des avances.

La taxe est poursuivie, et l'exécutoire délivré au nom de l'avoué, sans préjudice de l'action directe contre son client (*a*). La créance du gagnant, par ce transport judiciaire, passe sur la tête de l'avoué, qui devient créancier personnel de la partie adverse, et peut exercer une action de son chef, sans craindre les exceptions qu'elle pourrait opposer à son client. Ce bénéfice a surtout pour but d'encourager les avoués à faire crédit aux plaideurs peu aisés qui ont une cause juste à soutenir contre un adversaire riche.

§ VIII. **Demandes provisoires.**

Les demandes **PROVISOIRES** sont celles par lesquelles on réclame des mesures d'urgence et dont la décision ne saurait être retardée sans péril jusqu'à la fin de l'instance (*b*). Le jugement qui intervient est dit *provisoire*.

(*a*) *Poursuivre la taxe*, c'est faire régler par l'un des juges les frais adjugés au gagnant, afin de les recouvrer contre la partie adverse. Toutefois, la taxe n'est poursuivie que dans les affaires ordinaires, parce qu'alors on fait autant d'articles qu'il y a de pièces ou de vacations ; mais dans les affaires sommaires, comme il n'y a qu'une somme fixe, établie eu égard à l'importance de l'affaire et non d'après le nombre des pièces, le jugement doit contenir la liquidation des dépens.

L'*exécutoire* est la copie de la partie du jugement relative aux frais, copie délivrée par le greffier, avec la formule exécutoire.

(*b*) Elles sont formées, soit *avant* la demande principale, soit *en même temps* qu'elle, soit *après*, dans le cours de l'instance. Celles formées avant, le sont par un *Référé* (806), ou par une demande sommaire (404).

Le **RÉFÉRÉ** est une procédure exceptionnelle, permise en cas d'urgence, pour faire trancher *provisoirement* une difficulté, non par le tribunal entier, mais par le président seul, ou un juge à sa place.

Sont provisoires : la demande de pension alimentaire faite par la femme qui plaide en séparation de corps; — celle de mise en séquestre de l'objet litigieux faite par un demandeur en revendication.

En général, ces demandes sont instruites et jugées avant la demande principale ; alors, il y a 2 jugements. Mais lorsque la cause est *en état* sur le provisoire et le principal en même temps, les juges doivent prononcer sur le tout par un seul et même jugement; il y a économie de frais.

Il semble, *à priori,* qu'il est inutile de statuer sur le provisoire, du moment qu'on prononce définitivement sur le principal; il y a cependant un double intérêt. D'abord, au point de vue des frais, car si la demande provisoire a été faite sans motifs, si, par ex., la femme n'a pas besoin de provision, si l'immeuble n'est pas en péril, les frais du provisoire sont à la charge du demandeur, bien qu'il triomphe sur le principal.

En outre, le jugement provisoire peut porter sur des matières où, par exception, l'exécution a lieu *nonobstant appel;* telles sont, en effet, les demandes de provisions alimentaires et celles de séquestre. Dans ce cas, si le demandeur triomphe à la fois sur le provisoire et le principal, et que le défendeur fasse appel, la décision sur le provisoire sera exécutée quand même, tandis que l'exécution sur le principal sera suspendue.

§ IX. **Jugements exécutoires par provision.**

En principe, l'*appel* est *suspensif,* c.-à-d. qu'il arrête l'exécution du jugement attaqué; ce qui est rationnel, puisque tout est remis en question (457); mais il est des cas où en raison, soit de l'urgence, soit de la probabilité du mérite de la décision, l'exécution a lieu *nonobstant appel,* les jugements alors sont dits EXÉCUTOIRES PAR PROVISION.

L'exécution provisoire est ordonnée, — tantôt par la *loi,* — tantôt par les *juges.*

Celle ordonnée par la loi a lieu de *plein droit,* c.-à-d. sans qu'on y ait conclu et sans que les juges l'aient prononcée. Ex. : les jugements des tribunaux de commerce (439), les ordonnances de référé (809).

Celle ordonnée par les **juges** ne peut l'être que *sur la demande des parties*, et *non d'office*.

Elle est — tantôt *impérative*, — tantôt *facultative*, suivant que les juges doivent nécessairement l'accorder, ou sont libres de l'accorder ou de la refuser.

Lorsqu'elle est impérative, elle a toujours lieu *sans caution*.

Quand elle est facultative, elle a lieu *avec* ou *sans caution*, à la volonté des juges.

L'exécution provisoire ordonnée par les juges est *impérative* dans 3 cas :

1° S'il y a *titre authentique*. — Le défendeur, tout en reconnaissant la validité du titre, peut prétendre que son obligation est éteinte, par ex., par un paiement, une remise, une compensation ou autre mode d'extinction ; si sa prétention est repoussée, le jugement sera exécutoire par provision (*a*).

2° *Promesse reconnue*. — Les actes sous seing-privé, lorsqu'ils sont reconnus, ont autant de foi que les actes authentiques (1232, c. N.). Le débat peut porter sur les mêmes points que dans le cas précédent.

3° *Condamnation précédente par jugement dont il n'y a pas d'appel*. — Le premier jugement est un titre authentique qui fait présumer le fondement de la nouvelle demande ; la contestation peut porter, par ex., sur la validité d'une saisie opérée en vertu du premier jugement ; si ce moyen est repoussé, la condamnation sera exécutoire par provision, car elle a une grande probabilité de validité (*b*).

L'exécution provisoire ordonnée par les juges est *facultative* dans plusieurs cas (*c*) :

(*a*) *Quid*, si l'authenticité est contestée? s'il y a inscription de faux? On a prétendu que, dans ce cas, l'authenticité étant douteuse, ne devait pas entraîner l'exécution provisoire ; mais on répond, avec raison, que ce doute est enlevé par le jugement qui rejette la contestation ; autrement, dit-on, le défendeur pourrait toujours empêcher l'exécution provisoire par une inscription de faux. Au reste, la loi n'exige la reconnaissance du débiteur que pour les actes sous seing-privé.

(*b*) Dans ces 3 cas, on applique la maxime : *Provision est due au titre*, c.-à-d. que lorsque le demandeur produit, à l'appui de sa prétention, un titre sérieux, cela fait présumer que le jugement rendu en sa faveur ne sera pas réformé, et la loi veut que l'exécution ait lieu malgré l'appel.

(*c*) L'exécution provisoire est facultative, tant pour les juges de paix que pour les tribunaux d'arrondissement (25 mai 1832, 12). Mais cette disposition ne s'applique ni aux tribunaux de commerce, puisque l'exécution provisoire de leurs jugements a toujours lieu de plein droit, ni aux cours impériales, puisque leurs

1° *Apposition et levée des scellés* ou *Confection d'inventaire.* — L'apposition des scellés est une mesure conservatoire dans le cas de succession, faillite ou dissolution de Société. La levée des scellés peut être ordonnée afin d'extraire un titre nécessaire pour interrompre une prescription sur le point de s'accomplir (a).

2° *Réparations urgentes.* — Par ex., un locataire s'oppose aux réparations que veut faire le propriétaire (1724, c. x.).

3° *Expulsion des lieux* (quand il n'y a pas de bail ou que le bail n'est pas expiré). — Il y a, en effet, une grande présomption en faveur du propriétaire.

4° *Séquestres, commissaires, gardiens* (596-628). — Le séquestre est l'individu chargé par la justice de conserver une chose dont la propriété ou la possession est contestée (1961, c. x.). Le gardien est l'individu chargé de veiller sur les objets saisis. Le mot *commissaire* est une ancienne locution désignant le gardien d'un immeuble saisi.

5° *Réception de cautions et de certificateurs.* — Le certificateur est la caution d'une caution. C'est à tort que, dans ce cas, l'exécution provisoire est dite facultative, car elle a lieu de plein droit, d'après l'art. 521.

6° *Nomination de tuteurs, curateurs* et autres administrateurs, et redditions de comptes (440, c. x.) (527).

7° *Pensions* ou *provisions alimentaires* (203, c. x.). — La provision alimentaire est une pension accordée à titre provisoire, par ex., à une femme, durant l'instance en séparation de corps. Les pensions sont celles dues entre ascendants et descendants.

L'exécution provisoire ne peut *jamais* être ordonnée pour les *dépens,* quand même ces dépens seraient adjugés pour tenir lieu de dommages-intérêts. Le remboursement des dépens n'a pas un caractère d'urgence, aussi, n'est-il jamais exigé par provision, bien que la condamnation principale puisse l'être. Les dépens sont adjugés *à titre de dommages-intérêts,* par ex., lorsqu'ils sont mis à la charge du gagnant, à titre de réparation des injures par lui adressées à son adversaire.

decisions ne sont pas susceptibles d'appel, et que les voies d'attaque contre leurs arrêts ne sont pas suspensives.

(a) Il y a des circonstances où ces 3 mesures ont un caractère d'urgence qui exige un référé (921-928-911). Dans ce cas, l'exécution provisoire a lieu de plein droit, ainsi que pour les autres ordonnances de référé (809).

Si les juges ont omis de prononcer l'exécution provisoire dans le cas où ils avaient, soit l'obligation, soit la faculté de le faire, ils ne peuvent l'ordonner par un second jugement. Il est, en effet, de principe, qu'une fois le jugement rendu, les juges sont dessaisis (122-127) (a).

Rédaction des jugements.

Minute des jugements. — A l'instant où le jugement est prononcé à l'audience, il appartient aux parties, les juges ne peuvent plus le modifier.

De là, les formalités suivantes pour assurer sa conservation :

Le greffier écrit, sur un cahier appelé *plumitif*, le prononcé du jugement sous la dictée du président, puis il porte sur la *feuille d'audience* du jour, les motifs et le dispositif du jugement, aussitôt que ce jugement est rendu (b). Il fait mention, en marge, des noms des juges et du procureur impérial qui ont siégé. Le président vérifie cette feuille à l'issue de l'audience ou dans les 24 heures, et signe, ainsi que le greffier, chaque jugement avec les mentions (c). Cet acte constitue la Minute ou l'original du jugement ; il doit rester au greffe.

La minute contient : — 1º les noms des juges et du ministère public ; — 2º les motifs ; — 3º le dispositif.

Noms des juges. — Il est utile d'indiquer les noms des juges et celui du procureur impérial, afin qu'on puisse reconnaître si le tribunal a été régulièrement composé.

Motifs. — Les motifs sont les raisons sur lesquelles est fondée la décision du tribunal. En principe, tout jugement doit être motivé, à peine de nullité. Mais ce n'est que l'absence complète de motifs qui peut faire annuler un jugement, et non pas l'erreur ou

(a) Mais l'intimé, en cas d'appel, peut, sur un simple acte, faire ordonner l'exécution provisoire par la cour avant l'instruction et le jugement d'appel (458) ; et à l'inverse, si les juges ont ordonné l'exécution provisoire hors des cas prévus par la loi, l'appelant peut obtenir de la cour une défense d'exécuter jusqu'à ce qu'il soit statué sur le fond (459).

(b) Les feuilles d'audience sont de papier de même format, afin d'être réunies par année en forme de registre.

(c) Le greffier qui délivrerait copie d'un jugement avant qu'il ait été signé serait poursuivi comme faussaire. Les procureurs généraux et impériaux doivent se faire représenter, tous les mois, les minutes des jugements, pour constater si la formalité de la signature a été remplie.

l'inexactitude dans les *considérants* ou *attendu* du jugement. Une sentence peut être bien rendue au fond quoique basée sur des motifs erronés (*a*).

Dispositif. — C'est la partie la plus essentielle du jugement : le dispositif contient, en effet, la solution des points en litige, — — la déclaration des droits des parties et les mesures ordonnées par le tribunal pour maintenir ou rétablir les droits, — enfin, la condamnation aux dépens.

Expédition des jugements, — Grosse. — La copie d'un jugement s'appelle **Expédition**.

Il y a entre la minute et l'expédition des jugements plusieurs différences (*b*).

Outre les éléments de la minute (noms des juges, motifs et dispositif), l'expédition d'un jugement comprend encore les *Qualités*.

Enfin, si l'on veut faire exécuter le jugement, il faut de plus la *formule exécutoire;* l'expédition prend alors le nom de **Grosse** (*c*). Ce nom vient de ce qu'elle est écrite en grosses lettres, à la différence de la minute, qui est *minutée*, c.-à-d. écrite en petits caractères.

(*a*) Les actes judiciaires appelés : jugements de renvoi de cause, jugements d'adjudication, etc., n'ont pas besoin d'être motivés ; les jugements préparatoires non plus ; enfin, les jugements sur adoption ne doivent pas être motivés.

(*b*)   *Différences*

Entre la Minute	et l'Expédition.
La minute est l'original d'un jugement.	L'expédition en est la copie.
Elle est signée par le président et le greffier.	Elle est signée par le greffier seul.
Elle n'est pas revêtue de la formule exécutoire.	Elle peut contenir cette formule, alors elle s'appelle *Grosse*.
Elle reste au greffe et, sauf de rares exceptions, ne doit jamais en sortir.	Elle est remise aux parties, et même à toute personne qui en fait la demande, puisqu'elle est publique.
	La *Grosse*, seule, ne doit être remise qu'à la partie, et il ne peut pas en être délivré plus d'une sans permission du président (844 et 851).

(*c*) La formule exécutoire consiste, d'une part, dans les mots : « *Napoléon, par la grâce de Dieu et la volonté nationale, Empereur des Français, à tous présents et à venir, Salut.* » placés en tête de l'expédition; d'autre part, dans ces mots, placés à la fin de l'acte : « *Mandons et ordonnons à tous huissiers, sur ce requis, de mettre le présent jugement à exécution; aux procureurs généraux et aux procureurs près les tribunaux de première instance d'y tenir la main; à tous commandants et officiers de la force publique de prêter main-forte lorsqu'ils en seront requis.* »

Qualités. — Les énonciations contenues dans la minute ne sont pas suffisantes pour faire connaître les parties en cause, — le rôle qu'elles jouent, — ni les circonstances du procès ou les droits débattus; ce sont les Qualités qui établissent ces différents points et constituent un acte complet (a).

Elles comprennent :

Les noms des avoués;

Les noms, professions et demeures des parties;

Leurs conclusions;

L'exposé sommaire des points de fait et de droit.

Noms des avoués. — Cela sert à justifier que les parties ont été représentées. En pratique, on ajoute les noms des avocats.

Noms des parties. — On doit surtout préciser à quel titre les parties figurent au procès, par ex., pour un tuteur, s'il agit en son nom ou au nom du pupille.

Conclusions. — C'est la partie la plus importante des qualités, car c'est en les rapprochant du dispositif qu'on reconnaît si le jugement a statué sur plus ou moins de chefs qu'il n'en a été soumis au tribunal.

On cite les conclusions des 2 parties; mais, par un motif d'économie et dans la crainte qu'on n'insère les requêtes en entier, la loi défend de reproduire, dans les qualités, les motifs des conclusions.

Point de fait. — C'est le résumé des circonstances de l'espèce; mais en pratique, on fait plutôt l'historique de la procédure suivie depuis le début du procès.

Point de droit. — Ce devrait être l'exposé sommaire des questions de droit qui ont été discutées. Mais au lieu de dégager nettement chaque question, on emploie une formule complexe qui embrasse à la fois les faits et le droit : *la cause, en cet état, présentait les questions suivantes:* Le tribunal devait-il adjuger au demandeur ses conclusions? Devait-il, au contraire, les déclarer non recevables? Que devait-il statuer sur les dépens? (Ou plus simplement : *Quid* des dépens?)

(a) Tel est le sens le plus large et le plus usité du mot *Qualités,* en procédure, a. 142. Dans un sens plus restreint, ce mot désigne seulement à quel titre les parties agissent, a. 144.

Mais à qui appartient la rédaction des qualités?

Le jugement étant l'œuvre du tribunal, il semble que les qualités, qui en sont le complément, devraient être rédigées par le tribunal, ou tout au moins par l'un des juges ou par le greffier : cependant la rédaction en est confiée aux avoués (a).

En principe, c'est l'avoué de la partie gagnante qui a le droit de lever le jugement, et par conséquent, d'en signifier les qualités (b). Mais, si par négligence ou autrement, il ne le fait pas, l'avoué de l'autre partie peut le sommer d'y procéder dans les 3 jours. Passé ce délai, il peut rédiger lui-même les qualités, car il a peut-être intérêt à lever le jugement, par ex., afin d'en examiner les termes et voir s'il est attaquable.

Voici comment on procède pour faire et arrêter les qualités :

L'avoué qui a le droit de lever le jugement rédige les qualités et les remet à un huissier audiencier ; celui-ci signifie la copie à l'avoué de la partie adverse et garde entre ses mains, pendant 24 heures, l'original, afin d'y inscrire les oppositions de cet avoué, dans le cas où les qualités soumises à son contrôle ne lui paraîtraient pas rédigées avec exactitude par son confrère.

Si, à l'expiration du délai, il n'y a pas eu d'opposition, les qualités sont remises au greffier, qui les annexe à la minute et peut dès-lors délivrer expédition du jugement.

Si l'avoué auquel on a signifié les qualités veut les contredire, il le déclare, dans les 24 heures, à l'huissier, qui en fait mention

---

(a) Ce système est vivement critiqué : d'abord, il est possible que les avoués commettent des inexactitudes sur la désignation des parties ou sur le rôle qu'elles ont joué dans la cause, en indiquant, par ex., un héritier sous bénéfice d'inventaire comme héritier pur et simple; en second lieu, un jugement pouvant être attaqué par la requête civile toutes les fois qu'il n'a pas été statué sur tous les chefs ou qu'il a été statué sur des points non soumis au tribunal, il est à craindre que l'avoué rédacteur des qualités ne commette des erreurs susceptibles de faire réformer la sentence. Enfin, comme il y a lieu à cassation pour violation ou fausse application de la loi, les avoués peuvent rendre le jugement attaquable en dénaturant, avec ou sans intention, les faits ou les prétentions des parties. Au reste, ce mode de procéder est illogique, puisque les questions posées dans les qualités sont faites *après* les réponses contenues dans le dispositif.

On justifie cependant le système de la loi en disant qu'il n'est pas de la mission des juges de rechercher les noms des parties ou leurs titres, que le greffier, ne pouvant avoir le temps de rédiger les qualités de tous les jugements, s'adresserait le plus souvent à l'un des avoués, qui lui remettrait les qualités toutes faites, lesquelles seraient ainsi l'œuvre d'un seul des avoués sans être contrôlées par l'autre.

(b) Le Décret du 16 février 1807, a. 7, modifie en ce sens l'art. 112, qui semblait accorder cette faculté à la partie la plus diligente.

sur l'original. Le différend est ensuite vidé, sur un simple acte d'avoué à avoué, par l'un des juges qui ont concouru au jugement. C'est ce qu'on appelle le *Réglement de qualités*.

Cette manière de procéder ne s'applique qu'aux jugements contradictoires. Quant aux jugements par défaut, que le défaillant ait ou non constitué avoué, les qualités sont rédigées par l'avoué qui a obtenu jugement, et remises directement au greffier sans être signifiées au défaillant ; il est inutile, en effet, de le mettre en demeure de faire rectifier les qualités par un juge, puisqu'il a le droit, par l'opposition, de faire rétracter la sentence elle-même par le tribunal tout entier (a).

Toutes les énonciations que doit contenir l'expédition d'un jugement sont-elles requises à peine de nullité ? C'est une question fort débattue. La jurisprudence les divise en 2 catégories : les unes sont dites *substantielles*, les autres *secondaires ;* l'omission des premières, seule, cause la nullité de l'acte.

Signification des jugements.

La partie qui veut faire exécuter un jugement doit le lever et le signifier ; *lever* un jugement, c'est, ainsi qu'on vient de le voir, en obtenir la copie ; le *signifier*, c'est en faire remettre copie, par huissier, à la partie adverse ou à son avoué.

En principe, nul n'est réputé bien connaitre les dispositions du jugement qui le condamne, quoique la sentence ait été prononcée en sa présence. De là, la maxime : *Paria sunt non esse et non significari,* un jugement n'est pas considéré comme existant tant qu'il n'a pas été signifié.

Toutefois, la signification d'un jugement n'est nécessaire qu'à 2 points de vue :

1° Pour préparer l'exécution.

2° Pour faire courir les délais accordés à l'effet d'attaquer le jugement.

Quels jugements doivent être signifiés? — Tout jugement (*définitif* ou *avant dire droit*) doit être signifié *à l'avoué* (b).

(a) Dans les juridictions où il n'y a pas d'avoués, c'est le greffier qui rédige les qualités ; toutefois, dans les tribunaux de commerce, ce sont ordinairement les agréés.

(b) Ainsi, les jugements tant provisoires, interlocutoires que préparatoires, doivent être signifiés à l'avoué ; cependant, il y a des cas où, à raison de la simplicité

Les jugements *définitifs* ou *provisoires* emportant condamnation sont, en outre, signifiés *à la partie*.

Ainsi, la signification est toujours faite à l'avoué, s'il y en a un en cause; la loi a pensé que, connaissant mieux la procédure, l'avoué avertirait son client de l'expiration des délais et des modes de recours. De plus, lorsqu'il y a condamnation, la signification est faite à la partie, afin que celle-ci se mette en mesure d'exécuter ou d'attaquer le jugement.

Quant aux jugements *préparatoires* ou *interlocutoires,* comme ils n'emportent pas condamnation, ils n'ont pas besoin d'être signifiés à partie (*a*).

La signification à partie se fait à personne ou à domicile.

A *personne,* c.-à-d. en lui remettant l'acte entre les mains, dans quelque lieu qu'on la rencontre.

A *domicile,* c.-à-d. en se transportant à sa demeure, et en remettant l'acte à ses gens ou à ses voisins (*b*).

Effets des Jugements.

Le jugement donne un titre *authentique* et même *exécutoire.*

Il est présumé, à l'égard des parties en cause, être *la vérité,* tant qu'il n'a pas été attaqué. C'est ce qu'on appelle la vérité de la *chose jugée : Res judicata pro veritate habetur* (1351, c. x.).

Il donne, pour garantir l'exécution, une *hypothèque* sur tous les biens présents et à venir de la partie condamnée (2123, c. x.).

Il transforme, par une sorte de novation, les prescriptions courtes en *prescriptions trentenaires,* en ce sens que l'action pour faire exécuter la condamnation dure toujours 30 ans, quel que fût le délai de l'action primitive (189, c. co.).

Enfin, il anéantit l'interruption de prescription résultant de la demande, lorsque le défendeur triomphe (2247, c. x.).

---

de l'exécution, et pour éviter des frais, le jugement n'est ni levé, ni signifié; ex. : lorsque le tribunal donne acte à un avoué de sa constitution, a. 76, ou lorsqu'il ordonne un délibéré, a. 91, ou la remise d'une cause, a. 82. T.

(*a*) Quand le jugement interlocutoire ordonne à la partie de faire quelque chose, comme de comparaître ou de prêter serment, la signification à l'avoué suffit-elle? Les avis sont partagés.

(*b*) La signification, soit à l'avoué, soit à la partie, est exigée, à peine de nullité, de tous les actes d'exécution; il n'en est pas de même de la mention de la signification préalable à l'avoué dans l'acte signifié à la partie.

Titre VIII. Des Jugements par défaut et Opposition.

Les jugements sont *contradictoires* ou *par défaut :*

CONTRADICTOIRES, lorsqu'ils ont été rendus après le *contredit* des parties, c.-à-d. après leurs conclusions respectives ; il suffit que les conclusions au fond aient été posées à l'audience par les avoués ; il n'est pas nécessaire qu'il y ait eu plaidoiries.

PAR DÉFAUT, lorsqu'ils sont rendus contre une partie qui n'a pas constitué d'avoué, — ou contre une partie dont l'avoué ne s'est pas présenté à l'audience, ou qui, étant présent à l'audience, n'y a pas pris de conclusions.

De là, 2 sortes de jugements par défaut :

1º Défaut contre partie, — ou faute de comparaître, — ou faute de constitution d'avoué. (Ces 3 expressions sont synonymes.)

2º Défaut contre avoué, — ou faute de conclure, — ou faute de comparution d'avoué.

Les jugements par défaut sont susceptibles d'un recours particulier, appelé Opposition, et en outre, des mêmes recours que les jugements contradictoires.

Défaut du Demandeur.

Le défaut a lieu, tantôt de la part du défendeur, tantôt de la part du demandeur ; ce dernier cas est le moins fréquent.

Les 2 défauts (*contre avoué* ou *contre partie*) sont possibles au défendeur, — le 1er est seul possible au demandeur, qui, dans son ajournement, doit constituer avoué, sous peine de nullité.

En pratique, le défaut du défendeur s'appelle simplement *défaut ;* celui du demandeur s'appelle Congé ou *défaut congé.*

Entre le défaut du défendeur et celui du demandeur on fait cette différence :

Dans le défaut du défendeur, le tribunal ne devant adjuger au demandeur ses conclusions qu'autant qu'elles sont justifiées, il y a examen du fond, et par conséquent une véritable condamnation, sauf au défendeur à faire opposition.

Mais quand le demandeur est défaillant, le tribunal renvoie le défendeur sans examiner le mérite de sa défense, car c'est au demandeur à prouver ses prétentions ; par conséquent, il n'est pas statué sur le fond, et le jugement n'est qu'un *renvoi*, qu'un *congé* de l'assignation. Dès-lors, les choses, quant au fond, restent dans l'état où elles étaient avant l'ajournement; le demandeur pourra renouveler sa demande quand il voudra, sans être tenu de former opposition ou appel, car il n'y a pas eu condamnation.

Dans un autre système, cette différence n'est pas aussi absolue. On distingue: si le défendeur, sans discuter au fond la prétention du demandeur, a simplement pris défaut contre lui, alors le tribunal, n'ayant rien à examiner, mais seulement à constater le défaut, n'a fait que relaxer le défendeur de l'assignation.

Mais si le défendeur, au lieu de demander simplement son renvoi de l'assignation, a voulu que le procès fût vidé, et a conclu à ce que le demandeur fût déclaré mal fondé, alors le tribunal, en lui adjugeant le profit du défaut (*a*), a entendu le renvoyer de la demande elle-même; et le demandeur, ainsi condamné, devra faire opposition s'il veut recommencer le procès. Autrement, dit-on, ce serait permettre au demandeur de vexer son adversaire par des assignations renouvelées indéfiniment; au reste, son absence fait présumer son désistement. Mais on répond que le désistement a précisément pour effet de remettre les choses en l'état où elles étaient avant la demande, et que le danger de demandes réitérées et vexatoires est suffisamment atténué par la condamnation aux frais de chaque tentative, et par les dommages-intérêts que le défendeur est en droit de réclamer avec contrainte par corps.

Défaut du Défendeur.

Du côté du défendeur, il y a 2 sortes de défaut : *contre partie,* ou *contre avoué.*

Si, dans les délais de l'ajournement (huitaine franche), le défendeur n'a pas comparu, c.-à-d. n'a pas constitué avoué, alors, au jour indiqué pour l'audience, le demandeur fait prononcer le défaut faute de comparaître ou faute de constitution d'avoué. C'est le défaut *contre partie.*

Si, au contraire, le défendeur a constitué avoué, mais qu'après les délais pour signifier les défenses et les réponses et au jour fixé

(*a*) *Adjuger le profit du défaut,* signifie condamner le défaillant : le profit du défaut consiste à admettre les conclusions du comparant.

Donner défaut contre telle partie, signifie condamner cette partie par défaut.

par l'avenir, son avoué ne pose pas de conclusions à l'audience, il est donné contre lui défaut faute de conclure, ou faute de comparution d'avoué. C'est le défaut *contre avoué*.

Après avoir, sur l'appel de la cause, constaté que le défendeur n'a pas d'avoué, ou que son avoué n'a pas conclu, et prononcé le défaut, le tribunal adjuge alors au demandeur ses conclusions : il y a là 2 opérations distinctes, quoique confondues dans le même jugement.

Mais les conclusions du demandeur doivent-elles être admises sans examen? Le défendeur doit-il être condamné par cela seul qu'il fait défaut? Une Ordonnance de 1539 le voulait ainsi : le défaillant était présumé reconnaître la justice de la demande. Aujourd'hui, le Code ne permet aux juges d'adjuger immédiatement au demandeur ses conclusions qu'autant qu'elles se trouvent *justes et bien vérifiées*. S'il y a doute, ils doivent se faire remettre les pièces, afin de les examiner et ne prononcer qu'en connaissance de cause à l'audience suivante (*a*). On soutient même qu'ils peuvent ordonner une enquête ou une expertise.

Quand il y a *plusieurs* défendeurs, on distingue s'ils sont tous défaillants, ou si les uns font défaut et les autres comparaissent.

Si tous font défaut, il n'est pris qu'un seul jugement, non-seulement lorsqu'ils ont été cités pour le même jour, mais encore lorsqu'ils ont été appelés à des termes différents (soit à raison des distances, soit parce que l'assignation n'a pas la même date); dans ce cas, en effet, on attend l'expiration du plus long délai, afin de comprendre toutes les parties dans le même jugement. L'avoué qui prendrait des jugements séparés en supporterait seul les frais.

DÉFAUT PROFIT JOINT. — Lorsque de deux ou de plusieurs défendeurs, l'un comparaît et l'autre fait défaut, on ne rend pas 2 jugements, l'un contradictoire, l'autre par défaut; d'abord pour économiser des frais, puis pour éviter la contrariété de jugements sur le même objet. En effet, qu'on suppose une affaire non susceptible d'appel, c.-à-d. en dernier ressort, par ex., une dette inférieure à 1,500 fr. contractée par 2 débiteurs solidaires : s'il était

---

(*a* En pratique, cette communication de pièces et le délibéré sont rarement prononcés: le plus souvent, les conclusions sont adjugées sans un examen sérieux.

prononcé 2 jugements, le jugement contradictoire rendu contre l'un serait inattaquable, tandis que le jugement par défaut rendu contre l'autre serait susceptible d'opposition, et par conséquent, d'être réformé; or, si le défaillant, muni de nouvelles pièces ou invoquant de meilleurs arguments, présentait l'affaire une 2me fois devant le tribunal, il serait à craindre que les juges n'hésitassent à reconnaître qu'ils se sont trompés; et d'un autre côté, s'ils reconnaissaient leur erreur, on aurait, entre les mêmes parties, dans une cause identique et émanant d'un même tribunal, 2 décisions en sens opposé.

La loi a évité ce résultat fâcheux : au lieu de statuer à l'égard du défendeur présent, le tribunal donne simplement défaut contre le défendeur absent, sans adjuger le profit de ce défaut au demandeur; le profit est réservé et joint à la cause du défendeur présent, laquelle est renvoyée à la prochaine audience ou à une audience ultérieure désignée par le tribunal. De là vient le nom de jugement par **défaut profit joint**. Ce jugement, appelé aussi jugement *de jonction*, est signifié au défaillant par un huissier commis, avec assignation au jour où la cause doit être de nouveau appelée. S'il y a défaut une seconde fois, il est statué sur le droit de toutes les parties, tant présentes qu'absentes, par un seul jugement, lequel n'est pas susceptible d'opposition *(a)*.

SIGNIFICATION DES JUGEMENTS PAR DÉFAUT. — Si le jugement est par défaut contre partie, ou par défaut profit joint, la signification est faite par un *huissier commis*, c.-à-d. désigné par le tri-

---

(*a*) Dans la crainte que la première assignation n'ait pas été connue du défaillant, soit qu'elle ne lui ait pas été remise, soit qu'elle ait été *soufflée*, c.-à-d. escamotée par l'huissier, le tribunal désigne expressément un huissier pour remettre la deuxième assignation. Mais si, sur cette nouvelle assignation, le défendeur ne comparaît pas, son ignorance n'est plus probable, il est présumé, par suite de son abstention, reconnaître la prétention du demandeur, ou tout au moins se reposer sur son codéfendeur du soin de sa défense, et le jugement, qui est contradictoire vis-à-vis de ce dernier, est réputé tel vis-à-vis du défaillant.

Quid si celui qui a comparu à la première audience fait, à son tour, défaut à la seconde? On soutient, et il a été jugé que le jugement est par défaut vis-à-vis de lui, et par conséquent, susceptible d'opposition, car cette voie de recours, dit-on, n'est refusée qu'à ceux qui deux fois ont fait défaut, parce que leur absence n'a pas d'excuse, tandis qu'ici, c'est le premier défaut.

Mais la plupart admettent que le jugement est réputé contradictoire. En effet, la loi ne distingue pas : par la généralité de ses termes, elle embrasse tous les cas; et puisque le défendeur a comparu une première fois, il a été averti de se représenter, son ignorance n'est donc pas excusable; enfin, la contrariété de jugements serait à craindre.

bunal. Mais quand c'est un défaut contre avoué, elle est faite par un *huissier ordinaire,* comme si le jugement était contradictoire.

Le motif de cette différence est que, dans les 2 premiers cas, on craint que le défaillant n'ait pas reçu l'ajournement, ce qui n'est pas à redouter dans le dernier cas, puisque la partie défaillante a constitué avoué.

Exécution. — Tout jugement portant condamnation doit être signifié à personne ou à domicile avant d'être exécuté. Mais le délai qui doit s'écouler entre la signification et l'exécution diffère suivant que le jugement est contradictoire ou par défaut. — Pour les jugements contradictoires, il suffit que la signification précède l'exécution de *24 heures,* car la partie condamnée, connaissant le jugement, a dû se préparer à l'exécuter ou à l'attaquer. — Pour les jugements par défaut, l'exécution ne peut être commencée que *8 jours* après la signification. Le défaillant pouvant ignorer le jugement, on lui donne le temps de l'examiner et de l'attaquer (*a*).

Si, pendant la huitaine de la signification, il est défendu d'exécuter les jugements par défaut, il est permis de faire des actes conservatoires, par ex., inscrire l'hypothèque judiciaire (a. 2123).

Péremption. — En principe, le droit de faire exécuter un jugement se prescrit, comme tout autre droit, par 30 ans. Il en est ainsi pour les jugements contradictoires, et même pour les jugements par défaut contre avoué. Quant aux jugements par défaut contre partie, il y a une prescription de 6 mois. Cette courte prescription s'appelle *péremption;* c'est une péremption spéciale qu'il ne faut pas confondre avec la péremption d'instance (TIT. XXII).

Voies de recours. — Les jugements par défaut sont, comme les contradictoires, susceptibles d'appel dans certains cas; mais, de plus, ils sont toujours attaquables par un moyen qui leur est spécial, l'*opposition.*

(*a*) *Pourquoi la prescription, qui est trentenaire dans ce cas, est-elle de 6 mois dans l'autre?* La loi a craint que, dans le 1er cas, le défaillant n'ait pas été averti et que son adversaire, après avoir tenu caché le jugement pendant longtemps, ne vienne l'exécuter au moment où il pense que les titres sont perdus ou détruits. Sans doute, l'opposition est encore possible, mais elle est vaine et inutile, s'il n'y a plus de preuves à l'appui.

Opposition.

On appelle OPPOSITION la voie par laquelle la partie défaillante demande au tribunal même qui l'a condamnée de rétracter la décision rendue en son absence, et de juger de nouveau, après avoir entendu sa défense.

Les règles sur les délais et la forme de l'opposition varient suivant que le jugement par défaut est contre avoué ou contre partie.

DÉLAIS DE L'OPPOSITION. — Si le jugement est contre avoué, le délai est de **huitaine** (*a*). — Si le jugement est contre partie, l'opposition est recevable **jusqu'à l'exécution** *du jugement*.

Cette différence s'explique facilement : en effet, dans le 1er cas, le défendeur ayant constitué avoué, a nécessairement connu l'ajournement ; s'il ne s'est pas défendu, c'est qu'il ne l'a pas voulu, il n'a donc pas besoin de la protection de la loi ; au reste, son avoué peut le conseiller, aussi le délai est-il très-court. Dans le 2me cas, le défendeur n'a pas constitué avoué ; on peut donc supposer qu'il n'a reçu, ni l'ajournement, ni la signification du jugement, dès-lors on devait prendre plus de précaution et lui accorder un délai assez long.

Quand un jugement est-il réputé exécuté ? Autrement dit, quel est le moment à partir duquel l'opposition n'est plus recevable ?

L'art. 159 indique d'une manière expresse certains actes après lesquels le jugement est réputé exécuté et l'opposition devenue impossible. Puis il attribue d'une manière générale le même effet à *tout acte* duquel il résulte nécessairement que le défaillant a connu l'exécution du jugement.

D'après l'esprit de cet article, il n'est pas nécessaire, pour que l'opposition soit inadmissible, que l'exécution soit achevée, soit complète ; mais il ne suffit pas non plus qu'elle soit simplement commencée : il faut que l'exécution ait été connue du défaillant, ou tout au moins qu'elle soit assez avancée pour être réputée connue de lui.

---

a Ce n'est plus ici une huitaine franche comme dans les ajournements : on ne compte pas, il est vrai, le jour de la signification du jugement, mais l'opposition doit être faite dans les 8 jours suivants, inclusivement. Ainsi, le jugement signifié le 1er devra être attaqué le 9 au plus tard, tandis que si la huitaine eût été franche, l'opposition aurait pu être utilement faite le 10.

Les actes indiqués par la loi comme faisant présumer que l'exécution a été connue du défaillant sont :

La *vente des meubles après saisie.*
La *notification de la saisie des immeubles.*
L'*emprisonnement* ou la *recommandation du défaillant.*
Le *paiement par lui des frais du procès.*

1° *Vente des meubles saisis.* — Ainsi, ni la signification du jugement, ni le commandement, ni la saisie ne suffisent pour empêcher l'opposition. Si la loi ne se contente même pas de la saisie, qui est par elle-même un acte d'exécution, c'est qu'elle craint que cet acte ne reste ignoré du défendeur; mais la vente après saisie donnant lieu à plusieurs actes, et étant publiquement annoncée, ne laisse plus la même crainte (*a*).

2° *Notification de la saisie des immeubles.* — Ici, la loi n'exige pas, comme pour les meubles, que l'exécution soit aussi avancée; le défaillant est réputé connaître l'exécution sur les immeubles, même avant la vente; et cela est rationnel, parce que la procédure de la saisie immobilière est plus longue et plus compliquée que celle de la saisie mobilière. En effet, au moment où on notifie la saisie au défaillant, il s'est déjà écoulé un certain temps, puisque le commandement accorde 30 jours pour payer; de plus, comme certains actes ont été visés par le maire, il est difficile d'admettre que le débiteur ait ignoré le jugement (*b*).

3° *Emprisonnement* ou *Recommandation du défaillant.* — La recommandation est l'acte par lequel un créancier, qui a obtenu une condamnation avec contrainte par corps, déclare à la prison où son débiteur est déjà incarcéré à la requête d'un autre créancier, qu'il entend que ce débiteur ne soit relâché qu'après

---

(*a*) Voici la *procédure de la saisie mobilière :* Signification du jugement, — Commandement de payer,—Saisie (au plus tôt 24 heures après le commandement), — Signification du procès-verbal de saisie avec indication du jour de la vente, — Publication de la vente (1 jour avant l'adjudication) par 4 affiches et les journaux du lieu.

(*b*) *Procédure de la saisie immobilière :* Signification du jugement, — Commandement de payer, — Saisie, après 30 jours, — Transcription du procès-verbal de saisie au bureau des hypothèques, —Dénonciation de la saisie, —Dépôt du cahier des charges au greffe, — Sommation aux créanciers et au procureur impérial, —Mention de ces sommations aux hypothèques,—Publication du cahier des charges et jugement fixant le jour de la vente, — Annonce de ce jour par placards et journaux.

paiement de ce qui lui est dû. Ce créancier profite ainsi de l'arrestation opérée à la requête d'un autre ; mais à partir de la recommandation, il participe avec le premier créancier à l'entretien du prisonnier.

Celui qui souffre qu'on le mette en prison ou s'y laisse maintenir en vertu d'un jugement par défaut, est censé acquiescer à ce jugement, s'il ne proteste pas à l'instant même.

4° *Paiement des frais.* — C'est une reconnaissance formelle de la condamnation ; cet acte est même considéré, en jurisprudence, comme une renonciation au droit d'attaquer le jugement.

En dehors de cette énumération, la loi laisse aux juges le soin d'examiner si les actes d'exécution ont été ou non connus du défaillant, et par conséquent si l'opposition doit être repoussée ou admise (*a*):

Telle est l'exécution exigée au point de vue de l'opposition. Il faut examiner maintenant quelle est l'exécution réclamée à l'égard de la péremption. On a vu, en effet, que le jugement par défaut contre partie doit être *exécuté dans les 6 mois,* sous peine d'être considéré comme non avenu.

Quand un jugement est-il réputé exécuté, au point de vue de la péremption?

Une exécution complète n'est certainement pas exigée : mais si une exécution commencée suffit, faut-il au moins qu'elle remplisse les conditions de l'art. 159; autrement dit, est-il nécessaire qu'elle ait été connue du défaillant ou qu'elle soit parvenue au point indiqué par cet article ?

Cette interprétation rigoureuse a été soutenue; mais on admet généralement que tel acte qui, aux termes de l'art. 159, permet-

---

a Lorsqu'on est en dehors des hypothèses énumérées, il n'y a aucune difficulté : un acte d'exécution, quel qu'il soit, pourvu qu'il ait été connu, suffit pour rendre l'opposition inadmissible. Mais que décider si, dans les cas où la loi a fixé le point où l'exécution devait être arrivée pour être réputée connue, un acte d'exécution a été réellement connu du défaillant, mais que cet acte n'ait pas amené l'exécution au point marqué par la loi? Par ex., dans une saisie faite en sa présence, le défaillant a signé le procès-verbal et accepté d'être gardien des objets saisis 598; on a soutenu, et il a été jugé qu'il pouvait encore former opposition, car la vente n'ayant pas eu lieu, l'exécution n'est pas arrivée au point fixé par l'art. 159. Mais il est préférable d'appliquer la fin de l'article et dire que, la saisie ayant été connue du défaillant, cela suffit pour empêcher l'opposition. Les 2 dispositions de l'art. 159 doivent se combiner, et non s'appliquer à l'exclusion l'une de l'autre.

trait néanmoins au défendeur de former opposition, lui interdit d'opposer la péremption.

Cette différence s'explique : en effet, l'art. 159 a pour but de protéger le défendeur contre une condamnation qu'il a pu ignorer, et de lui permettre d'empêcher que cette condamnation ne devienne définitive. Au contraire, l'art. 156 a pour but de punir le demandeur négligent, mais sans lui faire perdre définitivement ses droits, puisque, malgré la péremption, il peut agir de nouveau. Il était donc naturel que la loi prît plus de précaution à l'égard du défendeur qu'à l'égard du demandeur, et qu'elle exigeât, pour permettre à ce dernier de repousser l'opposition, une exécution plus avancée ou plus manifeste que celle exigée pour lui permettre de repousser la péremption.

Ainsi, par ex., un procès-verbal de *Carence* est un acte insuffisant à l'égard de l'opposition, mais suffisant quant à la péremption (*a*). En effet, cet acte n'est pas rangé, par l'art. 159, parmi ceux qui font présumer que le défaillant a connu l'exécution, et il peut être resté ignoré de lui; l'opposition est donc néanmoins admissible, mais il serait injuste de permettre au défaillant d'opposer la péremption au demandeur, qui a fait toutes ses diligences et qui n'a pu exécuter le jugement, c.-à-d. saisir et vendre, faute d'objets saisissables.

Formes de l'opposition. — 1° *Jugement par défaut contre avoué.* — L'opposition est formée par *Requête d'avoué à avoué,* c.-à-d. par un mémoire à l'adresse des président et juges du tribunal, et signifié à l'avoué adverse, par un huissier-audiencier.

La requête doit contenir les *moyens* d'opposition, à moins que les moyens de défense n'aient été signifiés avant le jugement, auquel cas, il suffit de déclarer qu'on les emploie comme motifs d'opposition (*b*). L'opposition non motivée n'est pas suspensive de l'exécution, et est *rejetée* sur un simple acte, sans qu'il soit besoin d'aucune instruction. Ainsi, lorsque l'opposition est irrégulière en la forme, celui qui a obtenu jugement peut n'en tenir aucun compte et continuer l'exécution; mais il le fait à ses ris-

---

(*a*) On appelle procès-verbal de **CARENCE** l'acte constatant que l'huissier venu pour saisir les meubles du débiteur n'a rien trouvé à saisir. Ce mot vient de *carere*, manquer.

(*b*) L'opposant qui n'a pas exposé tous ses moyens dans sa première requête peut les compléter par une seconde requête, mais cet acte n'entre pas en taxe.

ques et périls, car si le tribunal déclare l'opposition régulière, les actes d'exécution postérieurs à l'opposition seront annulés.

2° *Jugement par défaut contre partie.* — Quand le défaillant n'a pas d'avoué, la loi prend plus de précaution, elle lui permet de former opposition de 2 manières :

1° Par un *acte extrajudiciaire.*

2° Par une *déclaration sur les actes d'exécution* au moment de leur signification.

L'acte extrajudiciaire dont il est question ici est un exploit par lequel le défaillant notifie à son adversaire son intention de s'opposer au jugement (*a*).

La seconde manière est fort simple : quand l'huissier vient signifier un acte d'exécution, un commandement, par ex., le défaillant peut déclarer son opposition et exiger que l'huissier en fasse mention sur cet acte. De même, si l'huissier veut saisir ses meubles ou sa personne, le défaillant fait inscrire sa déclaration sur le procès-verbal de saisie ou d'emprisonnement.

L'opposition faite d'après les 2 modes ci-dessus n'est pas complète; elle suffit provisoirement pour suspendre l'exécution du jugement, mais elle n'est définitive et valable qu'autant qu'elle a été *réitérée* par l'opposant *dans la huitaine, par requête,* avec constitution d'avoué. Sans cette formalité complémentaire, l'opposition est non recevable, et l'exécution est continuée sans qu'il soit besoin de le faire ordonner.

EFFETS DE L'OPPOSITION. — Quand elle est régulière, l'opposition produit deux effets :

1° Elle arrête ou suspend l'exécution du jugement, à moins qu'il n'ait été déclaré exécutoire par provision.

2° Elle permet au défaillant de présenter sa défense et de demander la rétractation du 1ᵉʳ jugement.

Effet suspensif. — L'exécution des jugements contradictoires (au moins de ceux en 1ᵉʳ ressort), est suspendue de plein droit pendant 8 *jours*, à partir du prononcé de la sentence. Quant à

---

a On appelle **ACTE EXTRAJUDICIAIRE** tout acte qui ne s'adresse pas directement à la justice. Dans ce sens, ce mot comprend également l'autre mode, c.-à-d. la déclaration faite sur les actes d'exécution, car ces actes ne s'adressent pas au tribunal.

l'exécution des jugements par défaut, elle est aussi suspendue de plein droit pendant *8 jours*. mais ce délai court seulement de la signification, et non de la prononciation du jugement (*a*).

Toutefois, s'il y a *urgence*, les juges peuvent, dans certains cas (ceux de l'art. 135), ordonner l'exécution provisoire, et même, s'il y a *péril en la demeure,* ils peuvent l'ordonner dans tous les cas.

Ainsi, la possibilité d'une opposition suspend momentanément l'exécution. Bien plus, l'opposition elle-même, lorsqu'elle est formée, suspend définitivement l'exécution, à moins que les juges n'aient ordonné l'exécution provisoire (*b*).

L'opposition arrête l'exécution, même à *l'égard des tiers.* Il arrive quelquefois qu'un jugement ordonne certaines choses à des tiers (c.-à-d. à des personnes qui n'ont pas figuré au procès), par ex., la restitution de l'objet litigieux par un *séquestre,* — le paiement d'une somme par un *tiers saisi.* Dans le cas d'un jugement par défaut, ces tiers ne doivent exécuter le jugement qu'autant que l'exécution n'aura pas été suspendue par une opposition. Aussi, doivent-ils exiger de celui qui exécute, un certificat du greffier, constatant qu'il n'y a aucune opposition portée sur le registre à ce destiné.

Jugement sur l'opposition.—Le tribunal doit examiner d'abord si l'opposition est régulière ou non : si les délais ou les formes n'ont pas été observés, il déclare l'opposition non recevable, et tout est fini (*c*).

Quand l'opposition est régulière en la forme, le tribunal examine alors si elle est juste au fond, c.-à-d. si les moyens proposés sont susceptibles de faire réformer le jugement : — si l'opposition ne lui paraît pas fondée, il la rejette et déclare que le

---

(*a*) Les actes interdits avant l'expiration de la huitaine sont les actes d'exécution proprement dits, tels que saisie ou contrainte. Mais on peut faire des actes conservatoires, par ex., prendre une hypothèque judiciaire sur les biens du défaillant.

(*b*) En matière d'opposition. l'exécution provisoire dans les 3 cas de l'art. 135, c.-à-d. s'il y a titre authentique. promesse reconnue. condamnation précédente par jugement dont il n'y a pas d'appel. a lieu par la volonté des juges et seulement en cas d'urgence, tandis que vis-à-vis de l'appel. elle a lieu de plein droit. c.-à-d. par la volonté de la loi. qu'il y ait ou non urgence.

(*c*) Toutefois. si les délais pour faire opposition n'étaient pas expirés, le défaillant pourrait former une nouvelle opposition.

1er jugement est maintenu (*sortira son plein et entier effet*); — s'il la reconnaît fondée, il réforme sa sentence.

Le défaillant qui s'est rendu opposant au jugement par défaut doit nécessairement se présenter sur l'opposition, autrement, il est *débouté* de son opposition (c.-à-d. repoussé, sans pouvoir en former une nouvelle); c'est ce qu'exprime l'adage : **OPPOSITION SUR OPPOSITION NE VAUT**. Ainsi, le 2me jugement, bien que rendu par défaut, est réputé contradictoire; cette mesure a pour but d'empêcher que le défaillant ne retarde indéfiniment l'issue du procès par des oppositions successives (*a*).

JUGEMENTS PAR DÉFAUT NON SUSCEPTIBLES D'OPPOSITION. — En principe, tous les jugements par défaut sont attaquables par l'opposition, quelles que soient la nature et l'importance des droits en litige; en cela, l'opposition diffère de l'appel qui, en général, n'est permis que dans les affaires d'une certaine importance. Toutefois, certains jugements par défaut ne sont pas susceptibles de ce recours, ce sont :

Le jugement qui déboute d'une opposition.

Le jugement par défaut *profit joint*.

Le jugement par *forclusion*, c.-à-d. faute de produire des pièces dans une instruction par écrit ou un ordre.

Les jugements sur incident de saisie immobilière (*b*).

(*a*) Si c'est le demandeur primitif qui fait défaut à son tour lors de l'opposition, on admet que le jugement n'est pas réputé contradictoire à son égard et qu'il peut y former opposition.

(*b*)   *Différences*

Entre le DÉFAUT CONTRE PARTIE	et le DÉFAUT CONTRE AVOUÉ.
Le jugement est signifié par un *huissier commis* (146).	Le jugement est signifié par un *huissier ordinaire*.
Le jugement doit être *exécuté* dans les *6 mois* de son obtention, sinon, il est périmé, c.-à-d. non avenu.	Le jugement peut être *exécuté* pendant *30 ans*, car il n'est prescrit qu'après ce temps.
L'opposition est recevable tant que le jugement n'est pas exécuté 158.	L'opposition est recevable pendant 8 jours, à partir de la signification.
L'opposition se forme de 2 manières : par acte extrajudiciaire ou par déclaration sur un acte d'exécution, sauf, dans les 2 cas, à la renouveler dans la huitaine, par requête, avec constitution d'avoué.	L'opposition se forme d'une seule manière : par requête d'avoué à avoué avec exposé des moyens.

Titre IX. Des Exceptions (a).

Les moyens à faire valoir en justice contre une demande sont de 2 sortes : les défenses et les exceptions.

Les **DÉFENSES** sont les moyens qui portent sur le fond ou le mérite de la demande, et qui tendent à la faire rejeter comme faite sans droit.

Les **EXCEPTIONS** sont les moyens qui, sans attaquer le fond ou le mérite de la demande, concluent à la faire écarter pour le moment, et jusqu'à l'accomplissement de certaines conditions.

Quand on oppose une défense, on soutient que le droit réclamé n'a jamais existé ou qu'il est éteint, et l'on conclut directement à ce que la demande soit rejetée comme étant sans fondement. Ainsi, vous réclamez mille francs que vous prétendez m'avoir prêtés : si je soutiens ne vous avoir jamais emprunté cette somme, ou si, reconnaissant l'avoir reçue de vous, je déclare vous l'avoir remboursée (en invoquant la prescription, par ex., à l'appui de mon dire), mes arguments sont des défenses propre-

---

(a) Le nom d'*exception* a été emprunté au système de procédure des Romains, mais son acception n'est plus la même aujourd'hui. En droit romain, les exceptions étaient certaines restrictions introduites par le Préteur dans la formule d'action, afin de tempérer la rigueur du droit civil. Cela tenait à la division du pouvoir judiciaire entre le magistrat chargé d'exposer l'affaire et d'indiquer l'application de la loi, et le juge chargé de statuer. Cette division n'existe pas chez nous ; au reste, le juge n'a pas le pouvoir d'éluder la loi, même par raison d'équité.

Les Romains divisaient les exceptions en *péremptoires* ou perpétuelles, et *dilatoires* ou temporaires, suivant qu'elles pouvaient être opposées à toute époque, et par conséquent, repoussaient définitivement l'action, ou suivant qu'elles n'étaient opposables que durant un certain temps, et conséquemment, n'arrêtaient les poursuites que momentanément.

Notre ancienne jurisprudence, en souvenir du droit romain, admettait aussi, mais dans une acception différente, des exceptions *péremptoires* et *dilatoires*. Les premières se subdivisaient en *péremptoires du fond* et *péremptoires en la forme*. Les péremptoires du fond, appelées aussi *fins de non recevoir*, sans discuter le mérite de la demande, tendaient à démontrer que le demandeur n'avait pas le droit d'agir ; telles étaient la prescription et la transaction ; si ces exceptions étaient admises, elles éteignaient l'action. Les péremptoires en la forme tendaient à prouver l'irrégularité ou les vices de la procédure, par ex., une nullité d'exploit. Dans ce cas, le droit n'était pas éteint, et une nouvelle action pouvait être intentée. Les exceptions *dilatoires* tendaient seulement à différer l'examen de la demande.

Le Code assimile les exceptions péremptoires au fond aux défenses, et donne à toutes les autres le nom d'*exceptions*, en réservant l'épithète *dilatoires* seulement à celles qui ont directement pour objet d'obtenir un délai.

ment dites, car ils tendent à faire repousser définitivement votre demande.

Lorsqu'on oppose, au contraire, une exception, on n'entre pas dans la discussion du fond, on laisse de côté la question de savoir si la prétention du demandeur est ou non sérieuse, car le plus souvent, l'exception tend seulement à retarder la discussion sur le fond jusqu'à l'accomplissement de certaines formalités; et si l'on conclut à ce que la demande soit rejetée, ce n'est pas comme faite sans fondement, mais pour vice de formes.

Ainsi, vous me réclamez mille francs que vous prétendez avoir prêtés à mon père, dont je suis héritier; si, sans m'occuper de savoir si cette somme vous a été réellement empruntée ou si elle vous a été remboursée, je soutiens que votre demande doit être repoussée, parce que le tribunal n'est pas compétent, ou parce que l'ajournement est nul pour vice de formes, ou bien encore, si, étant dans les délais pour faire inventaire et délibérer, j'exige qu'il soit sursis à l'examen de votre réclamation jusqu'à l'expiration des délais, les moyens que je vous oppose sont des exceptions, car je n'attaque pas le mérite de votre demande (a).

Parmi les exceptions, les unes ont pour effet d'entraîner indirectement un retard, les autres ont pour objet direct d'obtenir un délai : ces dernières prennent l'épithète de *dilatoires* (b).

(a) *Différences*

Entre les Défenses	et les Exceptions.
Elles peuvent être proposées en tout état de cause.	Elles doivent être proposées au début de l'instance, excepté l'incompétence *ratione materiæ* et la communication des pièces.
Quand il y en a plusieurs, aucun ordre n'est exigé pour leur présentation.	Elles doivent, sous peine de nullité, être présentées dans un ordre déterminé, excepté celles qui peuvent être opposées en tout état de cause.
Le juge peut les suppléer d'office, excepté celle de prescription 2223. c. N).	Le juge ne peut les suppléer d'office, sauf celle d'incompétence à raison de la matière.

Toutefois, les mots *Défenses* et *Exceptions* sont souvent pris comme synonymes par le Code lui-même 1298, 1350, 2036, c. N.. L'exception n'est, en effet, qu'une espèce particulière de défenses, en ce sens, qu'elle est, comme la défense proprement dite, un moyen opposé par le défendeur.

(b) Il y a encore les exceptions appelées *Déclinatoires*, ce sont celles d'incompétence, litispendance et connexité. Bien que le Code emploie quelquefois le mot *déclinatoires* 83, 121, il désigne le plus souvent ces exceptions sous le nom de *Renvois*; c'est sous ce titre qu'il en traite Voy. § 2. p. 92.

Les exceptions admises par le Code sont :

La *caution à fournir par les Étrangers.*

Les *renvois* comprenant l'incompétence, la litispendance, la connexité.

Les *nullités.*

Les exceptions *dilatoires*, comprenant celle de l'héritier, celle de la femme commune en biens, celle en garantie.

La *communication des pièces.*

§ I. Caution à fournir par les Étrangers.

L'Étranger a le droit de poursuivre devant un tribunal de France le Français qui a contracté des obligations envers lui, même en pays étranger (15, c. x.).

Mais en accordant cette faculté à l'Étranger, la loi a pris une précaution dans l'intérêt du Français. Il pourrait arriver, en effet, que le demandeur Étranger, après avoir intenté une action mal fondée, abandonnât le procès au moment où il voit qu'il va être condamné; et que, se retirant dans son pays, il laissât le Français dans l'impossibilité de recouvrer ses frais et d'obtenir le montant de la condamnation; ce jugement, en effet, ne pourra peut-être pas être exécuté en pays étranger. Pour éviter ce danger, on permet au Français d'exiger, au début du procès, que l'Étranger fournisse une *caution*, c.-à-d. présente une personne solvable qui s'engagera à rembourser les *frais* et les *dommages intérêts* auxquels l'Étranger pourrait être condamné (16, c. x.).

Cette garantie que le défendeur français a le droit d'exiger est appelée *exception* JUDICATUM SOLVI.

Les *frais* sont les dépens auxquels le demandeur peut être condamné.

Les *dommages-et-intérêts* dont est tenue la caution ne sont pas tous ceux qui seront compris dans le jugement, mais seulement ceux *résultant du procès.*

Ainsi, à la réclamation faite par l'Étranger, le Français défendeur répond par une demande en dommages-intérêts, à raison d'un préjudice causé avant le procès : la caution ne sera pas tenue de payer la somme allouée à cet égard, car elle ne répond que des dommages résultant du procès, par ex., à raison des injures ou vexations que le demandeur se serait permises dans le cours de l'instance. Ex. : un Étranger revendique un cheval contre un Français en prétendant que celui-ci le lui a soustrait dans son pays ; le Français reconnait que le demandeur est propriétaire, mais il soutient qu'il lui a confié lui-même le cheval pour l'amener en France ; en conséquence, il demande reconventionnellement, à titre de dommages-intérêts : d'abord 500 fr. pour l'entretien du cheval et autres dépenses ; en outre, 1,000 fr. pour l'atteinte que cause à son honneur le caractère injurieux que l'Étranger a donné à l'action. Dans cette espèce, si le Français triomphe, la caution, outre les frais du procès, garantira les 1,000 fr. dus pour injure, mais non les 500 fr., car ce ne sont plus des dommages-intérêts résultant du procès, puisqu'ils sont antérieurs à l'instance.

Le tribunal fixe à l'avance la somme jusqu'à concurrence de laquelle la caution doit s'engager.

La loi admet, comme garantie équivalente, la consignation de cette somme par l'Étranger lui-même, ou le fait qu'il possède en France des immeubles suffisants pour répondre ; mais cette dernière sûreté est un peu illusoire, car rien n'empêche l'Étranger de vendre ces biens à l'insu de son adversaire. Il est vrai que celui-ci pourrait quelquefois faire annuler cette aliénation comme frauduleuse (1166, c. x.).

Tous les Étrangers, quel que soit leur rang ou leur position de fortune, sont astreints à la caution *judicatum solvi*, à moins qu'ils n'en soient exemptés par la loi. Mais il n'y a que l'Étranger *demandeur* qui soit soumis à cette formalité : on ne pouvait l'imposer à l'Étranger défendeur sans porter atteinte à la défense, qui est de droit naturel. Peu importe que la demande soit ou non introductive d'instance. L'Étranger *demandeur intervenant* doit fournir caution comme l'Étranger *demandeur principal*.

En toutes matières, autres que celles de commerce, le défendeur peut exiger la caution : ainsi, qu'il s'agisse d'un procès civil, ou d'un procès criminel dans lequel l'Étranger se porte partie civile, que l'on soit devant un juge de paix, un tribunal ou une cour, cette garantie peut être exigée. Elle ne l'est pas dans les *matières commerciales*, parce qu'on a craint d'entraver les rapports commerciaux avec les pays étrangers.

Sont *dispensés de fournir caution* :

Les Étrangers autorisés à résider en France (13, c. n.).

Ceux appartenant à une nation qui, par un traité, dispense les Français de fournir cette caution (11, c. n.).

Enfin, ceux qui ont consigné une somme suffisante, ou qui ont en France des biens suffisants pour répondre. Mais dans ces 2 derniers cas, il n'y a pas véritablement dispense.

Une question très-controversée dans cette matière, est celle de savoir si un défendeur Étranger poursuivi en France peut exiger d'un demandeur également Étranger la caution *judicatum solvi*. Mais on reconnaît sans difficulté ce droit à l'Étranger défendeur autorisé à fixer son domicile en France.

§ II. **Renvois** (a).

Exception d'incompétence. — Il y a 2 sortes d'incompétence :

1º Absolue ou à raison de la matière (*ratione materiæ*).

2º Relative ou personnelle (*ratione personæ*).

Il y a incompétence **absolue** ou *ratione materiæ* lorsque, par sa nature, l'affaire ne peut être jugée par le tribunal devant lequel elle a été portée, ni par aucun tribunal de la même juridiction.

Par ex., une affaire de la compétence du tribunal d'arrondissement a été portée devant un juge de paix; ce n'est pas seulement ce juge de paix, mais la juridiction tout entière des juges de paix qui, à raison de la qualité de l'affaire, n'est pas apte à juger

---

a Sous le titre de *Renvois*, la loi traite ici des exceptions appelées *déclinatoires*, c.-à-d. des exceptions d'incompétence, de litispendance et de connexité. Le mot *renvoi* s'applique plus particulièrement au cas où, en raison des liens de parenté entre une partie et le tribunal, l'adversaire demande que l'affaire soit portée devant un autre tribunal (368-377).

Le renvoi pour parenté ou alliance diffère sous plusieurs rapports du renvoi pour incompétence au moins *ratione personæ* : ainsi, le renvoi pour parenté se forme par déclaration au greffe; —il peut être proposé tant que l'affaire n'est pas en état, c.-à-d. tant que les conclusions au fond n'ont pas été prises à l'audience; il peut donc avoir lieu après les défenses et la réponse; — enfin, le tribunal qui se dessaisit désigne le tribunal devant lequel l'affaire sera reprise au point où elle en était arrivée, sans qu'il soit nécessaire de recommencer la procédure.

Au contraire, l'incompétence se propose par requête.—elle doit être invoquée au début de l'instance. — enfin, le tribunal qui se déclare incompétent ne désigne pas le tribunal devant lequel les parties devront recommencer le procès par un nouvel ajournement.

cette affaire ni aucune autre semblable. De même si une affaire civile a été portée devant un tribunal de commerce *a*.

Il y a incompétence **relative** ou *ratione personæ*, lorsqu'on a saisi la juridiction qui doit connaître de l'affaire, mais qu'au lieu de s'adresser à tel tribunal de cet ordre, on s'est adressé à un autre tribunal du même ordre. Le tribunal saisi est compétent pour juger le genre d'affaires qui lui est soumis, ainsi que tous ceux du même ordre ; mais dans l'espèce, on devait se présenter devant un autre tribunal, à raison, soit de la situation de l'objet litigieux, soit du domicile des parties, ou d'un autre motif.

Ainsi, on revendique devant le tribunal civil de Rouen une maison située au Hàvre : certes, ce tribunal est compétent pour juger une revendication d'immeubles; mais dans l'espèce, ce n'est pas lui qui doit en connaître, c'est le tribunal civil du Hàvre, parce qu'on doit saisir particulièrement le tribunal de la situation de l'objet litigieux (*b*).

Entre ces 2 incompétences, il y a plusieurs différences (*c*).

---

a La réciproque est-elle vraie, c.-à-d. y a-t-il incompétence *ratione materiæ* lorsqu'on a porté devant un tribunal d'arrondissement une affaire commerciale dans un lieu où il y a un tribunal de commerce? Il y a controverse. Des auteurs prétendent que les tribunaux d'arrondissement étant juges de droit commun, il n'y a dans ce cas qu'une incompétence *ratione personæ*.

b Par suite de l'analogie des expressions, beaucoup de personnes sont portées à croire que l'incompétence *personnelle* a lieu lorsqu'il y a erreur dans le choix du tribunal en matière *personnelle*, et par opposition, elles se figurent qu'il y a incompétence à raison de la matière lorsqu'on s'est trompé sur la désignation du tribunal dans une affaire réelle immobilière. Il faut se prémunir contre cette fausse association d'idées, et bien se convaincre qu'il y a incompétence *ratione personæ* aussi bien en matière réelle qu'en matière personnelle, toutes les fois que le tribunal auquel on s'est adressé est compétent pour connaître des affaires semblables, mais incompétent seulement dans l'espèce. Ainsi, il y a incompétence *ratione personæ* lorsqu'on revendique devant le tribunal de 1re instance de Rouen une maison située au Hàvre.

c *Différences*

Entre l'INCOMPÉTENCE *RATIONE MATERIÆ* et l'INCOMPÉTENCE *RATIONE PERSONÆ*.

L'incompétence *ratione materiæ* tient à l'organisation judiciaire, et par conséquent est d'*ordre public*.	L'incompétence *ratione personæ* a été établie dans l'intérêt des parties, aussi est-elle d'*ordre privé*.
Elle peut être proposée *en tout état de cause*, c.-à-d. à n'importe quel moment, même à la fin des débats.	Elle doit être proposée au début de l'instance *in limine litis*.
Elle peut être invoquée tant par le *Demandeur* que par le *Défendeur*.	Elle ne peut être invoquée que par le *Défendeur seul*, car le *Demandeur* est censé y avoir renoncé.
C'est un *devoir* pour les juges de l'invoquer d'office.	C'est seulement une *faculté* pour les juges de l'invoquer d'office.

Exception de litispendance. — Il y a litispendance lorsqu'une demande introduite devant un tribunal est déjà pendante devant un autre, c.-à-d. lorsque pour le même objet, la même cause, entre les mêmes parties, 2 demandes sont formées à la même époque devant 2 tribunaux.

Il faut, dans ce cas, éviter l'inconvénient très-grave de la contrariété de décisions, qu'il serait impossible d'exécuter simultanément. Le tribunal saisi en second lieu doit se dessaisir de l'affaire et la renvoyer aux juges appelés les premiers à statuer.

On est porté, tout d'abord, à croire que l'exception de litispendance se confond avec celle d'incompétence : il semble, en effet, que du moment où le 1er tribunal saisi est compétent, le 2me ne doit pas l'être ; cela peut se présenter, mais il est possible qu'il en soit autrement. Et d'abord, dans les actions mixtes, il y a 2 tribunaux compétents : celui de la situation de l'immeuble et celui du domicile du défendeur ; dans ce cas, l'incompétence ne pouvant être proposée, il faut recourir à l'exception de litispendance, si les 2 tribunaux ont été saisis simultanément.

De même encore, lorsqu'il y a plusieurs défendeurs, le demandeur ayant le choix de les poursuivre au domicile de l'un d'eux, il y a autant de tribunaux compétents qu'il y a de personnes domiciliées dans des arrondissements différents ; il en résulte que le demandeur pourrait saisir à la fois plusieurs tribunaux sans qu'on puisse lui opposer l'incompétence.

Exception de connexité. — Il y a connexité lorsque 2 affaires, sans être identiques comme dans la litispendance, sont liées par un rapport si intime, qu'il est nécessaire de les faire examiner par les mêmes juges.

Ainsi, un acheteur actionne son vendeur en délivrance d'une maison devant le tribunal de la situation ; à son tour, le vendeur poursuit l'acheteur en paiement du prix devant le tribunal du domicile de ce dernier. Ces 2 tribunaux sont tous les deux compétents, chacun sur l'affaire qui lui est déférée ; mais si les affaires étaient jugées séparément, il y aurait inconvénient, car un tribunal pourrait ordonner à l'acheteur de payer le prix, et l'autre autoriser le vendeur à refuser la délivrance ; ce qui amènerait ce résultat que, l'acheteur paierait le prix et n'aurait pas l'objet.

Ici, comme dans le cas de litispendance, c'est le tribunal saisi le second qui doit se dessaisir, et renvoyer à l'autre tribunal ; ces

2 exceptions diffèrent de celle d'incompétence sous ce dernier point, car le tribunal qui se déclare mal à propos saisi d'une affaire n'a pas à renvoyer devant le tribunal compétent, c'est au demandeur à voir quel est ce tribunal *a*).

On a vu que l'incompétence *ratione personæ* devait être proposée au début de l'instance, tandis que l'incompétence *ratione materiæ* pouvait l'être en tout état de cause.

Quant aux exceptions de litispendance et de connexité, la loi ne se prononce pas. La plupart des auteurs pensent qu'elles ne doivent être ni admises, ni repoussées durant l'instance d'une manière absolue, mais qu'il faut tenir compte des circonstances.

§ III. **Nullités.**

Lorsqu'une forme prescrite à peine de nullité n'aura pas été observée dans un acte de procédure, il est permis de demander l'annulation de cet acte. Cette demande s'appelle **exception de nullité.**

En principe, cette exception doit être présentée avant toutes défenses ou exceptions autres que celles d'incompétence, sous peine d'être couverte, c.-à-d. non avenue.

Cette règle est facile à appliquer à la lettre, en ce qui concerne l'exploit d'ajournement, mais non à l'égard des actes faits dans le cours de l'instance ; il serait ridicule, en effet, d'exiger que ces actes fussent attaqués au début de l'instance, aussi se contente-t-on d'exiger que la nullité soit invoquée avant qu'on ait discuté le mérite de l'acte qui en est entaché. Par ex., dans une enquête, si une nullité s'est glissée, on ne pourra plus opposer cette nullité, du moment où on aura discuté la valeur des témoignages.

----

a) Toute demande en renvoi est jugée sommairement, c.-à-d. avec célérité, et non pas comme affaire sommaire.

La décision sur ces exceptions ne peut être *ni réservée, ni jointe au principal*, c.-à-d. qu'il est défendu de surseoir à statuer sur le fond jusqu'à ce que le fond soit instruit et plaidé. On admet même que le tribunal, après avoir statué sur la compétence, par ex., et repoussé l'exception, ne peut pas ordonner qu'il sera plaidé au fond immédiatement, parce qu'un jugement ne peut être exécuté avant d'avoir été signifié, et parce que ce jugement, étant susceptible d'appel, ne peut être exécuté dans les 8 jours de sa prononciation 125 .

Toutefois, en matière commerciale, il en est différemment : les juges peuvent statuer sur la compétence et sur le fond par un seul et même jugement, à la condition de le faire par 2 dispositions séparées. C'est par un motif de célérité 125 .

§ IV. **Exceptions dilatoires.**

Les **EXCEPTIONS DILATOIRES** sont celles qui ont pour objet d'obtenir un délai, de faire retarder l'examen de la demande.

Il est vrai que toute exception a pour résultat d'ajourner l'examen du fond, et sous ce rapport est, pour ainsi dire, dilatoire ; mais, si les exceptions de caution, d'incompétence et de nullité entraînent forcément un retard, tel n'est pas leur but, ce n'est qu'une conséquence indirecte et secondaire (a). Les exceptions dilatoires, au contraire, ont pour but direct et principal d'obtenir un délai, et c'est de là que vient leur qualification.

Le Code de procédure ne cite que 2 exceptions dilatoires :

    1° Celle de l'héritier ou de la femme commune en biens.

    2° Celle de garantie.

Mais il y a encore l'exception de communication des pièces.

Exception de l'héritier. — Dès qu'un individu meurt, l'ensemble de ses biens passe à l'instant même sur la tête de celui qui est appelé à lui succéder (*le mort saisit le vif*). Aucun acte n'est nécessaire pour cette transmission, qui s'effectue par la seule force de la loi. L'héritier, ou plutôt le successible, étant ainsi, à son insu, saisi de tous les droits actifs et passifs (créances et dettes) du défunt, les créanciers de l'hérédité peuvent, dès le lendemain de la mort, diriger contre lui les actions qu'ils auraient exercées contre le défunt. Mais de ce que les poursuites sont régulièrement faites contre l'héritier, il ne s'ensuit pas que celui-ci soit forcé d'accepter les débats. En effet, comme il a 3 partis à prendre (accepter purement et simplement, — accepter sous bénéfice d'inventaire, — renoncer), il peut, par sa renonciation, s'affranchir des poursuites dirigées contre lui ; en outre, la loi lui ayant accordé 3 mois pour faire inventaire, et 40 jours pour délibérer sur le choix de ces partis, il est juste, s'il est actionné pendant ces délais, qu'il puisse faire surseoir à l'examen du fond jusqu'à l'expiration des 3 mois et 40 jours, ou tout au moins jusqu'à ce qu'il ait pris un parti.

(a) L'exception *judicatum solvi*, en effet, a pour but une précaution ; — le déclinatoire, un renvoi ; — celle de nullité tend au rejet d'un acte de procédure qu'on devra recommencer ; tout cela entraîne certainement un retard, mais d'une manière indirecte.

Ce sursis réclamé par l'héritier est une *exception dilatoire* : l'héritier, en effet, ne conteste pas le mérite de l'action, il demande simplement que l'examen en soit retardé.

Cette exception ne fait pas tomber l'ajournement qui, ayant été valablement formé, produira tous ses effets (interruption de prescription, — mise en demeure); seulement, la demande est un moment paralysée.

Dès que l'héritier a accepté, soit purement, soit bénéficiairement, fût-ce même avant l'expiration des délais, il est tenu de suivre l'instance. S'il renonce, il devient étranger au procès, mais la demande dirigée contre la succession en sa personne subsiste dans tous ses effets, elle sera continuée contre le nouvel héritier. Si le successible laisse passer ces délais sans prendre parti, il n'est pas déchu de l'option, mais il ne jouit plus de l'exception dilatoire ; il devra défendre à l'action intentée contre lui, ou s'empresser de renoncer avant qu'il y ait contre lui un jugement passé en force de chose jugée, c.-à-d. inattaquable. Toutefois, ce n'est pas impunément que le successible néglige de prendre parti dans les délais de la loi, car cette renonciation tardive l'oblige à payer les frais faits contre lui depuis l'expiration des délais, sans pouvoir se les faire rembourser par la succession, car il est en faute (799, c. n.).

Exception de la femme commune en biens. — Sous le régime de la communauté, il y a entre la femme et le mari un patrimoine commun qui se partage par moitié à la dissolution de communauté. Relativement à ce fonds commun, la femme a une option analogue à celle de l'héritier à l'égard de la succession, c.-à-d. qu'elle peut accepter sa part de communauté ou la répudier. A cet effet, la loi accorde à la femme les mêmes délais qu'à l'héritier, c.-à-d. 3 mois pour faire inventaire, et 40 jours pour délibérer. Par conséquent, si les créanciers de la communauté la poursuivent avant que ces délais soient expirés, la demande est régulièrement formée, mais la femme peut opposer l'exception dilatoire, c.-à-d. exiger que l'examen de la demande soit retardé jusqu'à l'expiration des délais (1453, c. n.) (1).

---

(1) L'action des créanciers est valablement dirigée contre la femme, non-seulement lorsque la communauté est dissoute par la mort du mari, hypothèse où la femme est réputée acceptante, mais encore lorsque la dissolution résulte d'une séparation de corps ou de biens, hypothèse où elle est réputée renonçante.

Exception de garantie. — La *garantie* est l'obligation légale ou conventionnelle d'indemniser quelqu'un de certains préjudices, ou de le protéger contre certaines attaques.

On appelle *garant* la personne tenue de cette obligation, — et *garanti* celle qui y a droit.

Dans la vente, par ex., le vendeur est tenu de mettre l'acheteur à l'abri de toute éviction (1625, c. N.), il doit le défendre contre toutes les actions en revendication, et l'indemniser s'il éprouve quelque préjudice. Cette obligation s'appelle *garantie,* le vendeur est le *garant,* et l'acheteur le *garanti* (a).

Le recours en garantie s'exerce de 2 manières :
1º Par action principale. — 2º Par action incidente.

1º *Par action principale,* — lorsque le garanti, après avoir défendu seul à l'action originaire et succombé, recourt contre son garant. Ex. : J'ai acheté une maison ; quelque temps après, un tiers l'ayant revendiquée contre moi, je soutiens seul le procès et je succombe ; je me retourne alors contre mon vendeur, qui me doit garantie, et je l'actionne en réparation du préjudice que me cause la dépossession de la maison.

Ce mode de procéder offre des inconvénients. D'abord, il engendre des lenteurs et des frais, car il y a deux procès au lieu d'un ; puis, il présente un danger : je m'expose, en effet, à ce que mon vendeur prétende que j'ai succombé par ma faute et prouve que, si je l'avais appelé en cause, il aurait triomphé ; il dira, par ex., qu'il eût opposé la prescription, moyen que j'ai négligé.

2º *Par action incidente,* — lorsque le garanti, dès qu'il est attaqué, appelle son garant en cause au lieu de soutenir seul le procès. Ex. : Un tiers revendique contre moi une maison que j'ai achetée ; au lieu de soutenir seul le procès contre ce tiers, j'agis immédiatement contre mon vendeur, afin qu'il prenne ma défense dans l'instance engagée contre moi par le tiers. Dans ce cas, il n'y aura qu'un seul procès, et, si le tiers est reconnu propriétaire, le même jugement qui m'ordonnera de restituer le fonds condamnera le vendeur à m'indemniser de cette éviction.

(a) Dans le cautionnement, le débiteur principal doit garantie à la caution, c.-à-d. qu'il doit la défendre si elle est poursuivie par le créancier, et l'indemniser si elle a payé pour lui. Le débiteur est donc le *garant,* et la caution le *garanti.* On dit quelquefois que la caution est *garant* du débiteur, mais c'est au point de vue du créancier et de la sûreté de l'obligation.

Afin d'appeler mon garant en cause et de le forcer à prendre ainsi ma défense (*a*), j'ai le droit d'exiger que le demandeur suspende un instant l'examen du procès qu'il dirige contre moi; cette demande d'un délai est ce qu'on nomme **exception de garantie**, exception qui est dilatoire, puisqu'elle a pour but direct d'obtenir un délai.

A son tour, mon garant peut avoir acheté d'une autre personne l'objet qu'il m'a vendu et être garanti lui-même; il peut alors demander aussi un délai pour faire venir son garant; ce sera une nouvelle exception dilatoire, et ainsi de suite (*b*).

Délais. — Le garanti a un délai de *8 jours*, à partir de la demande originaire, pour appeler en cause son garant; ce délai est augmenté à raison des distances.

S'il y a plusieurs garants vis-à-vis un même garanti (ce qui arrive, par ex., lorsqu'on a acheté un bien indivis, ou lorsque le vendeur est mort en laissant plusieurs héritiers), le demandeur en garantie n'ajoute pas au délai de huitaine les différentes augmentations résultant des distances; il n'a qu'un seul délai, mais il le calcule d'après la distance du domicile du garant le plus éloigné. Ainsi, à propos d'une maison sise à Paris, s'il agit en garantie contre 2 co-vendeurs, dont l'un habite Rouen et l'autre le Hàvre, il calculera le délai d'après la distance de Paris au Hàvre, sans tenir compte de la distance de Paris à Rouen.

Si le garant est lui-même garanti par un autre, il a aussi le droit d'appeler son garant en cause; il jouit, à cet effet, du délai de 8 jours, à partir du moment où il a été appelé

(*a*) Si le plus souvent le recours en garantie est formé par le défendeur originaire, il est quelquefois exercé par le demandeur originaire lui-même. Ainsi, j'ai acheté un fonds avec une servitude active sur le fonds voisin, un droit de passage, par ex., si le voisin refuse de me laisser passer, je l'actionne directement et j'appelle mon vendeur en garantie incidente. Ainsi encore, j'ai acheté une créance, et je poursuis le débiteur : si celui-ci prétend ne rien devoir, j'actionne alors incidemment mon cédant en garantie (1693, c. N.).

(*b*) *Différences*

entre l'Action en garantie principale	et l'Action en garantie incidente.
La garantie principale est soumise à la conciliation.	La garantie incidente est exempte de cette formalité.
La demande principale suit la règle ordinaire de la compétence, c.-à-d. doit être portée devant le tribunal du domicile du défendeur.	L'action incidente, au contraire, est portée devant le tribunal saisi de la demande originaire.

lui-même, et ainsi de suite, s'il y a plusieurs garants garantis eux-mêmes (*a*). Par ex., Primus, actionné en revendication d'une maison achetée de Secundus, a 8 jours pour appeler ce dernier, Secundus a lui-même 8 jours, à partir de cette nouvelle action, pour appeler Tertius, son vendeur, qui, à son tour, a aussi 8 jours pour appeler Quartus, à qui il a acheté la maison. Dans ce cas, il n'y a pas un délai unique, comme dans l'hypothèse de plusieurs co-garants, mais il y a, outre le délai contre le garant, autant de délais successifs qu'il y a de sous-garants.

Espèces de garantie. — La garantie est de 2 espèces : formelle ou simple.

La garantie **Formelle** a lieu dans les affaires réelles. Ex. : le vendeur garantit la propriété vis-à-vis de l'acheteur (1625, c. N.). De même, les cohéritiers sont respectivement garants les uns envers les autres des troubles et évictions qu'ils subissent sur les biens qu'ils se sont partagés (884, c. N.) (*b*).

La garantie **Simple** a lieu dans les affaires personnelles. Ex. : un débiteur garantit sa caution des poursuites dirigées contre elle et du paiement de l'obligation (2028, c, N.) (*c*).

Dans la *garantie simple*, l'action originaire étant personnelle, le défendeur (le garanti) est tenu personnellement envers le demandeur; il peut bien réclamer un délai pour appeler en cause son garant, mais il ne peut pas se soustraire à l'action principale et faire prendre son fait et cause par ce dernier.

Ainsi, la caution actionnée par le créancier obtient un délai pour faire intervenir le débiteur son garant, mais comme elle s'est engagée volontairement, elle reste nécessairement au procès, et ne peut éviter d'être condamnée personnellement ; son seul avantage est que, si elle est condamnée comme caution envers le créancier, elle obtiendra, par ce même jugement, condamnation du débiteur envers elle.

(*a*) Si le défendeur originaire est assigné dans les délais pour faire inventaire et délibérer, les délais pour appeler en garantie ne courent que du jour de l'expiration des premiers délais (177).

(*b*) Autres cas : Le locateur garantit au locataire une jouissance sans trouble (1727, c. N.). — L'associé est garant de son apport envers la Société (1845, c. N.).

(*c*) De même, les cohéritiers se doivent garantie pour les créances comprises dans le partage (886, c. N.). — Le vendeur d'une créance garantit aussi l'existence de la créance (1693, c. N.).

Dans la *garantie formelle*, l'action originaire étant réelle, est plutôt dirigée contre une chose que contre une personne. Dèslors, si le défendeur originaire est actionné, ce n'est plus comme obligé personnellement envers le demandeur, mais seulement en qualité de détenteur de la chose en litige ; aussi, lui permet-on, lorsqu'il agit en garantie, d'obliger le garant à prendre sa place et à défendre seul au procès. Cette mise hors de cause est rationnelle, car si la chose était restée en la possession de celui dont il l'a reçue (de son vendeur, par ex.), ou si elle était passée en d'autres mains, il aurait été complétement étranger au procès. Au reste, il importe peu au revendiquant, qui veut établir ses droits sur une chose, d'avoir pour adversaire telle ou telle personne.

On fait sur la garantie formelle 2 hypothèses :

1° Le garant ne prend pas le *fait et cause* du garanti, et celui-ci ne l'exige pas ; alors l'action principale suit son cours entre le demandeur et le défendeur originaires ; le garant n'est qu'un intervenant, il joue un rôle passif ; mais si le garanti est condamné à reconnaître les droits du demandeur, le garant sera condamné, par le même jugement, à indemniser le garanti.

2° Le garant déclare *prendre le fait et cause* du garanti qui, dans ce cas, a 2 partis à prendre :

— Ou bien le garanti requiert sa *mise hors de cause pure et simple*, et devient alors étranger au procès, qui continue comme si, dès le principe, il avait été engagé avec le garant (a).

Le garanti n'est pas responsable des frais, mais en cas de condamnation du garant, il ne peut obtenir, par le même jugement, condamnation à son profit ; il devra former une action nouvelle contre le garant. Toutefois, bien qu'étant étranger au procès, le garanti peut être atteint par le jugement, car il est représenté par le garant ; si le délaissement de la chose est ordonné, le jugement sera exécutoire contre lui-même.

— Ou bien, le garanti, tout en requérant sa mise hors de cause, déclare *rester au procès* pour la conservation de ses droits. Outre l'avantage de ne pas répondre des frais, comme dans le cas précédent, ce parti lui en procure 2 autres : — et d'abord, en assistant

---

(a) Cette demande doit être faite avant qu'aucun jugement, même avant dire droit, ait été rendu ; autrement, le garanti resterait au procès conjointement avec le garant.

au procès, il veille à ce que le garant se défende sérieusement et ne s'entende pas avec le demandeur ; car il peut à tout moment faire valoir ses droits, tandis qu'étant hors de cause, il lui aurait fallu former une intervention ; — en second lieu, si le garant est condamné envers le tiers, le garanti fera statuer, par le même jugement, sur son recours en garantie, ce qui évitera une nouvelle action (*a*).

Tribunal compétent. — La demande en garantie *principale* est portée devant le *tribunal du défendeur* (le garant), d'après la règle générale, car cette action est personnelle.

La demande en garantie *incidente* (formelle ou simple) est jugée par le *tribunal saisi de la demande originaire.* Il y a ici une exception à la règle de l'art. 59, dans le but d'éviter des frais et la contrariété de décisions. Ainsi, l'acheteur poursuivi en revendication devant le tribunal de la situation de l'immeuble actionnera son garant devant ce même tribunal, bien que son action contre ce dernier, étant personnelle, devrait être portée au tribunal du domicile du défendeur.

Mode d'opposer l'exception de garantie. — Il y a 2 cas à considérer :

1° Les délais de la demande en garantie sont échus *en même temps* que ceux de la demande originaire.

Cette hypothèse est rare, mais non impossible : ainsi, la caution assignée le 1er, appelle le jour même le débiteur, les 2 délais pour constituer avoué expirent le 10, le procès s'engage le même jour entre le créancier, la caution et le débiteur : il n'y a pas lieu, dans ce cas, de dénoncer la demande en garantie, et par conséquent, d'opposer l'exception dilatoire, car aucun délai n'est nécessaire (*b*).

(*a*) Le garanti qui s'est fait mettre hors de cause n'est pas toujours libre de ne pas assister au procès : le demandeur peut, en effet, le forcer à rester en cause pour la conservation de ses droits, c.-à-d. non pas pour le rendre responsable des frais, mais pour obtenir certaines condamnations, par ex., des restitutions de fruits ou des indemnités pour détérioration.

Quant au garant, il ne peut se refuser à prendre le fait et cause du garanti ; et lorsqu'il demande à le faire, ni le garanti, ni le demandeur ne peuvent s'y opposer.

(*b*) Les délais de la demande en garantie peuvent même échoir avant ceux de la demande originaire, si ceux-ci sont augmentés en raison des distances, tandis que les premiers ne le sont pas.

2° Les délais de la demande en garantie sont échus *après* ceux de la demande originaire ; par ex., la caution assignée le 1er doit constituer avoué dans la huitaine, c.-à-d. le 9 au plus tard ; dans cette même huitaine, elle doit assigner en garantie le débiteur ; si elle le fait le 9, celui-ci aura jusqu'au 18 pour constituer avoué. Dans ce cas, pour forcer le demandeur à attendre l'expiration de ce second délai, la caution devra lui signifier, le 9, par *acte d'avoué à avoué*, la demande en garantie.

C'est là le mode d'opposer l'exception de garantie (*a*).

Le défendeur originaire n'a pas besoin, en signifiant sa demande en garantie au demandeur originaire, de justifier qu'il a réellement formé cette demande, car il peut opposer l'exception avant d'avoir introduit son action, et d'un autre côté, il ne peut pas toujours fournir cette preuve au moment de la signification ; en effet, si le garant est éloigné, l'ajournement ne lui a peut-être pas encore été retourné. Mais dès que les délais pour appeler en garantie et ceux nécessaires pour le retour de l'ajournement sont expirés, le demandeur peut exiger qu'on lui justifie que ce recours en garantie a été exercé (*b*).

Jugement. — Lorsqu'un garant est appelé en cause, le tribunal, par un jugement préparatoire, joint les deux instances. Si les 2 demandes (originaire et en garantie) sont en état d'être jugées en même temps, il y est fait droit conjointement par un seul jugement. Mais si la demande en garantie, étant compliquée, n'est pas en état, tandis que la demande originaire est suffisamment instruite, le demandeur ne devant pas souffrir des lenteurs de la demande incidente, fait disjoindre les 2 causes et prononcer sur le principal immédiatement.

ORDRE DANS LEQUEL LES EXCEPTIONS DILATOIRES SONT PROPOSÉES. — Les exceptions dilatoires doivent être proposées *avant toutes défenses au fond*, mais *après les autres exceptions (judicatum solvi*, de renvois et de nullité). Ainsi, l'héritier poursuivi pour une dette du défunt doit se garder de contester la dette et se

---

(*a*) Ainsi, l'exception de garantie s'oppose par une déclaration faite par acte d'avoué à avoué, tandis que les autres exceptions se forment par requête.

(*b*) Il peut même, dès que l'exception est opposée, soutenir qu'il n'y a lieu à aucun délai, parce qu'il n'y a pas matière à garantie. Ceci se présente, par ex., s'il s'agit en revendication contre un donataire ; ce dernier, en effet, ne saurait invoquer l'exception, puisque le donateur n'est tenu à aucune garantie.

borner à opposer de suite son exception dilatoire; mais si le demandeur était un Étranger, il pourait tout d'abord exiger la caution *judicatum solvi.*

De plus, les exceptions dilatoires doivent être proposées *conjointement,* c.-à-d, toutes ensemble et par le même acte, afin d'éviter que le défendeur, en les opposant l'une après l'autre, cherche à gagner du temps; *excepté,* toutefois, l'héritier et la femme commune, qui peuvent ne proposer leurs exceptions dilatoires qu'après l'expiration des délais d'inventaire. Ainsi, l'héritier poursuivi par un tiers en revendication d'un immeuble acheté par le défunt peut se borner, tout d'abord, à opposer l'exception des délais d'inventaire, sauf, après ces délais, à faire valoir l'exception de garantie.

Cette règle est sans difficulté si, outre les 2 exceptions dilatoires citées dans le Code, savoir : celle de l'héritier et de la femme commune, on en admet d'autres (a).

Mais si l'on n'admet comme exceptions dilatoires que les deux dont s'occupe le Code, la règle de l'art. 186 est inapplicable, car elle est détruite par la réserve faite par l'art. 187. En effet, le 1er de ces articles pose en principe que les exceptions dilatoires seront proposées *conjointement,* le 2me permet d'opposer seule, c.-à-d. *isolément,* l'exception de l'héritier et de la femme commune; or, s'il n'y a que 2 exceptions, et que l'une d'elles puisse être opposée *isolément,* il est inutile d'exiger qu'elles soient invoquées *conjointement.*

Aussi avoue-t-on la contradiction en l'expliquant historiquement : les art. 186 et 187, dit-on, ont été copiés littéralement

---

(a) Certains auteurs considèrent, en effet, comme dilatoires :

L'exception d'*ordre* ou de *discussion* de l'art. 2021, c. n., au moyen de laquelle la caution actionnée par le créancier exige que ce dernier poursuive en 1er lieu le débiteur principal sur ses biens.

L'exception de *discussion* de l'art. 2170, c. n., par laquelle le détenteur d'un immeuble hypothéqué, non tenu personnellement de la dette, force le créancier hypothécaire à poursuivre d'abord les biens du débiteur, qui est le véritable obligé.

L'exception de *division,* qui permet aux cautions, lorsqu'elles sont plusieurs, d'exiger que le créancier divise son action entre celles d'entre elles qui sont solvables au moment de la poursuite (2026, c. n.).

L'exception d'*indivisibilité,* à l'aide de laquelle un héritier, attaqué seul pour la totalité d'une dette indivisible, peut obtenir un délai pour mettre en cause ses cohéritiers, pourvu, bien entendu, que la dette ne soit pas de nature à ne pouvoir être exécutée que par lui seul (1225, c. n.).

dans l'Ordonnance de 1667 (tit. 9, a. 1 et 2); autrefois, on admettait un grand nombre d'exceptions dilatoires, et il était alors rationnel de dire que, sauf l'exception de l'héritier, toutes les autres exceptions dilatoires seraient proposées conjointement; les rédacteurs du Code ont copié la règle sans remarquer qu'il n'y a plus aujourd'hui que 2 exceptions dilatoires (*a*).

§ IV. **Communication des pièces.**

L'EXCEPTION DE COMMUNICATION DES PIÈCES est la demande d'un délai pour vérifier les pièces signifiées, produites ou invoquées dans un procès. C'est aussi une exception *dilatoire*.

Toutes les fois qu'une partie appuie sa prétention sur un acte (authentique ou non), soit dans les significations, requêtes ou plaidoiries, l'adversaire a le droit de demander que cet acte soit mis sous ses yeux, afin de vérifier l'exactitude de la citation et la validité de l'original, ou bien encore, pour examiner la pièce dans son ensemble, car il arrive quelquefois qu'une partie cite les dispositions qui lui sont favorables, passant sous silence celles qui lui sont contraires (*b*).

La demande de communication se forme par simple acte dans les 3 jours de la signification ou de l'emploi des pièces (*c*).

La communication est le plus souvent accordée à l'amiable ; si elle est refusée, le tribunal rend alors un jugement.

Elle a lieu de 2 manières, au choix de celui qui la fait :

1° *Entre avoués.* — Dans ce cas, l'avoué détenteur remet, sur récépissé, la pièce à son confrère, celui-ci l'emporte après qu'un état en a été dressé.

2° *Au greffe.* — La pièce est déposée entre les mains du greffier, qui en dresse procès-verbal et la confie sur récépissé,

---

(*a*) Dans l'ancien droit, on considérait comme exception dilatoire, par ex., le moyen fondé sur ce que le terme de la créance réclamée n'était pas échu, ou bien sur ce que le demandeur n'était pas capable d'agir, (mineur non assisté) : aujourd'hui, on regarde ces moyens comme des défenses au fond.

(*b*) C'est ainsi que le défendeur, par ex., a le droit d'exiger la représentation des pièces dont copie lui a été donnée dans l'ajournement, bien que l'avoué les certifie conformes à l'original; car cet original peut avoir des vices de formes.

(*c*) Ce délai n'est pas fatal; seulement, après son expiration, le tribunal peut refuser un sursis, s'il juge que cette exception n'est qu'un prétexte pour gagner du temps.

à l'avoué demandeur en communication ; mais quand la pièce est précieuse, la partie qui la communique peut se refuser à ce qu'elle soit déplacée, et l'avoué est forcé d'en prendre connaissance au greffe sans pouvoir l'emporter.

Le délai pour prendre communication est de *3 jours,* s'il n'a pas été fixé autrement par le récépissé de l'avoué ou par le jugement. Si, passé ce délai, l'avoué ne restitue pas la pièce, il peut y être contraint par corps et condamné à 3 fr. de dommages-intérêts par chaque jour de retard, et, en outre, aux frais occasionnés par cette condamnation, sans pouvoir les répéter contre son client (a).

L'exception de communication de pièces peut être proposée *en tout état de cause,* à la différence des autres exceptions dilatoires, qui doivent être présentées au début de l'instance ; son utilité, en effet, ne s'aperçoit le plus souvent que dans le cours du procès.

ORDRE DANS LEQUEL LES EXCEPTIONS SE PROPOSENT :

Lorsqu'on peut invoquer plusieurs exceptions, faut-il les présenter ensemble ou l'une après l'autre, et dans ce dernier cas, y a-t-il un ordre à suivre ?

On a vu déjà que les exceptions dilatoires devaient être présentées conjointement, sauf celle des délais, que l'héritier et la femme commune peuvent présenter seule, disposition difficile à expliquer pour ceux qui n'admettent que 2 exceptions dilatoires. On est plus embarrassé encore pour établir l'ordre à suivre à l'égard des autres exceptions : ainsi, d'après l'art. 166, l'exception de l'Étranger (*judicatum solvi*) doit être proposée avant toutes les autres ; — d'après l'art. 169, l'exception d'incompétence doit être proposée avant toutes les autres ; — enfin, d'après l'art. 173, l'exception de nullité doit être proposée aussi avant toutes les autres, sauf celles d'incompétence. Voici donc 3 sortes d'exceptions telles, que chacune d'elles doit être proposée la 1re, sous peine de nullité.

(a) Cette condamnation se poursuit par une requête rédigée par avoué ou même par un simple mémoire présenté par la partie elle-même (la loi a craint que l'avoué ne fît des difficultés pour agir contre son confrère) ; elle est prononcée, non par ordonnance du président, comme le fait supposer l'art. 191, mais par un jugement du tribunal, car la contrainte par corps ne peut résulter que d'un jugement (2067, c. N.).

Comment fera-t-on lorsqu'on les rencontrera dans le même procès? Par ex., un Étranger assigne un Français devant un tribunal incompétent et par un exploit entaché de nullité.

On ne s'accorde pas sur l'ordre à suivre : des auteurs donnent le 1er rang à l'incompétence, mais il est préférable de présenter ces exceptions dans l'ordre dans lequel le Code les expose, c.-à-d.:

1º La caution *judicatum solvi;*
2º Les renvois pour incompétence *ratione materiæ*, litispendance et connexité ;
3º Les nullités.

Quant aux exceptions dilatoires, il est certain qu'elles ne viennent qu'en 4e lieu ; le doute ne porte que sur la manière de les présenter concurremment entre elles.

Enfin, l'incompétence *ratione materiæ* et la communication des pièces sont en dehors de cet ordre, puisqu'elles peuvent être présentées en tout état de cause.

Titre X. De la vérification des écritures.

Les preuves écrites résultent de 2 sortes d'écritures : les actes ou titres authentiques, — et les actes ou titres privés.

L'acte *authentique* a quelquefois force exécutoire et fait toujours foi, c.-à-d. qu'il fait preuve par lui-même. Celui qui oppose un acte authentique n'a pas besoin de prouver la sincérité de cet acte, c'est, au contraire, à celui qui le repousse à prouver qu'il est faux.

La procédure employée pour établir la fausseté d'un acte authentique s'appelle FAUX INCIDENT CIVIL ou *inscription de faux.*

L'acte *privé* n'a par lui-même ni force ni foi : il n'est jamais revêtu de la formule exécutoire, et il ne fait preuve qu'autant qu'il est reconnu volontairement par la personne à laquelle on l'oppose, ou que sa sincérité a été établie en justice ; c'est à celui qui l'invoque à prouver qu'il est vrai.

La procédure employée pour constater la vérité d'un acte privé s'appelle RECONNAISSANCE OU VÉRIFICATION D'ÉCRITURES (*a*).

a Pour mieux sentir la différence entre la force probante d'un acte authentique et celle d'un acte sous seing privé, qu'on suppose qu'un individu a vendu à un autre une maison par acte authentique et un terrain par acte sous seing-privé :

La demande en reconnaissance d'écritures est le préliminaire de la vérification, elle tend à mettre l'adversaire en demeure de reconnaître ou de désavouer l'écrit qu'on lui oppose. La vérification n'a lieu qu'autant que l'écrit est dénié ; aussi, n'est-ce pas une procédure particulière et distincte, mais la continuation de la demande en reconnaissance d'écritures, et l'on pourrait sans inconvénient donner à la procédure tout entière le nom de *Vérification d'écritures*, comme le fait le titre du Code.

La demande en vérification d'écritures est principale ou incidente :

Principale, — lorsqu'elle est faite en dehors d'une instance ; c'est le cas le plus rare.

On ne voit pas, *à priori*, pourquoi l'on poursuit la vérification d'un écrit qui, peut-être, ne sera pas dénié, au lieu de demander préalablement l'exécution de l'obligation, sauf, si l'écrit qui constate cette obligation est dénié, à faire alors la preuve de sa sincérité. Toutefois, ce mode de procéder, s'il n'est pas indispensable, est souvent très-utile, notamment pour les créances à terme. Par ex., mon débiteur s'est engagé, par un acte sous seing-privé, à me payer mille fr. dans un an : tant que la dette n'est pas échue, je ne puis réclamer le paiement. Or, il est possible que tout en ayant confiance en mon débiteur, je n'aie pas autant de foi en ses héritiers, ou bien, je puis craindre que mon débiteur lui-même ne nie sa signature à l'échéance, et qu'à ce moment la preuve soit plus difficile à établir. Dans ce cas, j'ai intérêt à l'appeler de suite en reconnaissance d'écritures. En effet, de deux choses l'une : — ou il ne contestera pas le titre, et alors son aveu constaté en justice sera un acte authentique, et je n'aurai plus à craindre sa propre dénégation, ni celle de ses héritiers, — ou il le niera, et alors je puis faire une vérification immédiate, ce qui me permettra de me servir de preuves susceptibles de disparaître plus tard, par ex., de témoins qui ont vu signer l'acte et qui, à l'échéance, seront peut-être absents ou morts.

Incidente, — lorsqu'elle a lieu dans le cours d'une instance. Ainsi, je demande à mon débiteur mille fr. : à l'appui de ma pré-

si l'acheteur conteste l'achat de la maison, c'est à lui de prouver que l'acte de vente est faux ; s'il nie l'achat du terrain, c'est au vendeur à établir que l'acte est vrai. L'acheteur emploiera l'inscription de faux, — le vendeur, la vérification d'écritures.

tention, je présente, signé de sa main, un billet dans lequel il déclare me devoir cette somme ; malgré cela, il nie sa signature, je forme alors incidemment une demande en reconnaissance ou plutôt en vérification (a).

La demande en reconnaissance ou en vérification d'écritures porte tantôt sur la signature seule, tantôt sur la signature et l'écriture, tantôt sur l'écriture seule (1326 à 1332, c. N.).

La partie appelée en reconnaissance est obligée de s'expliquer sur le mérite du titre qu'on lui oppose ; il y a 2 cas à considérer :

— Ou l'acte est attribué à la partie elle-même, alors elle doit avouer ou désavouer formellement son écriture ou sa signature.

— Ou l'acte est attribué, non plus à la partie adverse, mais aux personnes dont elle est l'héritière ou l'ayant cause ; dans ce cas, elle peut se borner à déclarer qu'elle ne reconnaît pas l'écriture ou la signature de son auteur.

Demande en reconnaissance d'écritures. — La demande en reconnaissance d'écritures est formée par une assignation donnée à 3 *jours* francs, sans permission du juge et sans préliminaire de conciliation.

Il y a 3 hypothèses : — le défendeur reconnaît l'écrit, — il le dénie, — ou il ne comparaît pas.

1° Le défendeur reconnaît de suite et sans résistance, l'écriture ou la signature qu'on lui oppose : dans ce cas, le tribunal ne rend pas de jugement, puisqu'il n'y a pas de contestation, il donne seulement au demandeur *acte* de la reconnaissance ; l'écrit, ainsi reconnu en justice, a la force probante d'un acte authentique.

Quant aux frais, ils sont à la charge du demandeur, qui les a occasionnés en assurant sa sécurité pour l'avenir ; le défendeur, en effet, n'ayant rien contesté, est exempt de faute (b).

____

(a) Dans le cours d'un procès, on ne fait pas, à proprement parler, de demande en reconnaissance : par cela seul qu'on produit un titre, on est censé mettre son adversaire en demeure de le désavouer ; et, dès qu'il le nie, il y a lieu à vérification. Ce n'est, pour ainsi dire, qu'en dehors d'un procès qu'il y a véritablement une demande en reconnaissance d'écriture.

(b) Toutefois, les frais d'enregistrement nécessités par la production de l'acte en justice pourront retomber sur le défendeur. Il sera, en effet, tenu de les rembourser, si son refus de payer à l'échéance a forcé le créancier à le poursuivre, car sa résistance à ce moment aurait nécessité l'enregistrement : il ne doit pas profiter de ce que le créancier en a fait l'avance (I. 3 sept. 1807. a. 2).

2° Le défendeur ne comparaît pas : il est donné défaut contre lui, et l'écrit est tenu pour reconnu, car son silence est considéré comme un aveu.

3° Le défendeur dénie l'écrit attribué soit à lui-même, soit à des *tiers*, c.-à-d. à ses auteurs (*a*) : le procès suit alors son cours, et il y a lieu à vérification d'écritures (*b*).

Vérification d'écritures. — Lorsque la pièce est ainsi déniée et qu'elle est reconnue utile au procès, le tribunal rend un 1er jugement par lequel il indique les *moyens* de vérification qui seront admis ; il y en a 3 : les titres, les témoins, les experts ; il peut, à son gré, ordonner l'emploi d'un seul ou de tous cumulativement. En outre, il nomme un juge-commissaire pour présider à la vérification, et ordonne que la pièce soit déposée au greffe.

Le dépôt fait, le greffier dresse procès-verbal de l'état de la pièce. Puis l'on procède à une enquête ou à une expertise, suivant les circonstances ; ce dernier moyen donne souvent lieu à des contestations et à des jugements avant dire droit sur le choix des pièces qui doivent servir aux experts de point de comparaison.

Enfin, quand l'instruction est achevée, le tribunal, par un 2me jugement, décide si la pièce est vraie ou fausse.

Tel est le résumé de la procédure. Il faut reprendre séparément les points exigeant des détails.

Moyens de preuves de vérification d'écritures. — 1° *Titres.* — Ce sont des actes non contestés qui relatent, soit la teneur de l'écrit attaqué, soit des faits qui en établissent la sincérité.

2° *Témoins.* — Quand l'intérêt dépasse 150 fr., les témoins ne peuvent déposer que sur la formation de l'écriture et sa sincérité, mais non pas sur la formation de la convention y relatée. Les pièces contestées sont présentées aux témoins, qui les paraphent.

(*a*) On oppose ordinairement les Tiers aux auteurs ou ayants cause d'une personne (1338) ; mais ici, ce mot a un sens plus général et comprend même les auteurs, il signifie *toute autre personne que le défendeur lui-même*.

(*b*) Toutefois, malgré les termes impératifs de l'art. 1321, c. n., on admet que l'art. 195 autorise le tribunal à tenir l'écrit pour vrai ou faux sans recourir à la vérification, lorsqu'il se trouve suffisamment éclairé par l'inspection du titre ou les circonstances de la cause.

3° *Experts.* — Ils doivent être **3** (*a*). Le tribunal les désigne d'office, à moins que les parties ne s'entendent sur leur choix. Après avoir prêté serment, les experts procèdent conjointement à la vérification des pièces au greffe, devant le juge-commissaire, mais en l'absence des parties ; s'ils ne peuvent terminer le même jour, ils remettent à jour et heure fixés par le juge ou le greffier. Le rapport est annexé à la minute du procès-verbal du juge-commissaire sans qu'il soit besoin de l'affirmer par un nouveau serment.

Dépôt de la pièce. — La pièce attaquée est apportée au greffe, son état est constaté, elle est ensuite signée et paraphée par le demandeur ou son avoué et par le greffier. Cette formalité a pour but d'empêcher le défendeur de prétendre qu'il y a substitution de pièce ; il est du tout dressé procès-verbal (*b*).

Le défendeur a 3 jours pour prendre communication de la pièce ; cela se fait au greffe, sans déplacement.

Pendant que ces pièces sont déposées au greffe, les tiers peuvent avoir besoin de s'en faire délivrer copie ou expédition ; on distingue 3 hypothèses :

1° L'officier public, avant d'effectuer le dépôt, doit faire une copie collationnée, laquelle est vérifiée sur la minute ou l'original par le président du tribunal de son arrondissement, qui en dresse procès-verbal. Cette copie est mise, par le dépositaire, au rang de ses minutes pour en tenir lieu jusqu'au renvoi des pièces ; il peut en tirer des grosses ou expéditions en faisant mention du procès-verbal.

(*a*) Dans les expertises ordinaires, les parties peuvent convenir qu'il n'y aura qu'un seul expert, mais ici, l'opération étant difficile et délicate, la loi en exige 3 (303).

(*b*) Tout détenteur d'une pièce de comparaison est tenu de la représenter, si la justice l'exige. Les dépositaires publics (notaires, greffiers, etc.) doivent, sur l'ordonnance du juge, apporter les pièces au greffe aux jour et heure fixés ; en cas de retard ou refus, ils sont contraignables par corps.

Les particuliers sont également tenus d'apporter les pièces qui sont en leur possession ; en cas de refus ou de retard, ils sont aussi contraignables par corps, mais on doit d'abord employer les voies ordinaires, par ex., les dommages et intérêts (156, t. c., 201).

Si les pièces ne peuvent être déplacées (par ex., les registres de l'état-civil de l'année courante), ou si les détenteurs sont trop éloignés, le tribunal décide, sur le rapport du juge commis et les observations du procureur, si la vérification aura lieu au domicile du dépositaire ou dans le lieu le plus proche, ou bien si les pièces seront expédiées au greffe par les voies qu'il désignera dans le jugement.

2° Le dépositaire, ayant apporté lui-même la pièce, est resté présent à la vérification afin de retirer la pièce, après chaque vacation : il peut alors faire des expéditions, bien qu'il soit hors du lieu où il a le droit d'instrumenter.

3° Le dépositaire n'a pas pris copie avant l'envoi de la pièce et ne l'a pas accompagnée ; dans ce cas, le greffier seul peut délivrer des expéditions qui ont la même force que celles faites par le dépositaire lui-même (1335, c. N. 245).

Choix des pièces de comparaison. — Quand il y a expertise, le mode le plus simple et le plus sûr pour les experts consiste à comparer l'écriture repoussée avec d'autres pièces d'écritures ou signatures émanées d'une manière certaine de la personne à laquelle est attribuée la pièce à vérifier.

A l'effet de convenir des pièces de comparaison, les parties doivent se présenter devant le juge commis, au jour fixé par lui.

Quand les 2 parties comparaissent, de 2 choses l'une : — ou elles sont d'accord sur le choix des pièces, et alors le juge commis dresse simplement procès-verbal ; — ou elles sont en désaccord, et dans ce cas, il les renvoie devant le tribunal, qui désigne quelles pièces seront admises.

Quand l'une des parties fait défaut, le juge renvoie à la prochaine audience, afin que le tribunal statue. — Si c'est le demandeur, la pièce est rejetée. — Si c'est le défendeur, le tribunal peut, — ou tenir la pièce pour reconnnue (ce qui arrive le plus souvent), — ou ordonner la vérification sur les pièces produites par le demandeur.

Le tribunal appelé à désigner les pièces de comparaison n'a pas un pouvoir arbitraire, car la loi indique les pièces susceptibles d'être admises.

Les pièces *admissibles* sont :

1° Les signatures privées apposées sur certains actes authentiques : sur les actes passés devant notaire, ou sur les actes judiciaires en présence du juge ou du greffier, par ex., la signature d'un témoin dans une enquête.

2° L'écriture ou la signature de tous les actes faits par l'individu dont l'écriture est déniée, en qualité de personne publique, par ex., comme juge, greffier, notaire, maire, etc.

3° Les écritures et signatures privées reconnues par le défendeur, mais non celles déniées ou méconnues, bien qu'elles aient été déjà vérifiées en justice et déclarées vraies, car la présomption de chose jugée n'offre pas une assez grande certitude.

4° La portion reconnue de la pièce qui n'est repoussée qu'en partie.

A défaut ou en cas d'insuffisance des pièces de comparaison, le juge fait faire un corps d'écritures sous la dictée des experts en présence de l'adversaire.

Jugement. — Si le demandeur en vérification *succombe,* il est condamné à tous les frais, et la pièce est rejetée.

S'il *triomphe,* la pièce est tenue pour vraie, et le défendeur est condamné plus ou moins, selon la distinction suivante :

1° S'il a simplement méconnu la signature ou l'écriture de son auteur, il est réputé de bonne foi, car il s'agit du fait d'autrui; il est alors condamné aux frais et à des dommages et intérêts, s'il y a lieu.

2° S'il a dénié sa propre signature, il est de mauvaise foi, car il s'agit de son propre fait; aussi, outre la condamnation aux frais et dommages-intérêts, il est passible d'une *amende de 150 fr.* et de la contrainte par corps, tant pour les dommages-intérêts que pour le capital de la dette constatée dans l'écrit.

Effets. — L'acte vérifié, comme l'acte reconnu, acquiert la force d'un acte authentique; toutefois, il ne peut, comme l'acte reconnu, servir de pièce de comparaison dans une autre vérification, et il peut être attaqué par la voie de l'inscription de faux.

La reconnaissance et la vérification donnant lieu, l'une à un acte judiciaire, l'autre à un jugement, entraînent hypothèque judiciaire; toutefois, une fraude ayant été imaginée sous l'empire du Code de procédure, la loi de 1807 a restreint ce dernier effet à de justes limites. Voici comment : Une personne demande à emprunter de l'argent sur sa simple signature, le capitaliste exige une hypothèque sur un immeuble déterminé; mais, sur le refus de l'emprunteur, il consent à se contenter d'un écrit sous seing-privé sans hypothèque : puis, dès le lendemain du prêt, ce rusé créancier appelle son débiteur en reconnaissance d'écritures; celui-ci ne contestant pas la dette, le tribunal constate son aveu; alors, à l'aide de cet acte judiciaire, le créancier obtient une hypothèque générale sur tous les biens présents et à venir du débiteur, alors que celui-ci lui a refusé, la veille, une hypothèque spéciale sur l'un de ses biens seulement.

Pour éviter cette duperie, la loi de 1807, art. 1er, décide que les actes et jugements sur une demande en reconnaissance d'écritures formée avant l'échéance ne permettra de prendre hypothèque qu'à défaut de paiement à l'échéance de la dette. D'après cela, le créancier n'a plus le même intérêt à agir en reconnaissance d'écritures, puisque l'hypothèque judiciaire qu'il obtient de cette façon date seulement de l'échéance de la dette, époque à laquelle il peut se procurer cette hypothèque au moyen du jugement qui condamnera le débiteur à rembourser.

Titre XI. Du Faux incident civil.

On appelle FAUX INCIDENT CIVIL la procédure particulière employée pour prouver la fausseté d'un acte devant les tribunaux civils. Elle est plus longue et plus compliquée que la vérification d'écritures.

Cette procédure s'appelle aussi INSCRIPTION DE FAUX, parce que la partie qui attaque doit faire au greffe la déclaration qu'elle s'inscrit en faux contre cet acte.

Le faux peut donner lieu à 2 actions : une action criminelle — et une action civile.

La procédure criminelle s'appelle *Faux principal*.

La procédure civile se nomme *Faux incident*.

Ces dénominations viennent de ce que, le plus souvent, le faux criminel est *principal*, c.-à-d. commence un procès criminel ; tandis que le faux civil est généralement *incident*, c.-à-d. intenté dans le cours d'une instance civile. Mais s'il arrive que, dans une affaire criminelle, une pièce produite paraisse fausse et qu'on découvre le faussaire, il y aura *faux incident criminel ;* de même, il peut arriver qu'en dehors de tout procès, une personne apprenant qu'il existe entre les mains d'un tiers un acte faux qui pourrait plus tard lui préjudicier, demande simplement à prouver la fausseté de cet acte devant le tribunal civil : dans ce cas, le *faux civil* sera *principal (a)*.

(a) Dans le faux criminel, on poursuit l'auteur de l'acte, le faussaire. Dans le faux civil, on attaque simplement l'acte, le faussaire est laissé de côté, soit parce qu'on ne le connaît pas, soit parce qu'il est mort ou que le crime est prescrit.

On distingue 2 sortes de faux : le faux matériel ou formel, — et le faux intellectuel ou moral.

Le *faux matériel* consiste dans la fabrication d'un acte authentique en imitant, par ex., l'écriture et la signature d'un officier public, ou bien dans l'altération d'un véritable acte authentique à l'aide de ratures, additions ou surcharges.

Le *faux intellectuel* consiste dans la mention mensongère faite sciemment par un officier public de faits qui se sont passés devant lui.

ACTES ATTAQUABLES PAR L'INSCRIPTION DE FAUX. — Ce sont :

1° Les *actes authentiques,* par ex., un acte notarié, un acte de l'état-civil, un jugement.

2° Les *actes sous seing-privé, même vérifiés en justice.*

3° Les *actes sous seing-privé ordinaires,* c.-à-d. non vérifiés.

Actes authentiques. — L'acte authentique fait foi non-seulement de son contenu, mais même de sa forme. Si l'on conteste sa forme, c'est le faux matériel ; si l'on conteste son contenu, c'est le faux intellectuel. Mais toute attaque contre les allégations contenues dans un acte authentique n'exige pas l'inscription de faux ; cette voie est nécessaire si l'on prétend faux les faits ou circonstances que l'officier public a relatés, comme en ayant eu connaissance personnellement (*propriis sensibus*); de même, si l'on soutient qu'il a dénaturé les déclarations des parties. Mais si, tout en admettant que l'officier public a constaté avec sincérité ce qui lui a été déclaré, on soutient que les déclarations des parties sont fausses ou inexactes, il n'est pas besoin de s'inscrire en faux, on peut faire la preuve contraire par les moyens ordinaires (45, c. n.) (*a*).

Actes sous seing-privé, même vérifiés en justice. — Ainsi, un acte sous seing-privé ayant été méconnu devant la justice par celui à qui on l'opposait, a été l'objet d'une vérification d'écritures et a été déclaré véritable par le tribunal : malgré cela, celui à qui on a opposé l'acte peut ne tenir aucun compte de la décision du tribunal et attaquer cet acte par la voie de l'ins-

---

(*a*) Ainsi, un acte de vente porte que le vendeur a déclaré avoir reçu son prix: on peut, par toute espèce de moyens, prouver que le paiement n'avait pas eu lieu; mais si le notaire a établi dans l'acte que le prix a été payé en sa présence, on doit s'inscrire en faux pour contester ce fait.

cription de faux (*a*). Cette faculté peut être considérée comme une exception à la règle *Res judicata pro veritate habetur ;* dans ces conditions, l'inscription de faux est, pour ainsi dire, une espèce de recours extraordinaire.

Mais, si après une vérification d'écritures on peut encore procéder à l'inscription de faux, il n'est pas permis, après une première procédure en faux, de faire une nouvelle inscription de faux ; c'est ce qu'exprime l'art. 214, par ces mots : *A d'autres fins que celles d'une procédure de faux principal ou incident.*

Actes sous seing-privé ordinaires. — Dans ce cas, la procédure de faux est facultative, car la partie à qui on oppose un acte sous seing-privé peut se borner à le dénier, et c'est alors à son adversaire à prouver la véracité de cet acte ; mais, si elle le préfère, la partie peut elle-même démontrer la fausseté de l'acte qui lui est opposé, en employant l'inscription de faux ; cette procédure est plus coûteuse et plus dangereuse, il est vrai, mais elle est plus propre à effrayer l'adversaire, et par conséquent, à lui faire renoncer à cet acte ; enfin, la partie qui s'inscrit en faux dirige elle-même la procédure, tandis qu'elle a un rôle passif dans la vérification d'écritures.

Procédure. — Elle peut se diviser en 3 périodes aboutissant chacune à un jugement :

1re Période. — Formalités jusqu'au jugement sur l'admission ou le rejet de l'inscription (214-218).

2me Période. — Formalités jusqu'au jugement sur les moyens de preuves (219-233).

3me Période. — Formalités jusqu'au jugement définitif (234-248).

1re Période. — *Formalités précédant le jugement sur l'admission ou le rejet de l'inscription de faux.* — La partie qui veut s'inscrire en faux fait préalablement sommation à son

---

(*a*) On a donné pour raison, au Corps législatif, que la vérification d'écritures étant dirigée par celui à qui on oppose l'acte contesté, tandis que le faux est dirigé par celui à qui l'acte est opposé, ce dernier pourrait avoir intérêt à se laisser condamner par défaut en vérification, afin de prendre en main la poursuite du faux. On a dit, en outre, que le ministère public étant présent à toutes les opérations relatives au faux, cette dernière procédure pouvait mettre plus facilement sur les traces du coupable.

adversaire, par acte d'avoué à avoué, de déclarer s'il veut ou non se servir de la pièce (*a*).

Dans les 8 jours, le défendeur en faux doit signifier, par acte d'avoué à avoué, sa déclaration signée de lui. S'il ne répond pas, ou s'il déclare retirer la pièce, le demandeur peut se pourvoir à l'audience, par un simple acte, pour faire ordonner que la pièce sera rejetée *par rapport au défendeur*, c.-à-d. que ce dernier ne pourra s'en servir, tandis que lui, demandeur, pourra en tirer telles inductions ou conséquences qu'il jugera à propos, et même demander des dommages-intérêts. Si le défendeur déclare maintenir la pièce, le procès suit alors son cours.

Le demandeur fait au greffe son inscription de faux, qu'il signe; puis, il poursuit l'audience sur un simple acte, à l'effet de faire admettre l'inscription.

Le tribunal peut rejeter la demande, s'il juge que la pièce, fût-elle vraie ou fausse, ne peut avoir d'influence sur le procès; ou s'il lui paraît évident que le faux existe ou n'existe pas. Si, au contraire, le tribunal a des doutes, il permet la poursuite de faux et nomme un juge-commissaire.

Ce jugement termine la 1re période.

2me Période. — *Formalités précédant le jugement sur l'admission des moyens de preuves.* — Cette période peut se diviser en 2 phases : la 1re se passe au greffe, en présence du juge-commissaire; elle concerne l'apport de la pièce arguée de faux et la constatation de son état; — la 2me se passe l'audience, c'est la discussion sur l'admissibilité des moyens tendant à prouver le faux.

Apport et dépôt de la pièce. — Dans les 3 jours de la signification du jugement qui admet l'inscription de faux, le défendeur doit faire l'apport de la pièce attaquée au greffe (*b*). Dans un nouveau délai de 3 jours, à partir de cet apport, il signifie l'acte de dépôt au demandeur.

Si le défendeur ne dépose pas la pièce au greffe, le demandeur peut, à son choix, demander au tribunal le rejet de la pièce

---

(*a*) Dans la crainte que celui qui a produit la pièce n'en ait ignoré la fausseté, la loi veut qu'il soit averti et puisse réfléchir avant d'engager la procédure de faux.

(*b*) Dans le faux intellectuel, l'apport n'est pas nécessaire; il est indifférent, en effet, de constater l'état de la pièce, puisque cet état n'est pas contesté.

ou l'autorisation de la faire déposer lui-même au greffe. Cette autorisation ne lui permet pas d'enlever la pièce des mains ou du dossier du défendeur, mais de forcer le tiers, le notaire, par ex., qui en est détenteur, à l'apporter au greffe (*a*).

Constatation de l'état de la pièce. — Après le dépôt de la pièce, celui qui a fait faire l'apport, signifie l'acte de dépôt à son adversaire, avec sommation d'assister à la rédaction du procès-verbal.

Le juge-commissaire dresse procès-verbal en présence du procureur impérial, des parties ou de leurs fondés de pouvoir authentique et spécial. Cet acte contient la mention et la description des ratures, surcharges, interlignes et autres circonstances du même genre. Les pièces et les minutes sont paraphées par le juge-commissaire, le procureur et les parties (*b*).

Admission des moyens. — Dans les 8 jours, à partir du procès verbal, le demandeur en faux signifie au défendeur ses *moyens* de faux, lesquels doivent contenir les faits, circonstances et preuves par lesquels il prétend établir le faux ou la falsification ; sinon, le défendeur se pourvoit à l'audience pour faire prononcer la déchéance de l'inscription.

Dans les 8 jours de la signification des moyens, le défendeur est tenu d'y répondre par écrit, sinon, le demandeur se pourvoit à l'audience pour faire rejeter la pièce.

3 jours après la réponse, la partie la plus diligente peut poursuivre l'audience sur l'admission ou le rejet des moyens de faux.

Le jugement contient la teneur des moyens admis ; ces moyens font partie de l'incident de faux. Quant à ceux qui sont repoussés à l'égard de l'inscription de faux, les juges peuvent les joindre à la cause principale pour les prendre en considération lorsqu'ils prononcent sur le fond. Ainsi, un moyen peut être rejeté quant à l'incident sur le faux, et maintenu quant au fond du procès.

(*a*) Si le défendeur n'a présenté qu'une copie de l'acte argué de faux, le juge-commissaire peut, sur la requête du demandeur, ordonner l'apport de la minute, afin de faire la comparaison ; il fixe le délai dans lequel cet apport sera fait.

Les dépositaires de la minute sont obligés à l'apport, savoir : les officiers publics, par la contrainte par corps impérative ; — les particuliers, par la saisie et l'amende, et même par corps, mais ce dernier moyen n'est que facultatif.

(*b*) En cas de non comparution de l'une ou l'autre des parties, il est donné défaut et passé outre au procès-verbal.

3me Période. — *Formalités précédant le jugement sur le faux.*
— L'instruction de faux a lieu :

1° Par *Titres.* — Cette preuve se fait comme dans la vérification d'écritures.

2° Par *Témoins.* — On observe les formalités prescrites pour les enquêtes, et, comme dans la vérification des écritures, on communique aux témoins les pièces attaquées, mais, de plus, on peut leur présenter même les pièces de comparaison (*a*).

3° Par *Experts.* — Les règles sont les mêmes que dans la vérification, sauf que les pièces à remettre aux experts sont beaucoup plus nombreuses. En outre, les 3 experts doivent être désignés d'office par le tribunal, tandis que dans la vérification d'écritures, les parties peuvent s'entendre sur leur choix.

Lorsque l'instruction est terminée, et qu'il a été signifié copie du procès-verbal d'enquête et du rapport des experts, le jugement est poursuivi sur un simple acte : l'incident sur le faux est plaidé et jugé.

Jugement. — Si le faux n'est pas reconnu, le jugement prononce le *maintien* de la pièce attaquée et la remise de cette pièce ; de plus, il condamne le demandeur à une *amende* qui ne peut être moindre de 300 fr., et à des *dommages et intérêts*, s'il y a lieu (*b*).

Si, au contraire, le jugement déclare la pièce fausse, il ordonne la *suppression*, la *lacération* ou *radiation*, en tout ou en partie, et même la *réformation* ou le *rétablissement* de cette pièce, mais il n'y a pas d'amende à prononcer contre le défendeur (*c*).

Dans les 2 hypothèses, le jugement statue, en outre, sur la *remise des pièces*, soit aux parties, soit aux témoins qui les

---

(*a*) Peut-on entendre, comme témoins, l'officier public et les témoins instrumentaires de l'acte ? La jurisprudence des parlements repoussait généralement comme peu dignes de foi ces témoins qui, après avoir attesté la sincérité d'un acte, devaient en prouver la fausseté : les anciens auteurs les admettaient. Aujourd'hui, on est d'avis d'entendre ces témoins, par cette raison, que la loi ne les reproche pas expressément, sauf au juge à avoir tel égard que de raison à leur déposition.

(*b*) L'amende est encourue toutes les fois qu'après le jugement qui admet l'inscription de faux, le demandeur se sera désisté volontairement ou aura succombé.

(*c*) L'amende n'est pas encourue : 1° lorsque la pièce est rejetée de la cause ; 2° lorsque la demande d'inscription de faux n'aura pas été autorisée ; 3° lorsque la pièce ou l'une des pièces arguées de faux sont reconnues fausses, en tout ou en partie.

auront fournies ou représentées ; de même sur la remise des pièces tirées d'un dépôt public, et le mode d'opérer cette remise.

La *Suppression* est l'anéantissement matériel de la pièce, par ex., en la brûlant.

La *Lacération* est une sorte de suppression, elle consiste à déchirer l'écrit.

La *Radiation*, en tout ou en partie, est encore un anéantissement matériel : lorsque la pièce n'est fausse qu'en partie, on raie les parties fausses, le surplus subsiste; c'est la *radiation partielle*. Si la pièce est fausse dans son entier, et si elle est sur un registre ou sur une feuille contenant d'autres actes, comme il est impossible de supprimer ou de lacérer l'acte faux sans détériorer les autres, on se borne à rayer cet acte dans toutes ses parties; c'est la *radiation totale*.

La *Réformation* est l'anéantissement, non plus matériel, mais moral ou légal de l'écrit : elle consiste à déclarer que l'acte incriminé n'aura plus de force légale et ne produira plus d'effet. Elle a lieu lorsque le tribunal, ne connaissant pas le détenteur de l'acte faux, ne peut atteindre cet acte pour le déchirer ou le rayer; ou bien encore, lorsqu'il s'agit d'un acte dont la loi défend la suppression, par ex., les actes de l'état-civil. Dans ce cas, en effet, le jugement de réformation est inscrit en marge de l'acte faux (957).

Le *Rétablissement* est l'opération qui consiste à remettre l'acte altéré dans son état primitif, en réparant ou corrigeant les ratures faites ou autres altérations. Tel est le sens qu'on attache généralement à ces diverses expressions (a).

C'est le greffier qui est chargé d'effectuer ces différentes opérations.

L'*exécution* du jugement, en ce qui concerne la lacération ou modification des pièces déclarées fausses et la remise des pièces reconnues vraies ou des pièces de comparaison, *est suspendue* de droit jusqu'à l'expiration des délais d'appel, de requête civile et de cassation, ou jusqu'à ce que le condamné ait acquiescé, autre-

---

(a) Dans un autre système, la *suppression* n'est pas l'anéantissement matériel de l'acte, elle consiste à déclarer l'acte nul et non avenu.

La *réformation* est l'opération par laquelle on rend à l'acte son texte primitif, lorsqu'il a subi à tort des altérations.

Le *rétablissement* est la restitution des mots ou phrases effacés frauduleusement.

ment dit, *jusqu'à ce qu'il y ait, quant au faux,* **chose jugée irrévocablement.** L'exécution prématurée d'un jugement susceptible d'être réformé pourrait entraîner un préjudice irréparable (*a*).

Poursuites criminelles. — S'il résulte de la procédure des indices de faux ou de falsification, et que les auteurs ou complices soient vivants, et la poursuite du crime non éteinte par la prescription (635, i. c.), le faux peut être poursuivi criminellement (*b*). A cet effet, un mandat d'amener peut être déclaré contre le prévenu, tant par le président que par le procureur impérial (*c*).

Dans le cas de poursuites criminelles, il est sursis à statuer sur le civil, jusqu'après le jugement sur le faux criminel ; c'est une application du principe de l'art. 3, i. c., à savoir, que lorsque l'action publique est intentée, elle suspend l'exercice de l'action civile, même intentée auparavant; c'est ce que signifie l'adage : LE CRIMINEL TIENT LE CIVIL EN ÉTAT. Ainsi, ce n'est qu'après la décision de la cour d'assises qu'on reviendra devant le tribunal civil continuer la procédure du faux incident. Mais quelle sera l'in-

---

(*a*) L'exécution est-elle suspendue par les autres voies de recours : l'opposition, la tierce-opposition, le désaveu?

La loi n'a pas parlé de l'opposition, parce que tout jugement sur faux incident civil est susceptible d'appel, et que les délais d'appel ne commencent à courir qu'après l'expiration des délais d'opposition. L'exécution étant suspendue par la possibilité de l'appel, ne saurait avoir lieu durant les délais d'opposition, puisqu'à ce moment, le droit de faire appel n'est même pas encore ouvert.

Quant à la tierce-opposition, comme elle est permise pendant 30 ans, on ne pouvait raisonnablement attendre l'expiration de ce délai pour permettre l'exécution du jugement ; au reste, c'est un moyen accordé aux tiers, et non aux parties en cause. Même décision pour le désaveu. Ainsi, l'énumération de l'art. 241 est limitative.

b) Pour qu'il y ait lieu à poursuites criminelles, il faut le concours des 3 conditions énoncées; si l'une manquait, si, par ex., le faussaire était mort, on ne pourrait qu'intenter l'action civile contre les héritiers.

L'action civile résultant d'un crime étant prescrite par le même laps de temps que l'action publique (ici, 10 ans), il semble difficile que le faux civil puisse être exercé alors que le faux criminel est prescrit ; toutefois, il est possible que la prescription de l'action civile ait été interrompue indépendamment de celle de l'action publique ; en outre, on admet que, si l'action en dommages-intérêts est prescriptible, celle tendant à démontrer la fausseté de l'acte ne l'est pas : il est de principe, dit-on, qu'on peut repousser à toute époque un acte entaché d'une nullité radicale.

c) Si le ministère public ne prend pas l'initiative de la poursuite criminelle, le demandeur en faux peut porter plainte en faux principal.

fluence du jugement rendu au criminel sur le procès civil? Cette question est des plus controversées.

Les poursuites criminelles n'arrêtent que la procédure du faux incident civil, et non pas le procès où s'est produit cet incident ; en sorte que, si les juges civils estiment que le procès puisse être jugé indépendamment de la pièce arguée de faux, ils n'ont pas à surseoir (a).

Transaction sur le faux. — Pour éviter que le crime de faux ne soit soustrait à la connaissance du ministère public, par un arrangement entre les parties, l'art. 249 porte : *Aucune transaction* sur la poursuite du faux *ne pourra être exécutée* si elle n'a été homologuée en justice, après avoir été communiquée au ministère public.

Quid si la transaction n'a pas été homologuée? Les uns prétendent qu'elle est nulle, les autres disent qu'elle est valable, parce que l'exécution seule a été défendue pour empêcher de faire disparaître les traces de faux.

Titre XII. Des Enquêtes.

L'ENQUÊTE est la procédure qui consiste à rechercher la vérité d'un fait par la déclaration de témoins. C'est la mise en pratique de la preuve testimoniale.

(a)   *Différences*

Entre la VÉRIFICATION D'ÉCRITURES	et le FAUX INCIDENT CIVIL.
La vérification ne s'applique qu'aux actes sous seing-privé.	Le faux incident civil s'emploie ordinairement pour les actes authentiques, et exceptionnellement pour les actes privés.
Le demandeur en vérification est celui qui invoque la pièce contestée.	Le demandeur en faux est celui contre qui ont invoqué la pièce arguée de faux.
Il n'est pas nécessaire d'obtenir la permission du tribunal pour procéder à la vérification, ni de faire sa déclaration au greffe.	Il est indispensable d'être autorisé par le tribunal pour s'inscrire en **faux** au greffe.
La procédure ne comprend que 2 jugements.	La procédure comprend 3 **jugements**.
Les experts peuvent être choisis par les parties.	Les experts sont toujours désignés d'office par le tribunal.
La vérification n'empêche pas d'attaquer l'acte vérifié et reconnu vrai, par une inscription de faux.	Après une 1re inscription de faux, il n'est pas permis d'en recommencer une seconde.

Il y a 2 sortes d'enquêtes (ou plutôt 2 manières de procéder à l'audition des témoins) : l'enquête *sommaire* ou *publique,* — l'enquête *ordinaire* ou *secrète*.

L'enquête **Sommaire** est celle qui se fait à l'audience devant le tribunal entier : si la cause est en dernier ressort, on entend les témoins sans dresser procès-verbal de leurs dépositions, le jugement constate seulement le résultat des témoignages ; si la cause est susceptible d'appel, le greffier dresse procès-verbal des dépositions, afin qu'en appel, on n'ait pas besoin de faire revenir les témoins.

L'enquête **Ordinaire** se fait, non plus devant le tribunal à l'audience, mais en la chambre du Conseil, devant un juge désigné à cet effet, et en présence seulement des parties et de leurs avoués. Dans ce cas, le greffier dresse toujours procès-verbal des dépositions, qui sont ensuite lues à l'audience.

Devant les tribunaux d'arrondissement, l'enquête est *ordinaire* dans les affaires ordinares ; — elle est *sommaire* dans les affaires sommaires (407).

Devant les tribunaux de commerce et les justices de paix, l'enquête est toujours *sommaire*.

On distingue encore l'enquête principale et l'enquête incidente.

L'enquête *incidente* est celle qui a lieu dans le cours d'un procès. C'est la plus fréquente.

L'enquête *principale* est celle faite en dehors d'un procès (de là son nom d'enquête à futur, *in futurum*). Ainsi, un individu qui ne peut agir actuellement parce que, par ex., sa créance n'est pas échue, et qui craint que les témoins dont il aura besoin plus tard ne viennent à mourir ou à s'absenter, peut demander au tribunal la permission de recueillir, dès à présent, leurs témoignages. Cette enquête, prohibée par l'Ordonnance de 1667, est admise aujourd'hui par suite du silence du Code, mais elle est extrêmement rare.

L'enquête ne peut avoir lieu sans un jugement qui l'autorise. La preuve testimoniale, en effet, n'est pas admise dans tous les cas comme la preuve écrite ; elle a été renfermée dans des limites étroites, tant par la crainte de la subornation des témoins que par la crainte de la multiplicité des procès. Ainsi, en principe, elle n'est pas permise au-dessus de 150 fr., parce que, si l'intérêt en jeu eût été plus considérable, on aurait pu séduire des témoins ; elle est même défendue au-dessous de 150 fr. dans certaines matières, par ex., dans le louage (1713, c. n.), parce qu'on a voulu éviter une foule de procès. Aussi, quand on veut user de cette preuve, il faut faire décider par le tribunal si elle est permise ou non.

Les juges ne sont pas tenus d'autoriser l'enquête demandée par l'une des parties, toutes les fois que le fait est susceptible d'être prouvé par témoins ; ils peuvent la refuser, sous prétexte que ce fait est sans influence sur le procès, ou parce qu'ils jugent que les documents fournis sont insuffisants pour l'instruction de la cause. D'un autre côté, il n'est pas nécessaire que l'enquête soit réclamée par l'une des parties, les juges peuvent l'*ordonner d'office*, s'ils la croient utile.

L'enquête ne peut être ordonnée qu'autant que les 3 conditions suivantes sont réunies :

1° Si la loi ne défend pas la preuve testimoniale des faits.

2° Si les faits sont déniés, ou si, étant reconnus, ils ne peuvent faire l'objet d'un aveu.

3° Si les faits sont admissibles, c.-à-d. pertinents et concluants.

1° *Si la loi ne défend pas la preuve testimoniale.* — En principe, la loi permet la preuve testimoniale jusqu'à 150 fr., et la défend au-dessus de ce chiffre ; mais il y a des exceptions : ainsi, dans certains cas, cette preuve est permise, même *au-dessus* de 150 fr. (*a*), tandis que dans d'autres cas, elle est défendue, même *au-dessous* de ce chiffre (*b*).

(*a*) S'il y a commencement de preuve par écrit (1317, c. n.).

S'il y a eu impossibilité de se procurer un écrit (1318).

Si le créancier a perdu son titre par suite de cas fortuit ou de force majeure (1348).

(*b*) En matière de filiation naturelle, à moins qu'il n'y ait un commencement de preuve par écrit (341, c. n.).

En matière de louage (1713, c. n.), — de transaction (2044), — d'antichrèse (2085).

Contre et outre le contenu d'un écrit (1341, c. n.).

Pour la constatation d'une Société de commerce (39, c. co.).

Lorsqu'il s'agit du reliquat d'une somme supérieure à 150 fr. (1344).

Si les intérêts d'un capital inférieur à 150 fr. réunis à ce capital forment un total excédant 150 fr. (1342).

Si, dans la même instance, on fait plusieurs demandes qui, jointes ensemble, dépassent 150 fr. (1345).

2° *Si les faits sont déniés*, ou si étant reconnus, l'aveu n'en est pas admis par la loi. — L'aveu est sans effet dans les causes concernant l'état de personnes, par ex., dans la séparation de corps (307, c. x.), le désaveu de paternité, ou bien encore lorsqu'il s'agit de personnes incapables, telles que les mineurs.

3° *Si les faits sont admissibles*, c.-à-d. pertinents et concluants. — Les faits *pertinents* sont ceux qui ont un rapport direct avec l'affaire. Les faits *concluants* sont ceux qui peuvent avoir une influence sur la décision. Un fait peut être pertinent sans être concluant, c.-à-d. avoir rapport à l'affaire, mais n'exercer aucune influence sur sa solution ; dans ce cas, l'enquête sur ce fait sera repoussée comme inutile.

Contre-enquête. — Si une partie ne peut, sans y être autorisée par le tribunal, faire entendre des témoins sur un fait, c.-à-d. faire une enquête, son adversaire peut, de *plein droit*, c.-à-d. sans jugement, établir la *preuve contraire*, en faisant entendre des témoins pour démentir le fait allégué. C'est ce qu'on appelle la **Contre-enquête.**

Mais les faits dont la preuve contraire est admise de plein droit ne sont pas tous ceux qui servent à combattre ou détruire a prétention du demandeur et à faire rejeter sa demande au fond : ce sont seulement les faits qui sont la négation directe de ceux allégués par le demandeur, ou bien encore ceux qui, sans établir la fausseté des faits dont la preuve est autorisée, ont un rapport immédiat avec ces faits et tendent à en diminuer l'importance.

Ainsi, je prétends vous avoir vendu un objet moyennant 100 fr., et le tribunal permet l'enquête sur ce fait : vous pouvez, de votre côté, faire comparaître des témoins pour établir, soit que le prix a été fixé à 80 fr. seulement, soit que le marché a été simplement proposé et non conclu. Ces faits sont, en effet, la négation directe de celui annoncé par le demandeur.

De même si, dans une séparation de corps, la femme est autorisée à prouver par témoins les mauvais procédés de son mari envers elle ; le mari peut, à son tour, établir par témoignage, et cela sans autorisation du tribunal, que la femme a une conduite qui n'est pas exempte de reproches, et qu'elle a provoqué les scènes qui se sont passées entre eux. Ce sont là des faits qui n'établissent pas la fausseté de ceux avancés par la demanderesse, mais qui ont un rapport étroit avec eux et qui tendent à en atténuer la gravité.

Il en est différemment dans l'hypothèse suivante : Je suis autorisé à prouver par enquête que j'ai déposé entre vos mains 200 fr., dans un incendie, par ex. (circonstance où l'impossibilité de dresser un écrit, fait admettre, par exception, la preuve testimoniale au-dessus de 150 fr.); vous pouvez bien, de votre côté, recourir sans autorisation aux témoignages pour démontrer que vous étiez dans un lieu éloigné au moment de l'incendie (*alibi*), car c'est la négation directe de mon allégation ; mais si, reconnaissant le dépôt, vous prétendez m'avoir remis depuis les 200 fr., vous ne pouvez établir ce fait par témoins sans obtenir, à votre tour, un jugement permettant l'enquête. Il s'agit, en effet, d'un nouveau fait qui, bien que pouvant faire rejeter la demande comme mal fondée, n'établit pas la fausseté de l'allégation du demandeur et n'en amoindrit pas l'importance. Il y a là 2 faits distincts : la création d'une obligation et son extinction ; le second fait peut donner lieu à une nouvelle enquête, mais non à une contre-enquête. Cette différence est très-importante : ainsi, dans l'hypothèse ci-dessus, l'enquête ne sera pas permise, tandis que la contre-enquête est de droit ; le dépositaire, en effet, ne peut, comme le déposant, pour faire admettre la preuve testimoniale au-dessus de 150 fr., alléguer l'impossiblité de dresser un écrit lors de la restitution du dépôt.

Témoins. — En principe, toute personne, homme, femme, enfant, instruite d'un fait contesté en justice, peut être appelée à déposer sur ce fait ; toutefois, il y a 2 sortes d'exceptions :

1° Certaines personnes sont *incapables* de servir de témoins, elles ne doivent pas être assignées, et, si elles l'ont été, le juge-commissaire ne doit pas les entendre, même avec l'assentiment des parties.

2° Certaines personnes sont *reprochables*, c.-à-d. susceptibles d'être repoussées comme témoins suspects, mais seulement si l'une des parties l'exige (a).

(a) Les *reproches* doivent être proposés avant la déposition et ne peuvent l'être que par la partie intéressée, et non d'office par le juge ou le tribunal. Les *incapacités*, au contraire, peuvent être proposées aussi bien après qu'avant la déposition, et tant par l'une que par l'autre des parties ; bien plus, le juge-commissaire doit refuser d'entendre le témoin incapable, et, s'il a reçu sa déposition, le tribunal doit, d'office, en interdire la lecture.

I. Personnes incapables d'être témoins. — Il y a 2 sortes d'incapacité : l'incapacité absolue et l'incapacité relative.

1° Les personnes frappées d'une incapacité **absolue** ne peuvent servir de témoins dans aucun procès, quelles que soient les parties, ce sont :

Les condamnés à une peine criminelle (afflictive *ou* infamante) (28 à 31, c. p.), et les condamnés à certaines peines correctionnelles (42, c. p.).

2° Les personnes frappées d'une incapacité **relative** ne peuvent figurer comme témoins seulement dans les procès où leurs parents sont en cause ; ce sont :

Les *parents* et les *alliés* en LIGNE DIRECTE de l'une ou de l'autre des parties, ou son *conjoint,* c.-à-d. les ascendants et descendants tant du demandeur que du défendeur, et ceux de leurs conjoints.

Cette prohibition est fort ancienne ; on suspecte ces personnes de bienveillance ou d'inimitié. La parenté est, en effet, pour ceux qui sont d'accord, une excitation à la partialité, et pour ceux qui sont ennemis, une excitation à la haine, *apud concordes excitamentum caritatis, apud iratos irritamentum odiorum.*

Il y a cependant une exception : en matière de séparation de corps, les *ascendants* sont admis à témoigner, sauf au tribunal à avoir tel égard que de raison à leur déposition (251, c. n.). Cela tient à ce que les faits qui donnent lieu à une séparation de corps se passent le plus souvent à l'intérieur, et ne peuvent être attestés que par les personnes de la maison. C'est par le même motif qu'on entend aussi les domestiques, qui, dans tout autre cas, sont reprochables. Quant aux *descendants,* ils sont incapables, même dans ce cas.

II. Personnes reprochables. — Ce sont :

Les *parents* ou *alliés* en LIGNE COLLATÉRALE *de l'une* ou *de l'autre partie* jusqu'au degré de cousin issu de germain inclusivement. — Le reproche peut être invoqué tant par la partie parente du témoin que par son adversaire. Ainsi, le frère d'une partie peut être reproché, soit par son frère, soit par l'adversaire de son frère.

Les *parents* ou *alliés du conjoint* au degré ci-dessus, si le conjoint est vivant, ou si, le conjoint étant décédé, la partie a des enfants vivants. — (La présence des enfants perpétue l'alliance).

Les *frères* et *sœurs, beaux-frères* et *belles-sœurs du conjoint* de l'une des parties, même lorsque le conjoint est décédé, ou que les enfants qu'il a laissés ont cessé d'exister. — L'alliance a cessé, mais les rapports entre ces personnes ont été trop étroits (*a*).

L'*héritier présomptif* ou le *donataire*. — On suspecte l'héritier, car il peut craindre d'être déshérité, et il peut être intéressé indirectement à l'issue du procès. Quant au donataire, on craint que la reconnaissance ne lui enlève son indépendance. Ce reproche est relatif, en ce sens, qu'il ne peut être proposé que par l'adversaire de la partie dont le témoin est l'héritier ou le donataire, et non par le donateur ou celui dont le témoin est l'héritier.

Celui qui aura bu ou mangé avec la partie, et à ses frais, depuis la prononciation du jugement qui a ordonné l'enquête. — On a craint la séduction ; un proverbe dit : *Qui mieux abreuve, mieux preuve.*

Celui qui aura donné des certificats sur les faits relatifs au procès. — Il n'est pas nécessaire, pour qu'il y ait lieu au reproche, que le certificat ait été donné sur le fait même sur lequel le témoin est appelé à déposer, mais sur l'un quelconque des faits du procès. On craint que l'amour-propre ne lie le témoin qui a manifesté une opinion sur une affaire.

Les *serviteurs* et *domestiques.* — Ces expressions désignent tant les gens de service que les individus d'une condition plus élevée attachés à la personne d'un maître, par ex., secrétaire, précepteur, etc., en un mot, tous ceux qui sont sous sa dépendance et reçoivent de lui un salaire (*b*). Mais les *maîtres* ne sont pas reprochables.

Celui en état d'accusation, c.-à-d. celui contre lequel la Chambre des mises en accusation a déclaré qu'il existait des preuves ou indices d'un fait qualifié *crime*, et qui a été renvoyé devant la cour d'assises (221, I. c.). — Ainsi, il ne suffit pas qu'il y ait eu poursuites, ou même un mandat d'arrêt ou de dépôt, ces faits

---

a) L'art. 183 permet de reprocher aussi *les parents ou alliés en* **LIGNE DIRECTE** *du conjoint* comme les frères et sœurs, c.-à-d. même après que l'alliance a cessé ; mais c'est par inadvertance, car dans l'art. 268, ces personnes sont incapables, et par conséquent ne peuvent être ni assignées, ni entendues.

b) Il y a exception en matière de séparation de corps, toutes ces personnes peuvent être appelées en témoignage (251, c. N.).

ne constituent que l'état de prévention. Quant à celui qui a été condamné, il est frappé d'une incapacité absolue.

Celui qui a été condamné, soit à une peine afflictive ou infamante, soit même à une peine correctionnelle pour vol. — Ici, comme dans le cas précédent, c'est l'indignité du témoin qui le rend suspect. Le plus souvent, les condamnations rendent non-seulement reprochable, mais même incapable.

Quant à l'individu âgé de *moins de 15 ans,* il n'est pas reprochable; les juges ont la faculté de l'entendre, sauf à avoir à sa déposition tel égard que de raison.

Ce témoin doit-il prêter serment? Controverse (*a*).

Tels sont les reproches énumérés par la loi. Cette énumération est-elle limitative, ou est-il permis d'admettre, par analogie, d'autres causes de reproches?

Cette question divise la doctrine et la jurisprudence.

Les auteurs sont d'avis que les cas de reproches ne peuvent être étendus. Mais la cour de cassation applique, en outre, aux témoins les causes de récusation des juges (378) (*b*); de plus, elle laisse aux tribunaux le pouvoir arbitraire d'admettre toute sorte de reproche par assimilation; c'est ainsi qu'on voit, tous les jours, une partie reprocher son ennemi. — l'ami de son adversaire, — un créancier, — un débiteur, — un associé.

Reproches. — En principe, les reproches doivent être proposés *avant* la déposition; on a voulu éviter par là qu'une partie, irritée par un témoignage défavorable cherchât, après coup, des moyens de faire repousser ce témoignage. Toutefois, les reproches peuvent être proposés *après* la déposition, s'ils sont *justifiés par écrit,* car alors on ne craint plus qu'ils ne soient imaginés après coup.

Les reproches doivent être *pertinents* et *circonstanciés;* il ne suffit pas de les énoncer d'une manière vague et générale, sauf à les préciser plus tard : ainsi, on ne doit pas opposer simplement

---

(*a*) Suivant les uns, sa déposition n'est qu'une espèce de déclaration admise à titre de renseignement, ainsi que cela a lieu en matière criminelle 79, 1. c.); au reste, l'on ne saurait rationnellement rendre un enfant passible de la peine du faux témoignage. Suivant les autres, le Code n'ayant fait aucune distinction, le serment doit être exigé.

(*b*) Cependant, il n'y a pas analogie entre les 2 cas, car le juge a sur l'affaire une influence plus grande que le témoin; en outre, on peut remplacer un juge suspect, tandis que la partie n'a pas toujours des témoins de rechange.

la parenté, mais indiquer le degré exact de cette parenté. Ils sont proposés, soit par la partie elle-même, soit par son avoué.

Le reproche est inscrit sur le procès-verbal, et la déposition du témoin reproché est reçue, comme celle des autres témoins ; on agit ainsi par économie de temps : en effet, le juge-commissaire n'a que le pouvoir de constater le reproche, car le droit de statuer appartient au tribunal, après l'enquête terminée ; or, si l'on n'avait pas inscrit la déposition du témoin reproché, et que le reproche fût repoussé, il faudrait, quand le reproche n'est pas admis, faire un supplément d'enquête pour recevoir le témoignage repoussé. Ainsi, le témoin reproché est entendu comme les autres, sauf, si le reproche est admis, à ne pas lire sa déposition à l'audience (a).

Si le reproche n'est pas admis, celui qui l'a proposé est passible de dommages-intérêts vis-à-vis du témoin, quand ce dernier se plaint qu'il y a eu atteinte portée à son honneur.

Nombre des témoins. — Autrefois, il était de principe qu'un seul témoignage ne suffisait pas, *testis unus, testis nullus* ; mais à l'inverse, les dépositions concordantes de *2 témoins* faisaient pleine foi et liaient le juge. Aujourd'hui, les juges sont libres, d'après leur intime conviction, d'admettre le témoignage d'un seul témoin et de repousser celui de plusieurs ; le silence du Code de procédure a fait admettre ce système, par analogie au droit criminel (342, i. c.).

On peut faire entendre autant de témoins qu'on veut sur un même fait ; mais, afin d'éviter qu'une partie multipliât le nombre des témoins sur un fait bien établi, dans le seul but de faire supporter des frais considérables à son adversaire, la loi ne permet de répéter que les frais de *5 témoins*, non pour toute l'enquête, mais sur un même fait, le surplus des frais reste à la charge de la partie qui a fait citer.

Procédure. — La partie qui recourt à l'enquête fait une demande par un simple acte de conclusions, notifié d'avoué à avoué, sans aucune autre écriture ou requête à l'appui. Les faits dont on

---

(a) L'enquête sur les reproches est toujours sommaire, c.-à-d. faite à l'audience devant le tribunal, et les témoins cités pour établir ces reproches ne peuvent être reprochés à leur tour qu'autant que ces reproches sont justifiés par écrit. Cette mesure a pour but d'éviter qu'on fasse enquête sur enquête.

demande à faire preuve doivent être *articulés* succinctement (en pratique, on dit *cotés*), c.-à-d. indiqués fait par fait, et non en masse, afin que le tribunal décide sur chaque fait isolément si la preuve est utile et si elle est admissible.

Dans les 3 jours, la partie adverse doit répondre par acte d'avoué à avoué : — si elle ne répond pas, les faits peuvent être tenus pour confessés et avérés (a) ; si elle répond, de deux choses l'une : — ou les faits sont *reconnus*, et alors il n'y a pas lieu à enquête, car l'aveu judiciaire fait foi ; — ou les faits sont *déniés*, et dans ce cas, le tribunal décide s'il y aura ou non enquête.

Le jugement doit contenir :

1° La désignation précise des faits à prouver, car on doit signifier aux témoins les faits sur lesquels ils sont appelés à déposer.

2° La nomination du juge-commissaire devant lequel l'enquête sera faite (b).

Le demandeur à l'enquête requiert une ordonnance du juge-commissaire, fixant les jour et heure de l'enquête ; puis il fait sommation à la partie adverse d'y assister, et il lui signifie les noms des témoins, afin que celle-ci examine s'il y a lieu à reproche. Ces actes doivent être faits *3 jours francs* avant l'audition des témoins.

En outre, assignation est donnée par exploit d'huissier aux témoins avec mention des faits sur lesquels ils doivent déposer. Le délai entre l'assignation et la comparution est au moins d'*un jour franc*.

L'enquête doit, à peine de déchéance, être *commencée* dans la *huitaine* de la signification à avoué si le jugement qui l'ordonne est contradictoire (c), et *terminée* dans un autre délai de

---

(a) Toutefois, le tribunal peut en ordonner la preuve, s'il pense que l'éloignement du défendeur l'a empêché de donner son avis, ou s'il s'agit de faits dont l'aveu n'est pas admis. Par ex., une femme offre de prouver qu'elle a été victime de sévices ou injures graves, son mari ne répond pas : ce silence ne peut faire considérer les faits comme vrais, car ce serait accorder aux époux la faculté de se séparer de corps par consentement mutuel, ce qui n'est pas possible ; le tribunal devra donc ordonner l'enquête ; toutefois, lorsque les faits sont notoires, le tribunal prononce la séparation sans enquête.

(b) Quand les témoins sont éloignés, le tribunal, pour éviter des frais, peut ordonner que ces témoins seront entendus par un juge du tribunal dans le ressort duquel ils sont domiciliés ; à cet effet, il dresse, soit sur la demande des parties, soit d'office, une *commission rogatoire*, c.-à-d. un mandat par lequel il charge l'un des juges du tribunal de procéder à l'enquête. 256. 1035.

(c) Ce délai de huitaine court, s'il n'y a pas d'avoué, à partir de la signification à personne ou à domicile ; un jugement peut, en effet, être contradictoire

huitaine, à partir du jour où elle a été commencée. La crainte de laisser aux parties le temps de séduire les témoins a déterminé la loi à renfermer la durée de l'enquête dans des délais restreints et de rigueur.

Quand l'enquête est-elle réputée commencée?

Il n'est pas nécessaire qu'un témoin ait été entendu (a) ; elle est censée commencée, par cela seul, qu'une partie s'est présentée devant le juge-commissaire et a obtenu de lui l'ordonnance indiquant les jour et heure de l'audition des témoins (b).

L'enquête doit être *terminée* dans la *huitaine* de l'audition des premiers témoins, à peine de nullité, non de l'enquête entière, mais des dépositions postérieures (c). Ici, le délai ne court plus

---

sans qu'il y ait avoué, par ex., lorsqu'il y a eu défaut profit joint, ou lorsque l'avoué est mort après avoir posé ses conclusions sur l'enquête (342).

Si le jugement est par défaut, le délai de huitaine court à partir de l'expiration des délais pour faire opposition. Pas de difficulté si le défaut est contre avoué : le délai de l'opposition étant de huitaine, celui de l'enquête ne commence qu'à l'expiration de cette huitaine. Mais si le défaut est contre partie, le délai d'opposition durant tant que le jugement n'est pas exécuté, et l'exécution du jugement d'enquête étant la confection de l'enquête elle-même, on arrive à cette proposition absurde : *l'enquête doit être* COMMENCÉE *dans la huitaine, à partir du jour où cette enquête a été* COMMENCÉE *ou même terminée.* Mais on fait remarquer qu'autrefois, le délai d'opposition étant toujours de huitaine, (que le défaut fût contre avoué ou contre partie), les rédacteurs ont sans doute oublié, en rédigeant l'art. 258, la nouvelle distinction admise dans les art. 157 et 158; d'après cela, leur intention a été que le délai de huitaine courût de la signification, même quand le défaut est contre avoué.

Quant à l'appel, le Code n'en parlant pas, on applique le droit commun : ainsi, les délais d'appel n'étant pas suspensifs d'exécution, ne retarderont pas ceux de l'enquête. Mais, comme les jugements susceptibles d'appel ne peuvent être exécutés pendant les 8 jours du prononcé de la sentence, les délais d'enquête ne courent qu'à partir de cette huitaine ; sans cela, l'enquête pourrait être commencée par le demandeur alors que le défendeur n'aurait pas encore le droit de s'y opposer en attaquant le jugement.

Si l'appel est interjeté, il suspend non-seulement les délais pour commencer l'enquête, mais aussi les opérations de l'enquête, si elles sont commencées.

(a) L'Ordonnance de 1667 exigeait qu'un témoin ait déposé, ce qui était souvent impossible ; aussi, pour éviter la déchéance, on employait un moyen dérisoire : on faisait citer le premier venu, cet individu déclarait ne rien savoir, mais il ne comptait pas moins comme témoin entendu.

(b) Quand le demandeur a obtenu une ordonnance, le défendeur qui veut faire la contre-enquête doit en demander une, à son tour, dans la huitaine de la signification du jugement ; c'est ce que la loi exprime en disant : L'enquête est censée commencée pour chacune des parties *respectivement.* De même, chaque partie doit terminer son enquête ou sa contre-enquête dans la huitaine de l'audition du 1er témoin.

(c) Le jugement qui ordonne l'enquête peut fixer un délai plus long. en outre, les parties ont droit, pendant les délais d'enquête, de demander au tribunal une prorogation. Il n'en est accordé qu'une seule.

du jour où l'enquête est *censée commencée*, c.-à-d. du jour où le juge-commissaire a rendu son ordonnance ; il court seulement du moment où l'enquête a été *réellement commencée*, c.-à-d. du jour de l'audition du premier témoin.

Comparution des témoins. — C'est un devoir imposé à toute personne appelée en témoignage devant la justice, de se rendre aux jour et heure indiqués, et de dire tout ce qu'elle sait sur les faits dont elle a eu connaissance ; toutefois, on exempte de cette dernière obligation les personnes dépositaires de certains secrets par suite de leur profession, tels sont les avocats, médecins, confesseurs (378, c. p.).

Le témoin qui ne comparaît pas, ou qui, comparaissant, refuse de déposer sur les faits connus de lui, est condamné à *10 fr.*, au moins, de *dommages et intérêts* envers la partie, et, de plus, *il peut* être condamné à une *amende de 100 fr.*, au plus ; mais ceci est facultatif. Ces condamnations sont prononcées par le juge-commissaire. Le témoin défaillant est réassigné à ses frais ; s'il fait de nouveau défaut, *il est* condamné à *100 fr. d'amende et par corps*. Dans ce cas, l'amende n'est plus facultative, mais obligatoire ; la loi devait, en effet, se montrer plus sévère. Le juge peut même donner contre lui un mandat d'amener.

Si le témoin justifie qu'il n'a pu se présenter au jour fixé, il est, après sa déposition, déchargé par le juge des condamnations prononcées contre lui (a).

Déposition. — Les témoins déposent séparément, c.-à-d. qu'après l'appel de leurs noms, ils se retirent tous du lieu où se fait l'enquête ; on les entend ensuite les uns après les autres, afin d'éviter qu'ils cherchent à déposer dans les mêmes termes. Les parties ont le droit d'assister à l'enquête. Avant de déposer, chaque témoin déclare ses noms. — profession, — âge et demeure, — s'il est parent ou allié de l'une des parties, et à quel degré, — s'il est serviteur ou domestique de l'une d'elles. Enfin, il fait *serment de dire vérité* (b).

(a) Quand un témoin est dans l'impossibilité de se présenter au jour indiqué, le juge-commissaire lui accorde un délai (lequel ne doit pas excéder celui de l'enquête), ou bien, il se transporte à son domicile pour y recevoir sa déposition. Quand le témoin est trop éloigné, le juge charge le président du lieu d'entendre ce témoin ou de le faire entendre par un juge.

(b) Devant le tribunal correctionnel, les témoins jurent de dire *toute la vérité, rien que la vérité* (75, i. c.). Devant la cour d'assises, ils jurent de plus, de *parler sans crainte et sans haine* (317).

C'est à ce moment que les reproches doivent être proposés.

Le juge-commissaire ne doit pas, en posant au témoin des questions de détail, le faire déposer par *oui* ou par *non*, ce serait diriger la déposition ; il doit lui demander ce qu'il sait sur tel ou tel fait, alors le témoin fait son récit d'abondance, c.-à-d. de lui-même ; ce n'est que lorsqu'il s'écarte du sujet, ou lorsqu'il ne s'explique pas suffisamment, que le juge peut, soit d'office, soit sur la demande des parties, lui poser des questions. Les parties ne peuvent interpeller directement le témoin ; pour éviter des altercations trop vives et inconvenantes, la loi le leur défend, sous peine d'amende et même d'exclusion ; elles doivent s'adresser au juge-commissaire, qui pose lui-même la question.

La déposition est orale, et non par écrit, afin qu'elle ne soit pas préparée à l'avance.

Procès-verbal. — À mesure que le témoin dépose, le greffier écrit la déposition sous la direction du juge-commissaire. On doit rapporter fidèlement toutes les déclarations du témoin, mais il n'est pas nécessaire de reproduire mot pour mot les expressions oiseuses ou triviales dont il s'est servi. La déposition terminée et rédigée est lue au témoin, puis on lui demande s'il y persiste, ou s'il entend y modifier ou ajouter quelque chose ; dans ce dernier cas, les corrections ou additions sont insérées à la suite, et nouvelle lecture est donnée ; enfin, le témoin est requis de signer ; s'il ne veut ou ne peut signer, mention en est faite.

Après la déposition, le juge demande au témoin s'il veut être *taxé*, c.-à-d. payé pour sa perte de temps et son déplacement. S'il requiert la taxe, le juge-commissaire fixe la somme qui lui est due sur la copie de l'assignation, ce qui vaut exécutoire ; le témoin se fait alors payer au greffe.

Le procès-verbal doit mentionner l'accomplissement de toutes les formalités prescrites à peine de nullité, il doit être signé, à la fin, par les parties, si elles le veulent ou le peuvent, puis par le greffier et le juge-commissaire.

Résultat de l'enquête. — Lorsque l'enquête est terminée, ou que les délais pour la faire sont expirés, la partie la plus diligente signifie copie des procès-verbaux, tant de l'enquête que de la contre-enquête, et poursuit l'audience sur un simple acte.

Le tribunal examine d'abord si l'enquête est valable, c.-à-d. si les formalités requises ont été observées, puis il juge les reproches, s'il y en a.

L'enquête peut être déclarée nulle en totalité, si la formalité omise s'applique à toute l'enquête, comme le défaut de signature à la fin du procès-verbal; — ou nulle en partie seulement, si la formalité omise ne porte que sur une partie de l'enquête, par ex., sur la déposition d'un témoin.

L'enquête nulle peut-elle être recommencée?

La loi distingue le fait de qui provient la nullité : — Est-ce la faute du juge-commissaire? l'enquête peut être recommencée, et elle l'est aux frais du juge. — Est-ce le fait de l'avoué ou de l'huissier? elle ne peut être recommencée; la partie n'a que le droit d'exiger des dommages-intérêts contre l'officier ministériel.

On donne 2 motifs de cette différence : — d'abord, la partie ne peut être responsable de la faute d'un juge qu'elle n'a pu ni choisir, ni refuser, tandis que l'avoué et l'huissier, étant désignés par elle, sont ses agents, elle en répond et a un recours contre eux; — en second lieu, dit-on, si l'on eût permis de recommencer l'enquête nulle par la faute de l'officier ministériel, il eût été à craindre que l'avoué et la partie ne s'entendissent pour pouvoir, à l'aide d'une irrégularité de procédure, recommencer l'enquête, et avoir ainsi le temps de corrompre les témoins; au contraire, cette complaisance n'est pas à craindre de la part du juge, qui n'est l'homme d'aucune des parties. Mais ce motif n'est pas sérieux, car une partie ne pouvant demander la nullité de sa propre enquête, cette entente frauduleuse avec son officier ministériel n'est pas à craindre (a).

(a) *Différences*

Entre l'*enquête* ORDINAIRE	et l'*enquête* SOMMAIRE.
Elle a lieu dans les affaires *ordinaires* de la compétence des tribunaux d'arrondissement.	Elle a lieu dans les affaires *sommaires* des tribunaux d'arrondissement, et dans toutes les affaires des tribunaux de commerce et des justices de paix.
Elle est demandée par acte de conclusions avec sommation de reconnaître ou dénier les faits dans les 3 jours.	Elle est demandée à l'audience, sans écritures.
Elle se fait en chambre du conseil, devant un juge-commissaire assisté de son greffier.	Elle se fait à l'audience publique, devant le tribunal tout entier.
Les jour et heure de l'audition sont fixés par une ordonnance du juge-commissaire.	L'audience où se fera l'audition est fixée par le tribunal.
Les dépositions sont toujours inscrites sur le procès-verbal.	Les dépositions ne sont inscrites qu'autant que l'affaire est susceptible d'appel.
Le témoin reproché est entendu; le reproche, consigné au procès-verbal, est jugé plus tard par le tribunal.	Le témoin reproché n'est pas entendu, le reproche étant jugé de suite. Doit-il en être ainsi quand l'affaire est sujette à appel? Controverse.

Titre XIII. Des Descentes sur les lieux.

Outre la preuve littérale, à laquelle se rapporte la vérification d'écritures et le faux incident civil, — et la preuve testimoniale, qui fait l'objet de l'enquête, il y a un autre genre de preuves, c'est l'examen des lieux ou celui des objets litigieux : cet examen se fait, soit par la *descente sur les lieux*, soit par l'*expertise*, soit par les 2 moyens réunis.

La **descente sur les lieux** est le transport d'un juge sur les lieux litigieux pour inspecter et étudier personnellement (*de visu*) leur état et fournir au tribnnal des renseignements utiles à la cause (*a*).

Ce transport est ordonné, soit d'office par le tribunal, soit sur la réquisition de l'une ou de l'autre des parties ; toutefois, si la matière exige un rapport d'experts, la descente sur les lieux ne peut être ordonnée d'office (824, c. n.), mais seulement sur réquisition des parties.

Ce mode de preuve est surtout utile lorsqu'il s'agit d'un examen matériel des lieux, tel que de reconnaître l'existence d'une servitude ou son caractère, par ex., s'il s'agit de rechercher si une ouverture est une vue ou un jour de souffrance.

Procédure. — Lorsque le tribunal ordonne la descente sur les lieux, il désigne à cet effet l'un des juges qui ont concouru au jugement ; étant instruit de l'affaire, ce juge examinera les localités en connaissance de cause (*b*).

Sur la réquisition de la partie la plus diligente, le juge-commissaire fixe par une ordonnance les lieux, jour et heure de la descente ; cette ordonnance est signifiée d'avoué à avoué, ce qui vaut sommation.

L'examen des lieux est fait par le juge, accompagné de son greffier, en présence des parties intéressées ou elles dûment appelées. Quant au ministère public, son assistance n'est nécessaire que lorsqu'il est *partie* au procès, ce qui s'entend seulement du

---

(*a*) La descente sur les lieux est quelquefois accompagnée d'une expertise, quelquefois aussi d'une enquête ; dans ce cas, on fait venir les témoins sur les lieux.

(*b*) Quand les lieux à visiter sont en dehors du ressort du tribunal, peut-il être adressé une commission rogatoire à l'un des juges du tribunal de la situation? C'est un point controversé 1035.

cas où il est partie principale, et non du cas où il n'est que partie jointe.

Le juge dresse un procès-verbal de visite sur les lieux mêmes, il fait mention sur la minute des jours employés aux transport, séjour et retour.

Le procès-verbal est déposé au greffe, expédition en est signifiée par la partie la plus diligente à l'avoué de l'autre partie, et, 3 jours après, l'audience peut être poursuivie sur un simple acte.

La partie requérante doit faire l'*avance des frais* de transport, et les consigner au greffe. Cette mesure a pour but d'éviter qu'un juge soit forcé d'actionner un plaideur pour obtenir le remboursement de ses dépenses.

Les juges ne recevant aucun honoraire pour leur déplacement, il ne s'agit ici que des frais de transport, nourriture et logement.

Titre XIV. Des Rapports d'experts.

Les juges, quelles que variées qu'aient été leurs études, ne peuvent avoir les connaissances spéciales qu'exige l'examen d'une foule d'objets, tant dans le domaine de la science ou de l'art que dans celui du commerce ou de l'industrie, aussi, sont-ils souvent forcés de recourir à des hommes qui possèdent des connaissances techniques sur l'objet litigieux et leur prêtent le concours des lumières qu'ils ont acquises, soit par l'étude, soit par la pratique.

Cette manière de rechercher la vérité est une *expertise*, — ceux qui sont consultés sont des *experts*, et la constatation par écrit des renseignements fournis est le RAPPORT D'EXPERTS.

L'expertise peut être ordonnée par le tribunal, tant d'office que sur la demande des parties : la loi indique elle-même certains cas où elle doit avoir lieu, par ex., dans les partages faits en justice (824, c. n.); mais, de même que les juges peuvent ordonner l'expertise toutes les fois qu'ils la croient utile, de même on admet qu'ils peuvent se dispenser de l'accorder, même dans les cas où la loi la prescrit, s'ils ont, soit par leurs connaissances personnelles, soit par les éléments de l'instruction, des moyens suffisants d'appréciation.

L'expertise est ordonnée par jugement, lequel doit contenir :

1° L'énonciation précise des objets de l'expertise.

2° La nomination des experts choisis par les parties et ceux désignés d'office par le tribunal, à défaut des premiers.

3° La nomination du juge-commissaire chargé de recevoir le serment des experts.

EXPERTS. — *Nomination des experts.* — En principe, le choix des experts appartient aux parties; en effet, sauf le faux incident civil, où les experts sont nécessairement désignés par le tribunal, les juges ne sont appelés à les nommer d'office qu'autant que les parties ne s'entendent pas sur leur choix.

Si, lors du jugement qui ordonne l'expertise, les parties se sont accordées pour nommer les experts, le même jugement leur donne acte de cette nomination. Si, a ce moment, les parties ne sont pas d'accord, le jugement ordonne qu'elles seront tenues de les nommer dans les 3 jours de la signification; sinon, qu'il sera procédé à l'opération par les experts qu'il désigne d'office immédiatement. Lorsque les parties s'entendent dans le délai fixé par le jugement, elles déclarent au greffe les noms des experts de leur choix, et alors la nomination d'office et provisoire faite par le tribunal devient inutile.

Nombre des experts. — Le tribunal doit toujours désigner *3 experts*, mais il peut être autorisé à n'en nommer qu'*un seul*, soit par les parties, soit par la loi elle-même, par ex., lorsqu'il s'agit d'estimer les immeubles des mineurs (955). Dans le cas de faux incident civil, il y a toujours 3 experts (232); de même dans la rescision de la vente pour cause de lésion (1678, c. x.).

Quant aux parties, elles peuvent en nommer 1 ou 3, à leur choix.

La loi veut que les experts soient toujours nommés en nombre impair, 1 ou 3, et jamais 2, afin d'éviter un partage qui nécessiterait l'adjonction d'un nouvel expert, et, par conséquent, des lenteurs et des frais (a).

____

a Le Code de procédure a fait une double et heureuse innovation en matière d'expertise : autrefois, on pouvait nommer 2 experts, et chacune des parties désignait le sien. Il en résultait que chaque expert, prenant la défense de la partie qui l'avait choisi, il y avait partage, et de là, nouvelle expertise et nouveaux frais. L'obligation de désigner les experts en nombre impair et d'un commun accord a fait disparaître cet inconvénient.

Personnes capables d'être experts. — Il n'y a plus, comme autrefois, des experts jurés, c.-à-d. des personnes privilégiées qui, après avoir prêté serment en entrant en charge, étaient investies de la qualité d'experts à titre d'office : ce monopole et la dispense de prêter serment à chaque expertise ont disparu. Il y a bien encore, et notamment à Paris, des listes de gens de l'art appelés experts assermentés, mais, bien que ces individus soient le plus souvent désignés comme experts, ils n'ont pas de privilège.

En principe, toute personne est capable d'être nommée expert (a). Sont exceptés :

L'interdit pour démence ou folie.

Le condamné à une peine emportant la dégradation civique (28 et 34, c. p.).

L'individu privé de ce droit par jugement correctionnel (42, c. p.).

Récusation des experts. — Les causes de récusation des experts sont les mêmes que les causes de reproches des témoins.

Les experts nommés *d'office par le tribunal* peuvent être récusés pour des causes *antérieures* à leur nomination ; mais les experts nommés *d'accord par les parties* ne sont récusables que pour les causes *postérieures*. Les parties, en choisissant leurs

---

(a) La *femme*, le *mineur*, l'*Étranger* sont-ils capables d'être experts? Pour l'affirmative, on dit d'abord qu'on ne saurait empêcher les parties de désigner ces personnes comme experts, car elles ne font que leur confier un mandat. Quant aux tribunaux, s'ils doivent, autant que possible, laisser ces personnes de côté, ils ne doivent pas repousser leur concours dans le cas où, seules, elles sont aptes à examiner certaines choses, par ex., les femmes, en matière de modes ou de broderies.

Pour la négative, on dit que les art. 31 et 12, c. p., assimilent les fonctions d'experts à celles de témoins instrumentaires, qualité qui ne peut appartenir qu'à des nationaux majeurs et mâles (l. 25 vent. an XI, a. 9). Mais on répond que le Code pénal assimile les experts aussi bien aux témoins appelés en justice qu'aux témoins instrumentaires ; qu'au surplus, les sages-femmes ont droit de faire des déclarations de naissances, bien qu'elles ne puissent être témoins instrumentaires dans les actes de l'état-civil (36 et 37, c. x.), et cependant le rôle de déclarant, dans ce cas, est aussi important que celui de témoin.

On dit encore, que les experts dressent un procès-verbal faisant foi jusqu'à inscription de faux, et que, par conséquent, ils remplissent une fonction publique, ce qui n'est permis, ni aux femmes, ni aux mineurs, ni aux Étrangers. A cela on répond que, même en admettant que le procès-verbal des experts fasse foi, ce qui est contesté, il est facile de faire dresser cet acte par greffier, ainsi que cela se pratique lorsque les experts ne savent pas écrire (317), qu'au reste, ce rapport n'est qu'un avis non obligatoire pour le tribunal (323). Toutefois, les partisans de ce système consentent à admettre ces personnes pour assister les experts.

experts, sont censées avoir renoncé aux motifs de récusation existants; toutefois, s'il était prouvé qu'elles ignoraient ces motifs, il n'y aurait pas de bonnes raisons pour s'opposer à la récusation.

Le droit de récuser cesse dès que l'expert a prêté serment, qu'il ait été nommé par le tribunal ou par les parties (a).

Déport des experts. — La fonction d'expert n'est pas obligatoire; celui qui est nommé expert, soit par les parties, soit par le tribunal, est libre d'accepter ou de refuser tant qu'il n'a pas prêté serment; mais une fois le serment prêté, il y a contrat judiciaire, et si l'expert ne remplit pas sa mission, il peut être condamné à tous les frais frustratoires, c.-à-d. occasionnés par son refus, et, de plus, à des dommages-intérêts. Le refus d'un expert s'appelle *déport*.

Expertise. — *Procédure.* — Après le délai de 3 jours accordé pour la récusation, la partie la plus diligente présente une requête au juge-commissaire, qui rend une ordonnance fixant les jour et heure de la prestation de serment. Sommation est faite aux experts de se présenter au jour fixé; procès-verbal est dressé de la prestation de serment et de l'indication faite par les experts du lieu et des jour et heure de leur opération.

Si les parties sont présentes à la prestation de serment, cette indication vaut sommation; si elles sont absentes, on leur fait sommation de se trouver aux lieu et jour indiqués, afin que les experts entendent leurs explications contradictoires.

Pour instruire les experts de la cause et de leur mission, les parties leur remettent, sans signification, le jugement ordonnant l'expertise et les pièces nécessaires. Il est procédé à l'examen des lieux ou des objets soumis à l'appréciation des experts, les parties font tels dires et réquisitions qu'elles jugent convenables.

---

a La récusation doit être proposée dans les 3 jours de la nomination, par un simple acte signé de la partie ou de son mandataire spécial, contenant les causes de récusation et les preuves, s'il y en a, ou l'offre de faire la preuve par témoins.

Lorsque la récusation est contestée, elle est jugée sommairement à l'audience, sur les conclusions du ministère public. L'enquête, si elle est autorisée, est sommaire, c.-à-d. faite à l'audience.

Si la récusation est rejetée, la partie qui l'a faite est passible de dommages-intérêts, non-seulement vis-à-vis de son adversaire, mais encore envers l'expert, s'il le requiert ; mais, dans ce cas, il ne peut demeurer expert, car étant devenu l'adversaire d'une partie, son impartialité est suspecte.

Si la récusation est admise, il est nommé d'office, par le même jugement, 1 ou 3 experts nouveaux 313.

Le jugement sur la récusation est exécutoire, nonobstant appel.

Rapport. — L'examen terminé, les experts dressent leur rapport sur le lieu contentieux ou dans celui indiqué par eux. Le rapport est écrit par l'un des experts et signé par tous; s'ils ne savent pas tous écrire, il est écrit et signé par le greffier de la justice de paix du lieu.

Les experts ne dressent qu'un seul rapport, et ne doivent former qu'*un seul avis* à la pluralité des voix : néanmoins, en cas d'opinions différentes, ils indiquent les motifs des diverses opinions, mais sans faire connaître quel a été l'avis particulier de chaque expert. La loi a voulu, par là, soustraire les experts au ressentiment de la partie contre laquelle ils concluent, et en outre, éviter que les parties ou leurs avocats puissent discuter le mérite personnel des experts. Sans cette précaution, chaque partie eût proclamé la supériorité des talents de l'expert qui lui a été favorable.

La minute du rapport est déposée au greffe du tribunal ; le président taxe au bas de la minute les frais et vacations des experts, et il est délivré exécutoire contre la partie qui a requis l'expertise ou qui l'a poursuivie, si elle a été ordonnée d'office (a).

Le rapport est levé et signifié à avoué par la partie la plus diligente, l'audience est ensuite poursuivie sur un simple acte.

Effets. — Les experts ne donnent que des *avis*, les juges ne sont pas astreints à suivre ces avis, si leur conviction s'y oppose ; ils peuvent, en motivant leur décision, statuer contrairement au rapport.

Si les juges ne trouvent pas dans le rapport les éclaircissements suffisants, ils peuvent ordonner d'office une nouvelle expertise par un ou plusieurs experts, qu'ils nomment également d'office. Ces nouveaux experts peuvent se renseigner auprès des premiers ; rien n'empêche que le tribunal charge les mêmes experts de faire une expertise plus approfondie. Il peut aussi les appeler à l'audience pour leur demander des explications, mais ce moyen n'est licite qu'autant qu'un seul avis a été émis, autrement, ces explications divulgueraient l'opinion personnelle de chacun des experts, ce qui est défendu.

(a) En cas de retard ou refus de la part des experts de déposer leur rapport, on peut les assigner à 3 jours, sans préliminaire de conciliation, devant le tribunal qui les a commis, et les faire condamner par corps à faire ledit dépôt.

Titre XV. De l'interrogatoire sur faits et articles.

Deux moyens sont employés pour obtenir des éclaircissements de la bouche des parties en cause :

La **comparution personnelle** (déjà traitée art. 119).

L'**interrogatoire sur faits et articles** (324 à 336).

Ce sont 2 voies d'instruction qui ont le même but : provoquer un aveu; mais qui diffèrent dans les formes.

L'INTERROGATOIRE SUR FAITS ET ARTICLES consiste à faire expliquer une partie sur certains faits du procès. Les questions sont rédigées par la partie adverse, et les réponses sont recueillies hors de sa présence par un juge assisté de son greffier en la chambre du Conseil.

Dans la *comparution personnelle*, au contraire, les parties sont interrogées par le tribunal, en audience publique, et en présence l'une de l'autre.

L'*interrogatoire* peut être employé *en toutes matières*, même dans les cas où la preuve testimoniale n'est pas admissible, car on n'a pas à craindre la subornation. Toutefois, il est impossible d'y recourir dans le cas où la loi ne tient pas compte de l'aveu des parties. (ex. : séparation de corps ou de biens.) De même, on ne peut pas employer ce mode d'instruction à l'égard d'une partie qui n'est pas capable de s'obliger, tel qu'un mineur ou un interdit (*a*).

L'interrogatoire peut être demandé *en tout état de cause* (c.-à-d. tant que les débats ne sont pas clos), mais *sans retard de l'instruction ou du jugement*, c.-à-d. que les juges peuvent repousser ce moyen, s'ils le croient proposé dans le seul but de retarder la solution du procès.

PROCÉDURE. — L'interrogatoire est demandé par une *requête* adressée au tribunal et contenant les faits sur lesquels la partie veut faire interroger son adversaire.

(*a*) Quand il s'agit d'une *personne morale*, d'une administration, par ex., il y un mode particulier de procéder à l'interrogatoire.

L'administration doit nommer un représentant et lui donner un pouvoir spécial dans lequel les réponses sont expliquées et affirmées véritables; autrement, les faits pourraient être tenus pour avérés. En outre, les administrateurs et agents peuvent être interrogés sur les faits qui leur sont personnels, mais le tribunal doit avoir tel égard que de raison à leurs aveux, car ces personnes ne peuvent engager leurs administrations.

Le *jugement* qui l'ordonne est tantôt interlocutoire, tantôt préparatoire, suivant les cas.

Le président ou le juge commis par le jugement rend une *ordonnance* fixant le jour et l'heure de l'interrogatoire (a).

Signification est donnée **24 heures** à l'avance à la partie qui doit être interrogée, de la requête, du jugement et de l'ordonnance, avec *assignation* par le même exploit. Ce court délai a pour but d'éviter que la partie ainsi prévenue des questions qui lui seront posées, ait le temps de combiner ses réponses.

L'interrogatoire se fait en présence du juge et du greffier, mais ni la partie qui l'a requis, ni son avoué n'y assistent. La partie interpellée est tenue de répondre en personne, sans pouvoir lire aucun projet de réponse par écrit, sur les faits indiqués dans la requête, et même sur ceux sur lesquels le juge l'interroge d'office (b). Les réponses doivent être précises et pertinentes sur chaque fait et sans aucun terme calomnieux ou injurieux.

L'interrogatoire achevé est lu à la partie avec interpellation de déclarer si elle a dit vérité et persiste : si elle ajoute quelque chose, l'addition est rédigée en marge ou à la suite de l'interrogatoire ; le tout est signé par la partie, le juge et le greffier.

Pour faire usage de l'interrogatoire, c.-à-d. pour le discuter à l'audience, la partie qui l'a requis doit signifier à celle qui a été interpellée le procès-verbal. Aucune écriture, de part ni d'autre, n'est permise sur ce procès-verbal.

Effets. — Les déclarations insérées dans le procès-verbal constituent de véritables *aveux*.

Si la partie assignée ne *comparaît pas*, ou si comparaissant, elle *refuse de répondre*, il est dressé procès-verbal de son absence ou de son refus ; alors les faits articulés contre elle peuvent être tenus *pour avérés*: les juges ont, dans ce cas, le pouvoir d'apprécier les circonstances (c).

(a) En cas d'éloignement de la partie, on commet un juge du tribunal dans le ressort duquel elle se trouve, pour procéder à l'interrogatoire.

(b) En pratique, pour éviter que la partie prépare ses réponses, on n'indique pas, dans l'assignation, les questions les plus importantes, mais on les transmet au juge, afin qu'il les pose d'office.

(c) Toutefois, la partie qui a fait défaut au jour fixe peut, pour en éviter les conséquences, se faire interroger tant que le jugement n'est pas rendu.

Si, au jour fixe, la partie justifie d'un *empêchement temporaire*, le juge indique un autre jour, sans nouvelle assignation. Si l'*empêchement est permanent* ou de longue durée, le juge se transporte chez la partie.

L'interrogatoire est-il préférable à la comparution ?

De ces 2 moyens, la comparution étant le plus simple et le plus prompt, est préférable, car le tribunal interrogeant lui-même, apprécie mieux les aveux et les réticences. Les adversaires, étant en présence, peuvent réciproquement relever les mensonges et les combattre. Enfin, les questions n'étant pas connues à l'avance, les réponses ne seront pas combinées. Aussi ce moyen est-il employé le plus souvent. Toutefois, l'interrogatoire offre aussi ses avantages : par ex., lorsque la partie est malade ou éloignée (a).

Titre XVI. Des incidents.

Dans son sens restreint, le mot INCIDENT désigne une demande nouvelle, faite par l'une des parties ou par un tiers, dans le cours d'une instance, et se rattachant à la demande primitive.

Ces demandes prennent différents noms, suivant les personnes qui les forment. Aussi, on appelle :

Demande *additionnelle*, celle formée par le demandeur originaire.

Demande *reconventionnelle*, celle formée par le défendeur.

Demande en *intervention*, celle formée par un tiers.

Toutes ces demandes s'appellent **incidentes** ; toutefois, cette qualification s'applique plus spécialement aux deux premières, par opposition à la demande en intervention.

Dans son sens plus large, le mot INCIDENT désigne tout fait qui entrave ou complique la marche ordinaire d'une procédure (b).

(a) *Différences*

Entre la COMPARUTION PERSONNELLE	et l'INTERROGATOIRE.
Elle a lieu en la salle d'audience..	Il se fait au greffe ou en chambre du conseil.
Publiquement.	Sans publicité.
Devant le tribunal tout entier.	Devant un juge et le greffier.
Les 2 parties sont interrogées tour à tour.	Une seule est interrogée.
En présence l'une de l'autre.	L'adversaire n'assiste pas.
Les faits ne sont pas indiqués à l'avance.	Ils sont signifiés 24 heures à l'avance.
Les réponses sont simplement mentionnées dans le jugement.	Elles sont constatées sur un procès-verbal et lues à l'audience.

Enfin, si l'un et l'autre modes peuvent être réclamés par les parties, la comparution seule, suivant quelques personnes, peut être ordonnée d'office.

(b) La marche ordinaire d'une procédure comprend : l'ajournement, — la constitution d'avoué, — les défenses, — les réponses, — la mise au rôle, — l'avenir, — les conclusions prises à l'audience, — la communication au ministère public, s'il y a lieu —, les plaidoiries, — le délibéré, — le jugement.

Les incidents ont trait, soit aux formes de la demande (exceptions), soit aux preuves (enquêtes), soit au choix du tribunal ou à sa composition (renvois), soit à l'interruption ou à l'extinction de l'instance (péremption). Tout ce qui est compris entre le titre IX et le titre XIV (a. 166-403) contient des incidents (a).

§ I. Demandes incidentes.

Il n'est pas permis d'introduire toute sorte de demandes nouvelles dans le cours d'un procès, autrement, il serait facile d'éluder la tentative de conciliation et les règles sur la compétence.

Demandes additionnelles. — Le demandeur peut former incidemment des demandes nouvelles, pourvu qu'elles soient, pour ainsi dire, le développement de la cause principale; comme si, dans une instance en revendication d'immeuble, on réclame postérieurement les fruits perçus, ou si, dans un procès en remboursement d'un capital, on demande incidemment les intérêts qu'on a omis de réclamer primitivement.

Demandes reconventionnelles. — Quant au défendeur, il peut opposer d'abord des demandes incidentes ayant une connexité d'origine avec l'action principale, par ex., un locataire actionné en paiement de loyers peut opposer une demande en indemnité pour les grosses réparations qu'il a faites pour le compte du propriétaire. Il peut opposer aussi des demandes en compensation, bien qu'elles n'aient aucune communauté d'origine avec la demande principale, car la compensation, emportant extinction de la dette principale, est moins une demande reconventionnelle qu'un moyen de défense analogue au paiement et autres modes d'extinction des obligations.

Ainsi, un débiteur actionné en remboursement d'argent prêté peut opposer une demande en paiement d'objets par lui vendus à son créancier, si le prix est liquide et exigible. Ici, les 2 demandes n'ont pas la même cause, mais la 2me est une défense à la 1re.

(a) Ainsi, les exceptions, la vérification d'écritures, le faux incident civil, l'enquête, l'expertise, la descente sur les lieux, l'interrogatoire sur faits et articles, les demandes incidentes elles-mêmes, les reprises d'instance, le désaveu, le règlement de juges, les renvois, la récusation, la péremption et le désistement sont des incidents.

Les demandes INCIDENTES sont *formées,* non par ajournement, mais *par simple acte* d'avoué à avoué *(a).* Cet acte doit contenir les moyens et les conclusions, avec offre de communiquer les pièces justificatives.

Dans un but d'économie, la loi prescrit de former toutes les demandes incidentes *en même temps* et par un même acte. Les demandes faites successivement ne seraient cependant pas repoussées, mais les frais occasionnés n'entreraient pas en taxe.

Le défendeur à l'action incidente donne sa réponse par un simple acte ; quant au délai, la loi ne l'a pas déterminé, c'est au tribunal à le fixer d'après les circonstances.

Les demandes incidentes sont *jugées par préalable,* s'il y a lieu, c.-à-d. avant la demande principale. Le tribunal peut donc, à son gré, statuer de suite sur l'incident, ou le joindre au principal pour vider le tout par une décision unique. Ainsi, lorsqu'il s'agira d'une restitution de fruits demandée incidemment à une revendication d'immeubles, il sera préférable de statuer sur le tout en même temps ; de même, si à la demande en délivrance d'objet formée par l'acheteur, le vendeur oppose une demande en paiement du prix. Mais, si à la réclamation d'une somme prêtée on répond par une compensation, à titre de vente par ex., le tribunal pourra examiner tout d'abord l'incident.

§ II. **Intervention.**

L'INTERVENTION est l'action par laquelle un tiers, prétendant avoir des intérêts dans la cause pendante entre 2 parties, demande à être admis dans l'instance pour faire valoir ses droits.

Un autre moyen au profit des tiers est la *tierce opposition.* C'est l'action par laquelle une personne demande qu'un jugement rendu à l'issue d'un procès, dans lequel elle n'a pas figuré, soit réformé en tant qu'il préjudicie à ses droits.

Le 1er moyen a lieu *pendant,* le 2me, *après* l'instance.

Toute personne qui pourrait attaquer le jugement rendu à la suite de l'instance, comme préjudiciable à ses droits, peut intervenir dans cette instance pour faire respecter ses intérêts.

(a) En pratique, les demandes incidentes sont formées, le plus souvent, par conclusions prises à l'audience.

En 1re instance, le droit d'intervenir appartient à toute personne qui justifie d'un intérêt quelconque, alors même qu'elle ne serait pas susceptible d'exercer plus tard la tierce opposition. Mais en appel, l'intervention n'est permise qu'aux personnes qui pourraient attaquer le jugement par la tierce opposition. Ainsi, les créanciers peuvent intervenir dans tous les procès où figure leur débiteur, tandis qu'ils n'ont pas droit de former tierce opposition contre un jugement rendu sans fraude (a).

L'intervention exige toujours l'intérêt du tiers intervenant; quelquefois elle a lieu dans son intérêt exclusif, par ex., lorsque 2 personnes se disputent la propriété d'un fonds dont il se prétend propriétaire; quelquefois aussi elle a lieu dans l'intérêt de l'une des parties en cause. Le tiers intervient en faveur du demandeur lorsque lui ayant vendu un fonds avec un droit de passage, celui-ci actionne le voisin qui refuse de le laisser passer. Il intervient en faveur du défendeur lorsque lui ayant vendu une maison, celui-ci est actionné en revendication. Dans ces 2 cas, l'intervenant va au-devant du recours en garantie.

L'intervention se forme par une requête contenant les noms de l'intervenant, — constitution d'avoué, — les moyens et les conclusions, — et copie des pièces justificatives.

Cette requête n'est pas présentée aux juges, puisqu'ils n'ont à statuer sur l'admissibilité de l'intervention qu'autant qu'elle est contestée. Les parties en cause peuvent répondre par une requête (72, T.).

L'intervention peut être formée *en tout état de cause:* seulement, comme elle ne doit pas retarder le jugement de l'affaire principale, si elle a lieu quand *la cause est en état* (b), l'intervenant n'obtient aucun délai, et s'il n'est pas prêt à plaider, l'intervention peut être repoussée. Dans le cas où l'affaire n'est pas en état, des délais peuvent être accordés.

Les demandes en intervention non contestées sont, de droit, jointes au fond: si les parties s'y opposent, le tribunal est libre de statuer au préalable sur l'admissibilité de l'intervention ou de joindre cette question avec la décision sur le fond.

(a) Toutefois, les créanciers ne peuvent, malgré leur intérêt, intervenir dans les procès sur les droits attachés à la personne: ainsi, dans les séparations de biens, l'intervention n'est pas permise aux créanciers de la femme; dans les séparations de corps, elle est défendue aux créanciers des 2 époux.

(b) Voyez le titre suivant, art. 312 et 313.

Intervention forcée. — Outre l'intervention *volontaire* de la part d'un tiers, la seule dont s'occupe le Code, l'ancienne jurisprudence admettait une *intervention forcée,* que la pratique a maintenue malgré le silence de la loi.

Pour éviter la multiplicité des procès et surtout la contrariété de décisions, il est utile qu'un seul jugement soit rendu sur des intérêts identiques : c'est pour cela qu'il est permis à l'une des parties qui ont (ou qui ont eu) un procès, d'appeler un tiers ayant des intérêts identiques, afin de faire déclarer commun le jugement à venir (ou même un jugement déjà rendu). C'est ce que l'on appelle une *demande en déclaration de jugement commun.*

Quand cette demande est formée pendant que les parties sont encore en instance, c'est l'**intervention forcée.**

Ainsi, j'ai revendiqué un immeuble contre quelqu'un : pendant l'instance, j'apprends que le défendeur est propriétaire par indivis, j'appelle alors son copropriétaire en déclaration de jugement commun, c.-à-d. je le force à intervenir au procès.

Cette sorte d'intervention diffère de la 1re en ce qu'elle se forme par exploit d'ajournement, et non par requête, et en ce qu'elle peut retarder le jugement de l'affaire principale, si elle est en état, car on ne peut reprocher à l'intervenant d'arriver trop tard, puisqu'au lieu de se présenter de son propre gré, il est appelé par les parties malgré lui.

Titre XVII. Des Reprises d'instances et constitution de nouvel avoué.

Si, pendant une instance, il survient certains événements, si, par ex., une partie meurt, ou si étant mineure, elle devient majeure, ou bien encore, si l'un des avoués meurt ou cesse ses fonctions, l'instance suit-elle son cours, ou est-elle interrompue ? Cela dépend de l'importance de l'évenement et du point où en est arrivé l'instruction de l'affaire, c.-à-d. si la cause *est* ou *non* en état.

Avant de savoir quels événements interrompent l'instance, il faut examiner quand *la cause est en état,* c.-à-d. suffisamment avancée pour ne plus pouvoir être interrompue.

On distingue si l'affaire est instruite oralement ou par écrit.

Une affaire *instruite oralement* (c.-à-d. à l'audience) est **en état** — *lorsque la plaidoirie est commencée :* or, la plaidoirie est réputée commencée quand les conclusions ont été prises contradictoirement à l'audience.

Une affaire *instruite par écrit* est **en état** — *quand l'instruction est complète,* ou quand les délais pour produire les pièces sont expirés.

Lorsque une affaire est EN ÉTAT, aucun événement, tant du côté des parties que de celui des avoués, ne peut interrompre l'instance.

Quand l'affaire n'est *pas* encore EN ÉTAT, certains événements peuvent interrompre l'instance; ce sont : le *décès* de l'une des parties, et la *cessation de fonctions* de l'un des avoués (par décès, démission, interdiction, destitution).

En cas de mort de l'une des parties, l'interruption a lieu, non du jour de la mort, mais du jour où cet événement a été notifié à l'avoué de l'autre partie. Jusqu'à cette notification, la procédure faite par la partie survivante est maintenue, car cette partie a pu ignorer la mort de son adversaire. Au contraire, en cas de cessation des fonctions de l'avoué, l'interruption a lieu de plein droit à la date de l'événement; les avoués étant en relations quotidiennes, chacun d'eux connait de suite la cessation des fonctions de son collègue.

Quant au *changement d'état* des parties ou à la *cessation des fonctions* dans lesquelles elles procédaient, ces événements n'empêchent pas la continuation de la procédure. Autrefois, au contraire, lorsqu'une fille se mariait, ou qu'une femme devenait veuve, ou un mineur majeur, ou bien encore lorsqu'un tuteur était remplacé par un autre, il y avait interruption de l'instance.

Toutefois, il y a une exception : le changement d'état du demandeur, survenu avant que le défendeur ait constitué avoué, a encore aujourd'hui une certaine influence sur la procédure. Dans ce cas, en effet, l'instance étant à peine engagée, le défendeur peut craindre que ce changement d'état ne modifie les intentions de son adversaire. Aussi, la loi exige-t-elle que le demandeur renouvelle son assignation, afin d'affirmer qu'il persévère dans son action.

Bien que le Code ne le dise pas, il doit en être de même en cas de cessation de fonctions des parties.

L'instance interrompue par un événement survenu à l'une des parties, est continuée par une *assignation en* **REPRISE D'INS-TANCE.**

Lorsque l'interruption provient du côté de l'avoué, la continuation de l'instance a lieu par une **CONSTITUTION DE NOUVEL AVOUÉ.**

La reprise d'instance (ou constitution de nouvel avoué) peut être faite, tant par les héritiers de la partie décédée, ou la partie dont l'avoué a cessé ses fonctions, que par l'adversaire, c.-à-d. celui qui est étranger à l'interruption. Au 1ᵉʳ cas, on fait un acte d'avoué à avoué; au 2ᵐᵉ cas, on fait une assignation (*a*).

Titre XVIII. Du Désaveu.

Le **DÉSAVEU** est le démenti donné par une personne à un officier ministériel qui a fait un acte excédant son mandat.

Le mandataire ordinaire qui prétend avoir reçu un mandat n'étant qu'une personne privée, doit fournir la preuve de son mandat, car c'est à celui qui affirme un fait à établir ce fait (*b*). L'officier ministériel, au contraire, ayant un caractère public, est cru sur son affirmation; dès-lors, s'il prétend avoir reçu de son client mandat de faire un acte de procédure, il n'a aucune preuve à faire; c'est à son client à prouver qu'il n'y a pas eu mandat, ou que le pouvoir donné a été dépassé.

On appelle *action en désaveu* l'action particulière qui a pour but d'établir cette preuve.

PERSONNES SOUMISES AU DÉSAVEU. — Il semble, d'après les art 351 et 355, que le désaveu n'est exigé qu'à l'égard des *avoués,* mais il est universellement admis que les *huissiers* jouissent de la même prérogative.

(*a* Si la partie assignée conteste la reprise, sous prétexte, par ex., qu'elle n'est pas l'héritière de celui qui était en cause, ou que la procédure est éteinte (péremption), l'incident est jugé sommairement.

Si elle fait défaut sur cette assignation, le tribunal déclare l'instance reprise sur les derniers errements, et commet un huissier pour signifier le jugement. Une opposition peut être faite à ce jugement; elle est portée à l'audience, même dans les affaires instruites par écrit.

(*b*) On distingue 2 espèces de mandat : le mandat *ad negotium,* donné à une personne ordinaire pour une affaire quelconque, et le mandat *ad litem,* donné à un officier ministériel pour un acte de procédure.

Quant aux *avocats*, à l'exception de ceux attachés à la cour de cassation, lesquels remplissent le rôle d'avoués, leurs actes n'obligent pas au désaveu. Si le client nie le mandat, c'est à l'avocat à prouver son pouvoir.

Quelques personnes prétendent que le désaveu est nécessaire à l'égard des *agréés*, mais la plupart sont d'avis contraire, par cette raison, que les agréés n'ont aucun caractère public.

A l'égard des *greffiers* ou des *notaires*, il faudrait prendre la voie de l'*inscription de faux*.

ACTES A DÉSAVOUER. — L'art. 352 paraît n'admettre le désaveu que pour 3 actes : **offres**, ou **aveux** faits, ou **consentements** donnés sans mandat. Suivant les uns, cet article est limitatif; mais en général, on reconnaît qu'il n'est qu'énonciatif, et l'on admet le désaveu contre l'avoué qui, par erreur ou collusion, se serait *constitué* sans ordre (*a*).

On divise les actes des avoués en 3 classes :

1º Ceux qui sont une conséquence directe et naturelle du mandat d'agir en justice donné par le client, par ex., signifier des défenses ou des réponses, rédiger des qualités, y faire opposition. Le désaveu n'est pas admis pour ces actes, car l'avoué, du moment où il est constitué, est censé avoir reçu l'ordre de les faire.

2º Ceux pour lesquels un pouvoir spécial est requis *à peine de désaveu*. Tels sont les offres, aveux et consentements. La loi valide provisoirement ces actes, car l'avoué est présumé avoir reçu mandat de les faire, mais elle permet à la partie de les désavouer en prouvant qu'aucun pouvoir, à cet égard, n'a été donné par elle.

3º Ceux pour lesquels un pouvoir spécial est requis *à peine de nullité*. Ce sont les actes qui doivent être *signés* par la partie ou son fondé de pouvoir. Tels sont le désaveu (354), l'inscription de faux (216 et 218), la récusation des experts ou des juges (309 et 384), le désistement (402), la prise à partie (511). Ces actes, sans la signature du client, étant nuls *ab initio*, le désaveu est, par conséquent, inutile (*b*).

(*a*) Il peut arriver, en effet, qu'une personne confie à un avoué ses titres, dans le but de lui demander conseil, et que celui-ci intente l'action : il est vrai qu'autrefois, le désaveu n'était pas admis dans cette hypothèse, mais le silence du Code ne suffit pas pour le rejeter.

(*b*) De même, pour les huissiers, il est certains actes pour lesquels ils doivent présenter un mandat spécial et qu'il n'est pas besoin de désavouer. Tels sont les saisies immobilières et l'emprisonnement (556).

Espèces de désaveu. — Le désaveu est principal ou incident.

Principal, — s'il est fait en dehors de toute instance.

Incident, — s'il est fait dans le cours d'une instance encore pendante, soit devant le tribunal où l'acte a été fait, soit devant un tribunal supérieur saisi de l'affaire en appel.

Ainsi, j'apprends, avant que le jugement soit rendu en 1re instance, que mon avoué a accepté des offres, immédiatement je forme un désaveu. De même, après avoir été condamné en 1er ressort, je m'aperçois, en appel, qu'un aveu a été fait en 1re instance : si je veux repousser cette déclaration, le désaveu sera incident; dans ce cas, j'obtiens un sursis et je forme mon désaveu devant le tribunal de 1re instance, car ce tribunal est le plus à même de juger les faits.

Tribunal compétent. — Le désaveu incident est toujours porté au tribunal devant lequel l'acte s'est passé.

Le désaveu principal est porté devant le tribunal du défendeur (*a*).

Procédure. — Le désaveu portant atteinte à l'honneur d'un officier ministériel donne lieu à une procédure particulière et solennelle.

Principal ou incident, le désaveu est formé par acte au greffe, signé du désavouant ou de son fondé de pouvoir spécial et authentique, afin que cette demande ne puisse pas être ensuite désavouée. L'acte doit contenir les moyens, conclusions et constitution d'avoué.

S'il est principal, on lève une expédition de l'acte dressé au greffe et on le signifie par exploit : — à l'avoué attaqué, car il est partie principale, — aux avoués en cause, car, si le désaveu est admis, ils ne pourront tirer aucune conséquence de l'acte repoussé. — S'il est incident, la notification se fait par acte d'avoué à avoué, elle vaut sommation de défendre au désaveu (*b*).

(*a*) Toutefois, on n'applique pas cet article à la lettre : on distingue si le désaveu principal est formé à l'occasion d'un acte qui s'est passé devant le tribunal, ou à l'occasion d'un acte extrajudiciaire. Au 1er cas, bien que le désaveu soit principal, parce que le jugement rendu, étant en 1er ressort ou passé en force de chose jugée, n'a pu être formé qu'en dehors d'une instance, on admet généralement qu'il doit être porté au tribunal devant lequel s'est passé l'acte.

(*b*) Mais si l'avoué attaqué est mort ou a cessé ses fonctions, la signification est faite, non plus par acte d'avoué à avoué, mais par exploit d'huissier au domicile de cet avoué ou de ses héritiers, avec assignation à comparaître devant le tribunal où l'instance est pendante (355).

Le désaveu, intéressant l'ordre public et la discipline, est dispensé du préliminaire de conciliation ; mais il est soumis à la communication au ministère public (49, 83 et 359).

Effets. — Si le désaveu est incident, l'instance dans le cours de laquelle il intervient est suspendue jusqu'au jugement du désaveu, à peine de nullité ; mais pour qu'on ne fasse pas traîner en longueur le jugement de l'affaire principale, le tribunal peut fixer un délai dans lequel le désaveu devra être jugé.

Si le désaveu est admis et qu'il ait porté sur un acte dans une instance encore pendante, l'acte est considéré comme non avenu, ainsi que la procédure qui l'a suivie ; l'instance reprend alors son cours. Si l'instance était terminée, le jugement, ou les dispositions du jugement relatives au chef qui a donné lieu au désaveu, sont annulés. L'officier ministériel est condamné, tant envers le demandeur qu'envers les autres parties, à des dommages-intérêts, et même puni d'interdiction ou poursuivi criminellement, suivant la gravité des cas et la nature des circonstances.

Si le désaveu est rejeté, le réclamant est condamné, tant vis-à-vis de l'avoué attaqué que vis-à-vis des autres parties, à des dommages-intérêts, et même à une réparation d'honneur (226, c. r.). On fait mention du rejet en marge de l'acte de désaveu. Le jugement pourrait, en outre, être publié (1036).

Titre XIX. Du Réglement de juges.

On appelle RÉGLEMENT DE JUGES la décision par laquelle un tribunal supérieur désigne celui de plusieurs tribunaux judiciaires qui est compétent dans une affaire.

Il arrive quelquefois que 2 tribunaux se déclarent compétents dans la même affaire. Dans une action mixte, en effet (ou dans une action personnelle où il y a 2 défendeurs), l'action peut être portée devant 2 tribunaux différents. En sens inverse, 2 tribunaux peuvent se déclarer tous les 2 incompétents.

Toute lutte de compétence entre plusieurs tribunaux est un **Conflit**.

Entre un tribunal de l'ordre administratif et un tribunal de l'ordre judiciaire, le conflit est dit d'*attributions*. (Ex. : entre un conseil de préfecture et un tribunal civil).

Le conflit d'attributions est jugé par le Conseil d'État.

Au contraire, entre 2 tribunaux du même ordre, le conflit est dit de *juridictions* ou *réglement de juges*. Le conflit de juridictions entre plusieurs tribunaux administratifs est également porté au Conseil d'État.

Le conflit entre tribunaux judiciaires, par ex., entre 2 justices de paix, — 2 tribunaux d'arrondissement ou de commerce, — entre un tribunal de commerce et un tribunal d'arrondissement, — entre 2 cours, — est le seul dont s'occupe le Code de procédure (*a*).

Au lieu de recourir de suite à un réglement de juges, on peut quelquefois proposer l'exception de litispendance ou de connexité, ou bien, faire appel sur la compétence, mais cette voie entraîne des lenteurs et des frais, aussi, suffit-il que la demande soit portée devant plusieurs tribunaux, c.-à-d. qu'il y ait ajournement, pour que l'on demande le réglement.

Pour qu'il y ait lieu à réglement de juges, il faut que la procédure soit encore pendante, car s'il a été statué sur le fond, il y a chose jugée, et l'on ne peut plus demander une désignation de juges, mais seulement attaquer le jugement par les voies de droit.

Il n'est pas nécessaire que les demandes soient identiques, comme en vertu de l'art. 1351, il suffit qu'elles soient connexes.

Tribunal compétent. — Si les tribunaux se trouvent dans un même ressort, le réglement est porté au tribunal qui leur est immédiatement supérieur; dans le cas contraire, le réglement de juges est porté à la cour de cassation.

Ainsi, pour 2 justices de paix du même arrondissement, on ira au tribunal d'arrondissement; si elles sont d'arrondissements différents, mais dans le ressort de la même cour, on va à cette cour; si elles relèvent de cours différentes, on va à la cour de cassation. De même, pour 2 tribunaux de la même cour impériale, on va à cette cour; autrement, c'est à la cour de cassation.

(*a*) Le conflit est *positif* ou *négatif*, suivant que les tribunaux se déclarent tous compétents ou incompétents.

On s'est demandé si le conflit négatif donnait lieu à un réglement de juges, parce que l'art. 363 parle de différend porté devant plusieurs tribunaux, tandis que dans le conflit négatif, aucun tribunal n'est saisi. En pratique, on l'admet, mais seulement quand les autres moyens ne sont pas possibles, c.-à-d. lorsque les délais d'appel ou de cassation sont expirés.

Procédure. — Il faut, tout d'abord, obtenir du tribunal compétent la permission de citer l'adversaire en règlement de juges ; à cet effet, on adresse une requête au président, sans signification à l'adversaire ; le tribunal, après les conclusions du ministère public, accorde ou refuse (bien que l'art. 364 semble rejeter ce dernier parti). En cas d'admission, il peut ordonner qu'il soit sursis à toute procédure devant les tribunaux saisis de l'affaire.

Dans la quinzaine, le demandeur signifie le jugement et assigne la partie au domicile de son avoué. Le défendeur a, comme pour les ajournements, *8 jours* pour comparaître.

Un second jugement désigne le tribunal compétent, d'après les règles sur la litispendance et la connexité.

En cas de rejet, le demandeur peut être condamné à des dommages-intérêts, par ex., pour le retard apporté au procès, et de plus, aux frais.

Titre XX. Du Renvoi à un autre tribunal pour parenté ou alliance.

Lorsqu'il se trouve, dans un tribunal, un juge parent d'une partie, l'adversaire peut demander que ce juge ne siège pas ; si plusieurs juges sont parents d'une partie, il est à craindre que leur influence ne s'exerce sur leurs collègues, et l'on peut demander que le tribunal tout entier ne connaisse pas de l'affaire.

Dans le 1ᵉʳ cas, il y a demande en *récusation*, dans le second, demande en RENVOI.

On distingue si la partie est elle-même juge ou non dans le tribunal saisi de l'affaire : si elle est juge, il suffit qu'elle ait un parent ou allié (*a*) parmi les autres juges (*b*) d'arrondissement, et 2 parmi les conseillers d'une cour, pour que l'adversaire puisse demander le renvoi ; — si elle n'est pas juge, il faut qu'elle ait 2 parents parmi les juges d'un tribunal, ou 3 parmi les conseillers d'une cour.

(*a*) Les parents ou alliés doivent être au moins au degré de cousin issu de germain.

(*b*) Par juge, on n'entend, généralement, ni les suppléants, ni les greffiers, ni les membres du ministère public ; mais il importe peu que les juges soient de chambres ou de sections différentes.

Le renvoi ne peut être demandé que par l'adversaire de la partie qui a des parents ; on refuse ce droit à la partie parente, car celle-ci ne peut guère s'appuyer que sur la haine ; or, il est plus difficile de communiquer la haine que l'affection. Mais la partie parente peut invoquer la *récusation*.

Quant au tiers intervenant volontairement, il y a controverse : on admet généralement qu'il peut demander le renvoi, la loi ne distinguant pas.

Le renvoi peut être demandé tant que l'affaire n'est pas *en état*, et même plus tard, si les causes de renvoi survenaient après les conclusions prises, par ex., si un ou plusieurs juges parents de la partie étaient nommés dans le cours de l'instance (*a*).

Tribunal compétent. — Le renvoi est toujours jugé par le tribunal saisi, mais les juges parents ne siégent pas.

Procédure. — Il n'y a pas lieu au préliminaire de conciliation. La demande doit être faite avant que la cause soit *en état*, elle se forme par acte, au greffe, signé de la partie ou de son fondé de pouvoir. L'assistance de l'avoué est toujours nécessaire.

Le tribunal rend un 1er jugement ordonnant communication aux juges parents ainsi qu'au ministère public, et désignant un juge pour faire le rapport.

Signification est faite, aux autres parties en cause, de l'acte dressé au greffe et du jugement préparatoire.

Un 2me jugement, qui est alors définitif, est rendu contradictoirement avec l'adversaire : si les causes de renvoi sont avouées, ou si, étant contestées, elles sont justifiées, le tribunal renvoie à l'un des autres tribunaux du ressort de la même cour. Et, si c'est une cour qui statue, elle renvoie devant l'une des 3 cours voisines (*b*).

Si le renvoi est rejeté, le demandeur, outre les frais, est condamné à une amende de 50 francs au moins, et même, s'il y a lieu, à des dommages-intérêts.

L'appel est toujours admis, quel que soit le montant du litige ; il est interruptif ; le délai est de *5 jours* seulement.

(*a*) Le renvoi diffère du déclinatoire pour incompétence *ratione personæ*, qui doit être présenté avant toute exception et défense (109).

(*b*) Dans les déclinatoires sur incompétence, litispendance, ou connexité, appelés aussi *renvois*, le tribunal se dessaisit dans désigner un autre tribunal.

On admet encore le renvoi pour cause de **SURETÉ PUBLIQUE** ou pour cause de **SUSPICION LÉGITIME**, comme en matière criminelle (542), bien que la loi n'en parle pas. En effet, les mêmes motifs se retrouvent, et les lois antérieures au Code de procédure ne distinguaient pas. Mais ici, le renvoi appartient à la cour de cassation.

Enfin, il peut arriver qu'il y ait *insuffisance* de membres dans le tribunal saisi, soit par suite de maladie, soit par récusation; le renvoi, dans ce cas, est demandé au tribunal supérieur.

Titre XXI. De la Récusation.

La **RÉCUSATION** est le droit accordé à une partie de demander que l'un ou plusieurs juges d'un tribunal ne connaisse pas de l'affaire, pour une des causes déterminées par la loi.

Ici, on ne suspecte que l'impartialité d'un juge que l'on fait écarter, mais le tribunal reste saisi; dans le renvoi, au contraire, on suspecte le tribunal tout entier, on demande à aller devant un autre tribunal.

CAUSES DE RÉCUSATION. — Elles se rattachent à l'affection, à la haine, à l'intérêt, à l'amour-propre.

Tout juge peut être récusé :

1° S'il est *parent* ou *allié des parties*, ou de l'une d'elles, jusqu'au degré de cousin issu de germain. — Ainsi, la récusation est possible, quand même le juge serait à la fois le parent des 2 parties (*a*). Mais elle n'est pas admise s'il n'est que le parent du tuteur ou curateur de l'une des parties (379).

2° Si la *femme du juge est parente* ou *alliée* de l'une des parties, ou si le *juge est parent* ou *allié de la femme* de l'une des parties, au degré ci-dessus, lorsque la femme est vivante, ou qu'étant décédée, il en existe des enfants : si elle est décédée et qu'il n'y ait pas d'enfants, le beau-père, le gendre, les beaux-frères ne peuvent être juges. — Il s'agit ici d'alliance; il y a récusation, non-seulement lorsque le juge est parent de la femme de l'autre partie, c.-à-d. allié de l'autre partie, mais encore lors-

---

(*a*) A la différence du renvoi, la récusation, dans ce cas, peut être demandée, même par la partie parente du juge.

qu'il n'est que l'allié de cette femme, c.-à-dire alors qu'il n'y a pas même alliance entre le juge et la partie.

3° Si le juge, sa femme, leurs ascendants et descendants ou alliés, dans la même ligne, ont un *différend actuellement engagé sur pareille question* que celle dont il s'agit entre les parties. — Il est à craindre que le juge ne veuille créer un précédent de jurisprudence, ou que son intérêt ne lui fasse voir la question sous un jour faux.

4° Si le juge, sa femme, leurs ascendants et descendants ou alliés, dans la même ligne, ont un *procès dans un tribunal où l'une des parties est juge.* — On craint un service réciproque.

S'ils sont *créanciers* ou *débiteurs* de l'une des parties. — Le juge créancier, en donnant gain de cause à son débiteur, augmente son patrimoine et assure sa créance. — Le juge débiteur peut ménager son créancier dans le but d'obtenir des délais ou des facilités.

5° Si, dans les 5 ans qui ont précédé la récusation, il y a eu *procès criminel* entre eux (le juge, sa femme, etc.) et l'une des parties ou son conjoint, ou ses parents ou alliés en ligne directe. — Le ressentiment peut n'être pas apaisé. — Le procès criminel, suivant les uns, s'entend tant des crimes et délits que des contraventions, c.-à-d. de tout procès pénal; suivant les autres, des crimes et délits seulement; et suivant d'autres, des crimes exclusivement. Bien que les procès criminels aient lieu entre le ministère public et les coupables, il se peut que le juge ou l'un de ses parents ci-dessus désignés se soient portés partie civile.

6° S'il y a *procès civil* entre le juge, sa femme, leurs ascendants et descendants ou alliés, dans la même ligne, et l'une des parties, et que ce procès, s'il a été intenté par la partie, l'ait été avant l'instance dans laquelle la récusation a été proposée; si ce procès, étant terminé, il ne l'a été que dans les 6 mois précédant la récusation. — Moins grave que le procès criminel, le procès civil n'a d'effet que vis-à-vis la partie elle-même, et non à l'égard de ses parents, et cela, pendant 6 mois seulement. Il faut 'qu'il ait été commencé, autrement, la partie se créerait une cause de récusation, en actionnant le juge après l'instance.

7° Si le juge est *tuteur, subrogé-tuteur* ou *curateur* de l'une des parties. — Son affection. et le désir de conserver le patrimoine confié à ses soins, mettent en doute son impartialité. Mais il n'y a pas récusation s'il est seulement parent du tuteur ou curateur.

— S'il est *héritier présomptif* de l'une des parties. — Il a un intérêt éventuel à grossir un patrimoine qui doit lui revenir, et il peut craindre d'être déshérité.

— Ou *donataire*. — Si la donation est de biens à venir, les mêmes motifs que ci-dessus existent. Si elle est de biens présents, il peut craindre qu'un amoindrissement de la fortune du donateur n'entraîne la réduction de la donation, et dans tous les cas, il est lié par la reconnaissance.

— *Maître* ou *commensal* de l'une des parties. — Il est maître vis-à-vis de ses domestiques, secrétaires, commis, etc. — Commensal vis-à-vis des personnes chez lesquelles ou avec lesquelles il mange habituellement, ou avec celles qui mangent chez lui.

— S'il est *administrateur* de quelque établissement, société ou direction (a) partie dans la cause. — Son devoir et son dévouement le mettent en suspicion. Mais il ne suffit pas qu'il soit parent de l'administrateur ou directeur.

8° Si le juge a *donné conseil, plaidé* ou *écrit sur le différend*.
— L'amour-propre peut l'empêcher de renoncer à l'opinion émise. Il faut qu'il se soit occupé spécialement de l'affaire en litige, il ne suffit pas qu'il ait traité la question dans un ouvrage de droit.

— S'il en a *précédemment connu comme juge* ou *comme arbitre*. — Par ex., si après avoir concouru au jugement en 1re instance, il a été nommé conseiller à la cour où est porté l'appel.

— S'il a *sollicité, recommandé* ou *fourni aux frais* du procès. — La sollicitation était la visite qu'on faisait autrefois au juge-rapporteur; elle était permise à certains juges, soit pour eux-mêmes, soit pour leurs parents.

— S'il a *déposé comme témoin*. — Il a, en effet, pris parti dans l'affaire; mais il faut qu'il ait réellement déposé.

— S'il a *bu* ou *mangé* avec l'une ou l'autre des parties dans

---

(a) Le mot *direction* n'est plus usité, il est remplacé par le mot *union*: on appelle ainsi l'administration de la faillite par les syndics, au nom de tous les créanciers.

leur maison. — On craint que la partie ne profite de la réunion pour lui présenter l'affaire sous un jour favorable.

— Ou s'il en a *reçu des présents*. — Dans ce cas, il y a presque un engagement.

9° Enfin, s'il y a *inimitié capitale* entre lui et l'une des parties. — C'est une question de fait laissée à l'appréciation des juges.

— S'il y a eu de sa part *agression, injures* ou *menaces*, verbalement ou par écrit, depuis l'instance ou dans les 6 mois précédant la récusation proposée. — La haine peut n'être pas encore apaisée.

Bien que le Code ne le dise pas, les causes de récusation sont considérées comme limitatives. Cependant on observe, avec raison, que le juge doit être récusé quand c'est lui-même ou sa femme qui est en cause.

Personnes récusables. — Ce sont non-seulement les juges titulaires, mais encore leurs suppléants et les avocats ou avoués appelés à juger, en cas d'insuffisance de juges.

Quant aux membres du ministère public, ils peuvent être récusés lorsqu'ils sont partie jointe, car alors ils sont magistrats, mais non lorsqu'ils sont partie principale, parce qu'ils ne sont plus que les avocats de l'une des parties.

Peu importe qu'il s'agisse d'un jugement ou d'une enquête, ou autre acte d'instruction.

Procédure. — Le juge qui connaît une cause de récusation en sa personne doit spontanément le déclarer au tribunal, qui décide s'il doit s'abstenir.

Si le juge ne prévient pas le tribunal, ou s'il ignore la cause de récusation, la partie doit, comme pour le renvoi, récuser avant que la cause soit en état.

La procédure est à peu près celle du renvoi : acte au greffe, signé de la partie ; — jugement préparatoire ; — en cas d'admission, communication au juge récusé et au ministère public (mais non à la partie, comme dans le renvoi). Ce jugement suspend la procédure ; toutefois, en cas d'urgence, le tribunal peut ordonner qu'elle sera continuée devant un autre juge. — Un second jugement décide si la récusation est ou non fondée.

Si le juge récusé convient des faits qui ont motivé sa récusation, ou si ces faits sont prouvés, il lui est ordonné de s'abstenir (a).

Si la récusation est déclarée non admissible ou non recevable, le récusant est passible d'une amende de 100 fr. au moins, sans préjudice de l'action en dommages-intérêts de la part du juge, qui, dans ce cas, ne peut demeurer juge.

Appel. — Tout jugement sur récusation est susceptible d'appel, quand même l'affaire à l'occasion de laquelle l'incident a lieu devrait être jugée en dernier ressort. Le délai est de *5 jours*. On peut faire appel par acte au greffe sans signification préalable; les pièces sont envoyées dans les 3 jours par le greffier du tribunal à celui de la cour, qui les remet à la cour dans un autre délai de 3 jours; l'arrêt est rendu sans appeler les parties.

Cet appel est suspensif; toutefois, en cas d'urgence, le tribunal peut ordonner la continuation des poursuites, en remplaçant le juge récusé.

Quant à l'*opposition*, on se demande si elle est possible, tant dans la récusation que dans le renvoi, et l'on décide généralement que non, par ce motif que le délai d'appel étant très-court (5 jours), semble exclure celui d'opposition, qui est de 8 jours; d'ailleurs, il n'y a pas de plaidoiries contradictoires (b).

Titre XXII. De la Péremption.

La **PÉREMPTION** est l'extinction d'une instance par la discontinuation des poursuites pendant un certain temps (3 ans). C'est un

---

(a) Quand le récusant n'a pas de commencement de preuves par écrit, le tribunal est libre de repousser la preuve testimoniale.

(b) *Différences*

Entre le RENVOI	et la RÉCUSATION.
Le Renvoi met en suspicion le tribunal entier, et tend à porter l'affaire devant un autre tribunal.	La Récusation suspecte un ou plusieurs juges seulement, et a pour but de les faire écarter, sans dessaisir le tribunal.
Il est fondé sur une seule cause, la parenté.	Elle est fondée sur plusieurs causes, outre la parenté.
Il ne peut être invoqué que par l'adversaire de la partie parente.	Elle peut être proposée même par la partie parente.
La demande et le jugement préparatoire sont communiqués aux juges et au ministère public, et, en outre, signifiés à la partie adverse.	La communication se fait aux juges et au ministère public, mais il n'y a pas de signification à la partie adverse.

moyen établi en faveur du défendeur, et fondé sur une présomption d'abandon des poursuites de la part du demandeur.

On a imaginé la péremption afin d'éviter que les procès se perpétuent indéfiniment : *Ne lites fiant pene immortales*; le demandeur, ayant à craindre de voir la procédure anéantie, hâtera la solution du procès qu'il a intenté.

La péremption, en éteignant la procédure, laisse intact le droit du demandeur, qui peut former une nouvelle action, c.-à-d. recommencer le procès, pourvu qu'il soit encore dans les délais (a).

La péremption ne s'applique qu'aux actes d'*une instance* proprement dite. Ainsi, ne sont pas susceptibles de péremption :

La *citation en conciliation*, car elle précède l'instance.

Le *commandement* à fin de saisie, sauf exception (b).

Les *saisies* mobilières ou immobilières, au moins tant qu'il ne s'est pas produit d'incidents qui aient amené les parties devant les tribunaux.

Le Code admet la péremption, non-seulement devant les tribunaux de 1re instance, mais encore devant les cours d'appel (469). Il ne se prononce pas à l'égard des tribunaux de commerce, et il ne prévoit qu'un seul cas relativement aux justices de paix (15). Toutefois, on est généralement d'avis de l'étendre aux instances pendantes devant ces 2 tribunaux, par ce motif que, devant ces juridictions, la procédure se fait avec le plus de celérité.

Le défendeur, seul, peut demander la péremption ; quant au demandeur, il a un autre moyen d'arrêter la procédure, le *désistement*, dont il est traité au titre suivant.

La péremption court *contre toute personne ;* ainsi, contre l'État, les établissements publics, même les mineurs, sauf leur recours contre les administrateurs et tuteurs.

(a) La péremption éteint *toute instance* lorsqu'il y a eu discontinuation de poursuite pendant 3 ans, encore qu'il n'y ait pas eu constitution d'avoué. Peu importe aussi, aujourd'hui, que l'instance ait trait à des droits prescriptibles ou imprescriptibles. Il en était différemment autrefois dans les provinces où la péremption n'était admise que dans le cas où elle pouvait avoir pour effet l'extinction du droit lui-même, c.-à-d. où elle se trouvait concourir avec le laps de temps fixé pour la prescription. Ainsi, dans l'action en réclamation d'état, qui est imprescriptible, elle n'aurait pas été admise.

(b) Dans la saisie immobilière, le commandement est périmé au bout de 90 jours si la saisie n'est pas pratiquée dans ce délai, mais on peut le réitérer (674).

Délai. — Le laps de temps exigé pour pouvoir opposer la péremption est de *3 années*, à compter du dernier acte de procédure. Mais ce délai est augmenté de *6 mois* lorsque, dans le cours d'une instance, il y a lieu à reprise d'instance ou à constitution de nouvel avoué, c.-à-d. lorsqu'une des parties est morte, ou que l'un des avoués a cessé ses fonctions.

La péremption n'a pas lieu de *plein droit*, c.-à-d. par cela seul que le délai est accompli, il faut que le défendeur l'ait *invoquée* formellement. En effet, outre que le défendeur peut renoncer à cette faculté et préférer continuer l'instance, la péremption est susceptible d'être *couverte*, ce qui a lieu si, avant qu'elle soit demandée, il est intervenu, soit de la part du défendeur (qui renonce ainsi tacitement à ce bénéfice), soit de la part du demandeur, un acte valable (*a*).

Procédure. — La demande de péremption est *formée* par acte d'avoué à avoué, s'il y a avoué en cause, ou par assignation à personne ou à domicile, si le défendeur n'a plus d'avoué, c.-à-d. si celui-ci est décédé, interdit ou suspendu.

Effets. — La péremption éteint, non le droit ou l'action, mais la procédure depuis et y compris l'ajournement, sans qu'on puisse opposer aucun des actes de procédure ; ainsi, les enquêtes et les expertises sont sans valeur (*b*) ; en outre, elle fait condamner le demandeur principal à payer les frais de la procédure périmée (*c*).

Si, en principe, l'action subsiste malgré la péremption et peut être recommencée, il est cependant certains cas où, par exception, elle tombe elle-même avec la procédure :

1° Lorsque la prescription s'est accomplie pendant l'instance périmée. Ainsi, je vous ai poursuivi en paiement d'une somme que vous me devez depuis 28 ans ; après quelques actes de pro-

---

(*a*) C'est-à-dire un acte non entaché de nullité, mais peu importe qu'il soit ou non admis en taxe.

(*b*) Toutefois, on soutient que l'aveu judiciaire et le serment prêté ne tombent pas par la péremption.

(*c*) Il ne faut pas confondre la péremption d'instance avec la péremption des jugements par défaut contre partie. La 1re exige 3 ans. — elle annule toute la procédure. — enfin elle peut être couverte par un acte de poursuite. La 2me, au contraire, n'exige que 6 mois. — elle ne fait tomber que le jugement et laisse subsister l'ajournement avec son effet interruptif. — enfin elle a lieu de plein droit et ne peut être couverte ; toutefois, elle doit être invoquée par le défaillant.

cédure, je suis resté plus de 3 ans dans l'inaction : si vous invoquez la péremption, vous faites tomber mon ajournement et vous détruisez son effet interruptif de prescription. Il en résultera que, si je recommence l'action, vous pourrez m'opposer que la dette ayant plus de 30 ans d'existence, il y a prescription. La péremption, dans ce cas, aura pour effet d'éteindre l'action elle-même.

2° En appel, la péremption entraîne extinction de l'action, car elle a l'effet de donner au jugement attaqué la force de chose jugée (469). (Voyez l'explication au titre de l'*Appel*.)

3° Le Code civil contient encore une espèce particulière où la péremption entraîne l'extinction de l'action : lorsque l'enfant qui a intenté une action en contestation d'état est resté 3 ans sans exercer de poursuites, ses héritiers ne peuvent continuer cette action (330, c. n.) (*a*).

Titre XXIII. Du Désistement.

Le DÉSISTEMENT est l'abandon de la procédure faite dans l'instance engagée ; de telle sorte que, tout en laissant subsister l'action, les choses sont remises dans l'état où elle étaient avant la demande, et l'action peut être formée de nouveau, c.-à-d. recommencée (*b*).

Cette renonciation à la continuation des poursuites est faite par le demandeur ; toutefois, si une demande reconventionnelle a été formée, le défendeur peut se désister de cette demande incidente, mais c'est alors en qualité de demandeur.

(*a*)   *Différences*

Entre la PÉREMPTION   et la PRESCRIPTION.

Elle éteint l'instance, et non l'action, laquelle peut être renouvelée, sauf 3 cas.	Elle éteint l'action elle-même.
Elle n'a pas lieu de *plein droit*. c.-à-d. par cela seul que le délai est expiré : si un acte intervient, elle est couverte.	Elle a lieu de *plein droit*. en ce sens qu'aussitôt le délai accompli, il y a droit acquis, aucun acte ne peut la faire tomber. si ce n'est une renonciation.
Elle s'applique à toutes les instances, que l'action soit ou non prescriptible.	Elle ne s'applique pas à certaines actions, notamment à celles en réclamation d'état, (328, c. n).

Ces 2 fins de non recevoir ont cela de commun qu'elles doivent être proposées par les parties, les juges ne pouvant les invoquer d'office.

(*b*) Au *désistement* proprement dit, ou *désistement d'instance*, qui est la renonciation à la procédure, mais non à l'action, on oppose le *désistement d'action*, qui est la renonciation à l'action elle-même, et qui éteint le droit.

Le désistement ne dépend pas du demandeur seul, il doit être accepté par le défendeur, qui peut le repousser, s'il préfère que l'instance soit continuée et l'affaire jugée. Ainsi, le demandeur, après avoir cité devant un tribunal incompétent *ratione personæ*, et après que cette nullité a été couverte par le silence de son adversaire, s'aperçoit que les juges ne sont pas favorables à sa cause, il peut bien proposer son désistement, afin de porter son action devant un autre tribunal ; de même, dans un procès devant un tribunal compétent, il craint de voir annuler une enquête, parce qu'il ne l'a pas faite dans les délais ; son intérêt est de se désister, afin de recommencer son action devant le même tribunal. Mais, dans ces cas, il est plus avantageux pour le défendeur de refuser le désistement et de poursuivre le jugement (*a*).

Procédure. — Le désistement peut être *fait* et *accepté* par de simples actes *signés des parties* ou de leurs mandataires, et signifiés d'avoués à avoués.

Tel est le moyen indiqué par le Code de procédure, mais il peut aussi être constaté par une déclaration à l'audience, et dont le tribunal donne acte aux parties ; ou bien encore, par un acte authentique, ou sous signature privée.

Effets. — Le désistement remet les choses dans l'état où elles étaient avant la demande, c.-à-d. fait considérer l'action comme n'ayant pas été exercée.

En outre, il met tous les frais de l'instance à la charge du demandeur qui se désiste. La liquidation des frais est faite, non par jugement, mais par une simple ordonnance du président, exécutoire par provision. Elle est mise au bas de la taxe, parties présentes ou appelées.

Titre XXIV. Des Matières sommaires.

La procédure exposée jusqu'ici est dite *ordinaire*, par opposition à la procédure plus simple réglée sous ce titre, et qu'on appelle *sommaire*.

Les affaires prennent le nom de la procédure qui leur est appli-

---

(*a*) Toutefois, on prétend que le défendeur ne peut pas s'opposer au désistement, s'il n'y a pas intérêt et si son seul fait est d'occasionner des frais et des lenteurs ; par ex., quand il prétend que l'ajournement est nul, et que le demandeur propose un désistement, il n'a aucune bonne raison de le refuser.

cable, et se divisent, par conséquent, en *matières ordinaires* et *matières sommaires.*

Les **Matières sommaires** sont celles qui, à raison de la simplicité des questions de droit ou de fait, ou de la modicité de l'intérêt en litige, ou enfin de la célérité qu'exige leur nature, sont soumises à une procédure plus simple, et par conséquent plus rapide et moins coûteuse.

Ainsi, 3 motifs peuvent faire classer une cause parmi les affaires sommaires, mais un seul suffit.

Enumération des matières sommaires. — Ce sont :

Les appels des juges de paix.

Les demandes pures personnelles, à quelque somme qu'elles s'élèvent, quand il y a titre non contesté.

Les demandes formées sans titre , mais n'excédant pas 1,500 fr. de principal, en matière personnelle et mobilière, et 60 fr. de revenu, en matière réelle immobilière.

Les demandes provisoires ou requérant célérité.

Les demandes en paiement de loyers et fermages et arrérages de rentes.

Les *Appels des juges de paix.* — Les matières de la compétence des juges de paix présentent, tantôt réunis, tantôt isolés, les 3 caractères des matières sommaires : simplicité de la cause, modicité de l'intérêt, besoin de célérité.

Les *Demandes pures personnelles, à quelque somme qu'elles s'élèvent, s'il y a* titre non contesté. — Les demandes pures personnelles sont celles qui ne sont, ni réelles, ni mixtes.

Ces dernières, étant généralement plus compliquées, restent dans la classe des matières ordinaires (*a*).

Pour que les demandes personnelles soient sommaires au-dessus de 1,500 fr., il faut qu'elles s'appuient sur un titre, et que ce titre ne soit pas contesté; mais cela ne signifie pas qu'il ne doit pas y avoir aucune contestation entre les parties, car alors il n'y aurait pas lieu à procès. Si le défendeur dénie l'écriture du titre sous seing-privé sur lequel le demandeur s'appuie pour lui réclamer 2,000 fr. par ex., ou s'il s'inscrit en faux contre un acte authentique, la contestation porte sur le titre, l'affaire est ordi-

____

(*a*) Toutefois, les affaires réelles et mixtes sont sommaires lorsque leur montant ne dépasse pas 1,500 fr. de principal ou 60 fr. de revenu, même si elles sont formées sans titre.

naire ; de même, s'il prétend que l'obligation relatée dans ce titre est entachée de dol ou d'erreur. Mais, si reconnaissant la validité et la sincérité du titre, il se prétend libéré, par un paiement, par ex., la contestation, ne portant plus sur le titre, l'affaire est sommaire.

Les *Demandes formées* SANS TITRE, *mais n'excédant pas 1,500 fr. de capital, en matière personnelle et mobilière, ou 60 fr. de revenu, en matière immobilière*. — La loi du 11 avril 1838 a modifié le Code en élevant le chiffre de 1,000 fr. à 1,500 fr., et en déterminant la valeur des objets immobiliers par leur revenu ; ce revenu s'établit, soit par bail, soit par contrat de rente.

Ici, ce n'est plus la simplicité de la cause, mais la modicité de l'intérêt engagé qui fait admettre la procédure sommaire (*a*).

Les *Demandes provisoires* ou *requérant célérité*. — Par ex., s'il s'agit d'opposition ou de levée de scellés, de confection d'inventaire, ou bien d'opposition au mariage.

Les *Demandes en paiement de loyers, fermages et arrérages de rentes*. — Ces demandes pouvaient être comprises dans celles qui requièrent célérité, car c'est surtout à ce titre qu'elles sont dispensées du préliminaire de conciliation.

PROCÉDURE. — Les affaires sommaires suivent les règles de la procédure ordinaire pour tout ce qui n'a pas été modifié. Ainsi, elles sont soumises au *préliminaire de conciliation ;* beaucoup d'entre elles sont dispensées de cette formalité par une disposition expresse de la loi, telles que les demandes d'arrérages ; mais le caractère sommaire d'une demande ne suffit pas par lui-même pour dispenser de la tentative de conciliation.

Les affaires sommaires sont introduites par un *ajournement.*

Le défendeur fait sa *constitution d'avoué* dans la huitaine.

Jusqu'ici, tout se passe comme dans la procédure ordinaire ; mais il n'y a pas d'écritures, c.-à-d. ni *défenses* de la part du défendeur, — ni *réponse* de la part du demandeur, — ni *avenir.*

(*a*) La limite établie pour le dernier ressort est la même que celle adoptée pour les affaires sommaires ; en sorte que l'on peut dire que *toute affaire susceptible d'être jugée en dernier ressort est sommaire ;* mais le réciproque n'est pas vrai : toute affaire sommaire n'est pas jugée en dernier ressort ; ainsi, les affaires pures personnelles sont sommaires, même au delà de 1,500 fr., s'il y a un titre non contesté, et cependant, passé ce chiffre, elles sont susceptibles d'appel.

Ainsi, les délais de quinzaine et de huitaine sont supprimés. Toutefois, en pratique, on tolère des conclusions.

L'affaire est plaidée et le jugement est rendu comme en matière ordinaire.

La procédure sommaire suit des règles particulières, relativement aux demandes incidentes et en intervention, — à l'enquête, — et à la taxe des frais.

Demandes incidentes et en *intervention*. — Elles sont formées par requête d'avoué, qui ne peut contenir que des conclusions motivées, c.-à-d. que cette requête doit se borner à énoncer l'objet et les motifs, sans pouvoir les développer, à la différence des requêtes *grossoyées*, admises en matière ordinaire.

Enquête. — Les affaires sommaires s'instruisent comme les autres, à l'aide d'expertise, de descente sur les lieux et d'enquête; mais ce dernier moyen suit des règles beaucoup plus simples que lorsqu'il est employé en matière ordinaire.

On distingue 2 sortes d'enquêtes : l'une ordinaire, l'autre sommaire ; c'est cette dernière qu'on emploie. (Voyez page 148.)

Taxe des frais. — Outre leurs déboursés, les avoués n'ont dans les matières sommaires, pour tous honoraires, qu'un droit d'obtention de jugement, droit qui varie suivant le nombre des parties, la nature du jugement (contradictoire ou par défaut), enfin, la valeur de l'objet litigieux (67, T.). Dans les matières ordinaires, au contraire, ils ont des honoraires particuliers pour chaque acte de leur ministère (a)

Titre XXV. Procédure devant les tribunaux de Commerce.

Les **AFFAIRES COMMERCIALES** sont généralement fort simples et exigent, pour être bien jugées, plutôt la connaissance du commerce que la notion du droit; de plus, elles requièrent, pour la plupart, célérité. C'est pour cela qu'on a institué des tribunaux de commerce composés spécialement de commerçants, et qu'on a

(a) Faut-il assimiler aux affaires sommaires les affaires qui doivent être *jugées sommairement?* Certaines personnes prétendent que, quand la loi dit que telle affaire sera jugée sommairement, par ex., renvois pour incompétence (168, 172), — reproches de témoins (287),—reprises d'instance 348, etc., elle entend recommander seulement aux juges de juger avec célérité, sans dispenser ces sortes d'affaires de la procédure ordinaire.

admis pour ces sortes d'affaires une procédure plus simple et plus expéditive.

Procédure. — Les affaires commerciales sont toutes dispensées du préliminaire de conciliation (49).

La demande est formée par *ajournement*. Cet acte est, sauf la constitution d'avoué, soumis aux formalités exigées en matière civile.

Le délai est d'**un jour** *franc*.

Dans les affaires qui requièrent célérité, le président du tribunal peut permettre d'assigner de JOUR A JOUR, et même d'HEURE A HEURE, c.-à-d. permettre le lundi d'assigner pour le mardi, et même à 10 heures du matin pour le soir à 4 heures, — ou à midi pour une heure.

Bien plus, dans certaines affaires, l'urgence est telle, qu'on est dispensé de requérir une ordonnance et qu'on peut assigner d'*heure à heure* de son propre chef (*de plano*) : cela est permis dans les *affaires maritimes* où il existe des parties non domiciliées en France, et dans celles où il s'agit d'agrès, victuailles, équipages et radoubs de vaisseaux prêts à mettre à la voile, *et autres matières maritimes urgentes et provisoires*.

Si le défendeur ne se présente pas sur cette assignation, il est donné *défaut sur-le-champ*.

Outre le droit de permettre d'assigner d'heure à heure, le président a encore le pouvoir d'autoriser le demandeur à faire une *saisie conservatoire des effets mobiliers* du défendeur. Sans cette précaution, ce dernier, averti des poursuites par l'assignation, pourrait s'enfuir en emportant ses effets mobiliers, qui constituent, le plus souvent, le seul gage du créancier. Toutefois, comme cette saisie s'opère sans titre et sans commandement préalable, et que l'ordonnance est *exécutoire par provision*, le président peut, dans la crainte que la poursuite ne soit pas fondée et qu'il n'en résulte un préjudice, exiger que le demandeur fournisse caution ou justifie de sa solvabilité, afin de garantir la réparation du dommage causé.

L'assignation peut, comme en matière civile, être remise, soit au défendeur en personne, soit à son domicile, entre les mains d'un parent, d'un domestique ou d'un voisin.

L'assignation *donnée à bord à la personne assignée* est valable, dit l'art. 419 ; cette disposition est complétement inutile si on la prend à la lettre, car toute assignation peut être remise à la personne assignée, en quelque lieu que ce soit ; mais on l'entend généralement en ce sens, que l'assignation contre une personne montée sur un navire, à titre de marin ou passager, est valablement remise à bord entre les mains de quelqu'un du navire, absolument comme si elle était remise à domicile, car pour ces personnes, le navire est le domicile.

Les parties doivent comparaître en personne ou par un mandataire (*a*).

Le ministère des avoués est interdit dans les tribunaux de commerce, mais les avoués, peuvent représenter les parties en qualité de mandataires ; dans beaucoup de villes, même, ils sont *agréés*. On appelle *agréés* des personnes attachées près d'un tribunal de commerce et désignées, par son agrément, à la confiance des parties pour les représenter. (Voy. p. XII et XVI) (*b*).

En matière commerciale, aucune écriture n'est permise, une simple assignation suffit ; il n'y a, ni constitution, ni défenses, ni avenir. On vient à l'audience le jour indiqué dans l'assignation, la cause est plaidée et jugée de suite, si c'est possible.

Si, à la première audience, il n'intervient pas un jugement définitif, les parties non domiciliées dans le lieu où siége le tribu-

---

(*a*) Le pouvoir donné doit être spécial, mais il n'est pas nécessaire qu'il soit authentique, un acte sous seing-privé ou une lettre missive suffit ; il peut même être donné au bas de l'original ou de la copie de l'assignation. Il doit être exhibé au greffier avant l'appel de la cause, et par lui visé sans frais (617).

Les huissiers ne peuvent assister comme conseils ni comme mandataires, excepté s'il s'agit de leurs femmes, de leurs parents en ligne directe ou de leurs pupilles, ils ont, bien entendu, le droit de plaider eux-mêmes leurs propres causes.

(*b*) *Différences*

Entre les Avoués	et les Agréés.
Leur ministère est forcé.	Leur assistance est facultative.
Ils sont officiers ministériels et soumis au cautionnement.	Ils n'ont aucun caractère public et pas de cautionnement.
Ils n'ont pas à prouver l'étendue du mandat donné par leurs clients, c'est à ceux-ci d'exercer le désaveu.	Leur mandat n'est pas présumé, ils doivent en fournir la preuve ; on n'a pas besoin de les désavouer.
Les honoraires sont payés par leurs clients et même par les adversaires condamnés aux frais.	Ils n'ont d'action que contre leurs clients.
L'action pour les frais doit être intentée au tribunal où les frais ont été faits.	L'action en paiement des frais doit être portée au tribunal du domicile du client.
L'élection de domicile est de droit en leur étude.	L'élection de domicile peut être faite chez eux, mais elle est de droit au greffe.

nal doivent y faire élection de domicile, afin que, si les significations sont nécessaires, on puisse les faire plus promptement (a).

TRIBUNAL COMPÉTENT. — En matière civile, la compétence est réglée d'après la nature de l'action (personnelle, réelle ou mixte, — mobilière ou immobilière). En matière commerciale, les actions étant toutes personnelles, le tribunal compétent est, en principe, celui du domicile du défendeur, *Actor sequitur forum rei*. Toutefois, la loi déclare compétents 3 tribunaux au choix du demandeur :

1° Le tribunal du *domicile du défendeur*.
2° Celui dans l'*arrondissement duquel la promesse a été faite* ET *la marchandise livrée*. (Il faut le concours de ces 2 conditions).
3° Celui dans *l'arrondissement duquel le paiement devait être effectué*.

Ainsi, un négociant de *Paris* va à *Rouen* acheter et se faire livrer des marchandises qu'il s'engage à payer au *Hâvre:* il pourra être poursuivi devant l'un ou l'autre des tribunaux de commerce de ces 3 villes.

INCIDENTS. — *Exceptions*. — Il est de principe que *le juge de l'action est juge de l'exception*. Les mêmes exceptions que l'on rencontre dans la procédure civile peuvent être invoquées dans la procédure commerciale, sauf, toutefois, l'exception *judicatum solvi*, c.-à-d. la caution à fournir par les Étrangers demandeurs; cette garantie, en effet, n'est pas exigée pour les matières de commerce (16, c. N.; 166, 423).

Exception d'incompétence. — Les déclinatoires sur incompétence sont assez fréquents devant les tribunaux de commerce, la ligne de démarcation entre leur compétence et celle des tribunaux civils étant difficile à tracer.

L'incompétence *ratione materiæ* (par ex., si l'on a soumis au tribunal de commerce une action civile), est proposable en tout état de cause, elle doit même être invoquée d'office par le tribunal.

---

b Cette élection de domicile doit être mentionnée sur le plumitif, c.-à-d. le procès-verbal d'audience; à défaut de cette élection, toute signification, même celle du jugement définitif, est faite au greffe du tribunal.

L'incompétence *ratione personæ*, au contraire, doit être proposée avant toute autre défense (*a*).

Au reste, les choses se passent ainsi en matière civile.

Quant à la *décision sur l'incompétence*, le tribunal peut la joindre à la décision sur le fond, afin de vider le tout par un seul et même jugement ; mais, dans ce cas, il doit statuer par 2 *dispositions distinctes* : — l'une sur la compétence, — l'autre sur le fond, parce que la question de compétence est toujours sujette à appel, alors même que le principal est en dernier ressort.

Il en est différemment en matière civile ; l'exception d'incompétence ne peut être, ni réservée, ni jointe, elle doit être jugée préalablement au principal (172). La célérité qu'exigent les affaires commerciales a fait déroger à cette règle.

Quant aux *incidents* autres que les exceptions, en principe, le tribunal de commerce en connaît. Ainsi, lorsque dans le cours d'une instance une convention étant invoquée, on suppose qu'elle est entachée de dol ou d'erreur, il a droit d'en prononcer la rescision.

Mais il est des incidents qu'il a paru plus convenable de réserver aux juges civils, tels sont : les *contestations sur l'état des parties* (qualité d'héritier, filiation, minorité), — les *vérifications d'écritures*, — le *faux incident civil*.

Quand un incident de ce genre se produit, le tribunal de commerce sursoit sur le fond jusqu'à ce que l'incident soit vidé ; néanmoins, si la pièce n'est relative qu'à l'un des chefs de la demande, il peut être passé outre au jugement des autres chefs.

Preuves. — Les modes de preuves admis en matière civile sont reçus en matière commerciale ; quelques-uns même, le sont d'une manière plus large ; enfin, il y a aussi un mode spécial, le recours aux arbitres.

Ainsi, la preuve testimoniale est permise dans tous les cas, et quelle que soit la valeur du litige ; tandis qu'en matière civile, elle n'est admise qu'autant que l'affaire ne dépasse pas 150 fr. (109, c. co.).

L'*enquête* se fait comme en matière sommaire.

(*a*) Les exceptions de litispendance et de connexité doivent-elles être proposées *in limine litis*, comme l'incompétence *ratione personæ*? L'art. 424 semble l'exiger ; malgré cela, on est d'avis de les admettre en tout état de cause, comme en matière civile (272).

La preuve écrite est aussi beaucoup plus étendue. Ainsi, entre commerçants, les registres font preuve, tant contre celui qui les a rédigés qu'en sa faveur (1330). On admet encore, comme preuves écrites, les factures et les correspondances des commerçants.

L'*expertise* offre ceci de particulier, que le tribunal peut toujours, et sans le consentement des parties, nommer un *seul* expert.

Enfin, lorsqu'il y a lieu d'examiner des comptes, des pièces et registres, le tribunal peut employer un moyen analogue à l'expertise, c.-à-d. nommer *1* ou *3 arbitres* pour entendre les parties et les concilier, si faire se peut, sinon, donner leur avis (*a*).

Jugements par défaut. — Si le demandeur ne se présente pas, le tribunal donne défaut contre lui et renvoie le défendeur de la demande; c'est le *défaut-congé*.

Si le défendeur ne se présente pas, il est donné défaut, et les conclusions du demandeur sont adjugées, si elles sont justes et bien vérifiées (334).

En matière civile, il y a 2 sortes de défaut contre le défendeur : — 1° contre partie; — 2° contre avoué; ici, il ne peut y en avoir qu'un seul. Fallait-il l'assimiler au défaut contre partie et l'entourer de garanties plus sérieuses, dans la crainte que le défendeur n'ait ignoré les poursuites? — ou au défaut contre avoué, puisqu'il s'agit nécessairement d'un défaut faute de plaider, le ministère des avoués n'étant pas exigé? Le Code de procédure l'avait assimilé partiellement au défaut contre partie : en effet, il exigeait que l'assignation fût faite par un huissier commis; mais d'un autre côté, il n'accordait que 8 jours pour former opposition, comme dans le défaut contre avoué (436). Le Code de commerce a rendu l'assimilation complète avec le défaut contre partie (643, c. co.).

Ainsi, le jugement par défaut contre le défendeur doit être signifié par un *huissier commis*.

Il doit être *être exécuté dans les 6 mois* de son obtention, sous peine de péremption.

(*a*) On appelle ordinairement *arbitres*, des personnes choisies par les parties pour régler un différend. Ces arbitres sont constitués en tribunal et sont juges; ici, au contraire, les arbitres désignés par le tribunal ne sont pas juges, mais rapporteurs, et ne font que donner un avis.

Il est susceptible d'*opposition tant qu'il n'est pas réputé exécuté*, et non plus pendant 8 jours seulement (*a*).

L'opposition peut également être faite de 2 manières : par exploit d'huissier et par déclaration sur le procès-verbal de l'huissier, à l'instant de l'exécution ; toutefois, il y a cette différence que, dans ce cas, l'opposition doit être réitérée dans les *3 jours*, et non dans les *8 jours* (163, 438), comme en matière civile.

Quant à l'exécution, elle ne peut avoir lieu, en matière civile, que 8 jours après le prononcé du jugement, sauf le cas où il y a exécution provisoire ; ici, au contraire, tous les jugements étant exécutoires par provision, elle peut avoir lieu un jour après la signification, mais elle est arrêtée par l'opposition (155, 435) (*b*).

EXÉCUTION DES JUGEMENTS. — Tous les jugements des tribunaux de commerce sont, *de plein droit, exécutoires par provision,* c.-à-d. que l'appel de ces jugements n'est pas suspensif. Cette règle est reçue, bien que la rédaction de l'art. 239 semble exiger que l'exécution provisoire soit prononcée par les juges.

Cette exécution provisoire ne peut avoir lieu qu'autant que celui qui exécute donne *caution* ou justifie de sa solvabilité. Toutefois, s'il y a titre non attaqué, ou condamnation précédente dont il n'y a pas d'appel, on n'exige aucune garantie, car il y a une grande présomption en faveur du jugement.

Les tribunaux de commerce, ayant une compétence exceptionnelle, **NE CONNAISSENT PAS DE L'EXÉCUTION DE LEURS JUGEMENTS** ; c'est un p rincipe applicable à tous les tribunaux d'exception, et notamment aux justices de paix ; le motif est, que les difficultés soulevées par l'exécution sont des questions de procédure en dehors des attributions de ces tribunaux. Mais cette règle ne s'entend que de l'exécution sur les biens ou sur la personne ; elle ne s'applique donc qu'aux jugements définitifs ou provisoires, puisque seuls ils contiennent des condamnations proprement dites.

(*a*) Toutefois, lorsqu'une partie, après avoir comparu et plaidé sur la compétence, fait ensuite défaut sur le fond, la cour de cassation ne permet l'opposition que pendant 8 jours, par ce motif, qu'il n'y a pas à craindre que le défaillant n'ait ignoré les poursuites.

(*b*) Il n'y a pas de *défaut profit-joint* en matière commerciale. Quand de plusieurs défendeurs ayant un intérêt commun, un seul se présente, celui-ci est jugé contradictoirement, les autres sont jugés par défaut ; ceci est admis dans un but de célérité.

Quant aux jugements préparatoires ou interlocutoires, ce sont des jugements d'instruction dont l'exécution appartient aux juges de commerce. Ainsi, ils connaissent des enquêtes et des expertises qu'ils ordonnent. De même, ils connaissent des réceptions de caution relativement à l'exécution provisoire, bien qu'il s'agisse ici de l'exécution d'un jugement définitif. Enfin, c'est aux tribunaux de commerce qu'appartient l'interprétation des clauses obscures de leurs jugements.

VOIES DE RECOURS. — Les voies ordinaires pour attaquer les décisions des tribunaux de commerce sont, comme en matière civile, l'opposition et l'appel.

Appel. — Les jugements des tribunaux de commerce sont, comme ceux des tribunaux civils, sujets à appel lorsque le taux dépasse 150 fr. L'appel est également porté devant la cour impériale, mais il n'est pas suspensif, parce que les jugements de commerce sont exécutoires par provision.

DES VOIES DE RECOURS CONTRE LES JUGEMENTS.

Les voies de recours contre les décisions des tribunaux sont au nombre de 6, savoir :

L'OPPOSITION, pour les jugements par défaut.

L'APPEL, pour ceux en 1er ressort (contradictoires ou par défaut).

La TIERCE OPPOSITION, au profit des tiers étrangers à la procédure.

La REQUÊTE CIVILE, pour les jugements en dernier ressort.

La PRISE A PARTIE, contre les juges.

La CASSATION, pour les jugements en dernier ressort (contradictoires ou par défaut).

On divise ces voies de 2 manières :

1º En voies de *Rétractation*, et voies de *Réformation*.

2º En voies *Ordinaires*, et voies *Extraordinaires*.

Le recours est une voie de RÉTRACTATION lorsqu'on s'adresse au tribunal qui a rendu le jugement attaqué : *Opposition, Requête civile, Tierce opposition* (principale et quelquefois même incidente).

Il est une voie de Réformation lorsqu'on en réfère à un autre tribunal : *Appel*, *Tierce opposition* (quand elle est incidente devant un tribunal supérieur).

Les voies Ordinaires sont : l'*Opposition* et l'*Appel*.

Elles suspendent de droit l'exécution, sauf exception.

Les voies Extraordinaires sont : la *Tierce Opposition*, la *Requête civile*, la *Prise à partie*, la *Cassation*.

Elles ne suspendent pas l'exécution de droit ; une seule, la tierce opposition, peut être déclarée suspensive par les juges.

LIVRE III. — DES COURS IMPÉRIALES.

De l'Appel et de l'Instruction sur l'Appel.

L'Appel est le recours qui a pour but de faire réformer par un tribunal supérieur le jugement d'un tribunal inférieur (a).

On nomme Appelant le demandeur en appel (qu'il ait été gagnant ou perdant en 1re instance).

Intimé, le défendeur en appel (quand même il formerait appel à son tour).

Espèces d'appel. — Il y a 2 espèces d'appel : l'appel *principal* et l'appel *incident*.

L'appel *principal* est celui qui est fait le premier.

L'appel *incident* est celui fait par l'intimé dans le cours de l'instance principale en appel.

(a) Dans l'*ancien droit*, l'appel fut d'abord incompatible avec le système des combats judiciaires. Plus tard, le perdant était autorisé, dans certains cas, à porter un défi au juge (espèce de prise à partie). A partir de saint Louis, l'usage s'introduisit de porter la sentence devant un tribunal supérieur ; mais la multiplicité des juridictions finit par rendre les appels ruineux (il y avait quelquefois 5 ou 6 jugements successifs).

Sous la *Constituante*, on contesta l'utilité de l'appel, qui fut cependant admis ; mais pour éviter la prédominance des tribunaux supérieurs, on n'établit qu'une classe de tribunaux (ceux de district, aujourd'hui d'arrondissement). L'appel était alors porté devant l'un des tribunaux les plus voisins.

Sous la *Constitution* du 5 fructidor an III, on substitua aux tribunaux de district un tribunal unique dans chaque département ; l'appel fut également porté à l'un des tribunaux des 3 départements les plus voisins.

La *Constitution* du 20 frimaire an VIII rétablit les tribunaux de district sous le nom de tribunaux d'arrondissement, et créa des tribunaux d'appel. Dès-lors, l'appel fut porté à un tribunal supérieur.

Il semble, *à priori*, que dès que l'une des parties a fait appel, il devient inutile pour l'autre partie de faire appel à son tour ; en effet, du moment où le tribunal est saisi par l'appel principal du droit de réformer le jugement, à quoi sert l'appel incident sur ce même jugement ?

Cependant, l'utilité de ce second appel est manifeste, car le tribunal d'appel n'a pas toujours la faculté de réformer la décision des premiers juges en faveur, soit de l'une, soit de l'autre partie, mais seulement au profit de celle qui fait appel. Ainsi, sur une demande de 2,000 fr. de dommages-intérêts, par ex., le demandeur a obtenu 1,000 fr. ; si, mécontent de cette solution, il en demande la réformation, le tribunal d'appel pourra bien lui adjuger les 2,000 fr., mais il ne pourra pas lui accorder moins de 1,000 fr., car ce serait réformer la sentence au profit de l'adversaire, qui ne s'est pas plaint. Que si, au contraire, l'intimé a fait également appel, alors le tribunal pourra adjuger seulement 500 fr., ou même décider qu'il n'est dû aucuns dommages-intérêts, et condamner le demandeur aux frais.

L'appel principal diffère de l'appel incident en ce qu'il ne peut plus être fait après l'acquiescement au jugement, tandis que l'appel incident peut encore être fait dans ce cas. Il est possible, en effet, qu'une partie, tout en étant mécontente de certaines dispositions d'un jugement, trouve cependant une compensation dans d'autres dispositions et préfère, en somme, accepter ce jugement plutôt que l'attaquer. Si donc elle signifie le jugement sans réserves, et par conséquent, est censée renoncer à l'appel, ce ne peut être, bien entendu, qu'à la condition que son adversaire n'attaquera pas le jugement sur certains points, car elle n'a accepté le jugement que dans son ensemble. Dès-lors, si l'adversaire fait appel principal sur un ou plusieurs chefs, elle reprend le droit de faire appel également ; ce sera l'appel incident.

L'appel principal diffère encore de l'appel incident en ce qu'il doit, à peine de déchéance, être formé dans le délai de 2 mois, tandis que l'appel incident peut être formé même après ce délai expiré. Ainsi, quand l'une des parties a fait appel au dernier moment, c.-à-d. le dernier jour du délai, si l'autre partie devait aussi faire son appel incident dans le même délai de 2 mois, elle serait dans l'impossibilité d'agir ; aussi, lui est-il permis de faire appel incident pendant tout le cours de l'instance sur l'appel principal. Cela tient toujours à cette idée, que la renonciation de l'une des parties à l'appel est conditionnelle, c.-à-d. subordonnée à la condition tacite que l'autre partie renoncera également à attaquer le jugement; en sorte que, si celle-ci fait appel, la première recouvre le droit d'en faire autant.

Enfin, l'appel principal se forme par une assignation, tandis que l'appel incident se forme par une requête.

PERSONNES AYANT LE DROIT DE FAIRE APPEL. — Ce sont :

1° Les *parties principales* ou *intervenantes* (soit par elles-mêmes, ou, si elles sont incapables, par leurs représentants; ex. : le tuteur pour le mineur).

2° Les *héritiers et successeurs à titre universel* (héritier irrégulier, légataire universel).

3° Les *ayants-cause* ou *successeurs à titre particulier* (légataire à titre particulier, acheteur), relativement à l'objet qu'ils ont reçu.

4° Les *créanciers*, car ce n'est pas un droit attaché à la personne (1166, c. N.); toutefois, il y a controverse (a).

TRIBUNAUX D'APPEL. — L'appel est toujours porté devant un tribunal supérieur à celui qui a rendu la sentence attaquée. Ce sont :

Les **TRIBUNAUX D'ARRONDISSEMENT** pour :
    Les *justices de paix.*

Les **COURS IMPÉRIALES** pour :
    1° Les *tribunaux d'arrondissement.*
    2° Les *tribunaux de commerce.*

Les **TRIBUNAUX DE COMMERCE** pour :
    Les *Conseils de Prud'hommes.*

(a) *Peut-on renoncer à l'appel?* La renonciation *postérieure* au jugement est valable, sans aucun doute; quelquefois même elle est tacite, c.-à-d. sous-entendue. Ainsi, celui qui paie les frais du jugement, et celui qui le signifie sans réserves sont censés renoncer à la faculté d'appeler.

Mais si la renonciation est *antérieure*, il y a controverse.

Cette renonciation, permise par le droit romain, était défendue par notre ancienne jurisprudence; aujourd'hui, les uns disent qu'elle est d'ordre public, et que la loi ayant permis expressément de renoncer à l'appel en justice de paix et en matière commerciale a, par cela même, défendu de le faire en matière civile.

Les autres pensent que cette faculté est d'intérêt privé, et que si la loi ne s'est pas expliquée en matière civile, c'est qu'il n'y a sur cette matière aucun titre spécial sur la compétence, et que l'on doit s'en référer aux textes anciens, c.-à-d. à la loi du 24 août 1790, qui permet cette renonciation. Au reste, il serait ridicule qu'il fût permis de renoncer à l'appel des jugements, même arbitraux (1010), et que cela fût défendu pour les jugements des tribunaux ordinaires.

Effets de l'appel. — L'appel est *dévolutif* et *suspensif*.

Dévolutif, c.-à-d. que la connaissance de la cause est transportée du tribunal inférieur, qui se trouve dessaisi, au tribunal supérieur, lequel a désormais le pouvoir absolu de statuer sur les questions de fait et de droit. Le différend est ainsi remis en litige, soit en entier, soit en partie, suivant que l'appel a été formé sur tous les chefs ou sur quelques-uns seulement. La cour peut adopter la solution des premiers juges et confirmer leur sentence; mais si elle repousse leur décision, elle statue elle-même par une autre décision.

En cassation, au contraire, la cour n'a pas le droit d'apprécier les faits de la cause, mais seulement d'examiner si la sentence attaquée est ou non conforme au droit; dans ce dernier cas, elle annule le jugement et renvoie la cause devant un autre tribunal pour être jugée de nouveau, mais elle ne peut réformer la sentence en la remplaçant par une autre.

Suspensif, c.-à-d. que l'exécution du jugement attaqué est *arrêtée* jusqu'à la décision sur l'appel.

Tous les actes d'exécution faits depuis un appel régulier en la forme sont nuls, que le jugement soit confirmé ou infirmé, parce que ce jugement, une fois attaqué, est sans force.

Mais si l'appel est irrégulier en la forme, soit par ce qu'il a été interjeté après l'expiration des délais, soit parce qu'il n'a pas été fait suivant les formes prescrites, les actes d'exécution faits postérieurement seront-ils nuls? On admet généralement, par analogie avec ce qui a lieu pour l'opposition (162), que ces actes devront être maintenus si l'appel est rejeté.

Il y a une exception au principe, que l'appel est suspensif: c'est lorsque l'*exécution provisoire a été ordonnée*; dans ce cas, le jugement peut être exécuté nonobstant appel.

Si l'exécution provisoire a été ordonnée à tort par les juges, l'appelant peut demander à la cour des *défenses*, à l'effet d'arrêter cette exécution.

A l'inverse, si elle n'a pas été ordonnée quand elle devait l'être, l'intéressé peut, avant le jugement du fond, obtenir de la cour que cette exécution provisoire soit autorisée (458).

De même, si le jugement a été faussement qualifié en 1er ressort et qu'appel ait été interjeté, la cour peut ordonner que cet appel ne sera pas suspensif ; et si le jugement a été faussement qualifié en dernier ressort, la cour peut déclarer que l'appel sera suspensif.

JUGEMENTS SUSCEPTIBLES D'APPEL. — Ce sont :

Toutes les **décisions en 1er ressort** (*définitives* ou *avant dire droit, — contradictoires* ou *par défaut*) (*a*), c.-à-d. :

Pour les JUSTICES DE PAIX :

    Les *demandes supérieures à 100 fr.*

    Certaines demandes, mêmes inférieures à ce chiffre.
      Ex. : entreprises sur les cours d'eau, actions en bornage, 1. 1838.)

Pour les TRIBUNAUX DE COMMERCE :

    Les *demandes excédant 1,500 fr. en principal* (*b*).

Pour les TRIBUNAUX D'ARRONDISSEMENT :

    Les *demandes mobilières au-dessus de 1,500 fr.*
      (Actions réelles ou personnelles.)

    Les *demandes immobilières sur un objet au-dessus de 60 fr. de revenu.*

    Certaines demandes, quel que soit l'intérêt.
      (Ex.: celles concernant l'état des personnes (*c*), la compétence, les renvois, la récusation.)

La *fausse qualification* de jugement en dernier ressort donnée à un jugement en 1er ressort n'empêche pas l'appel, mais seulement la suspension de l'exécution.

De même, les jugements mal à propos qualifiés en 1er ressort ne sont pas susceptibles d'appel. Si l'appel est formé, il sera rejeté sans examen du fond.

Ainsi, la fausse qualification d'un jugement n'a pas pour effet d'empêcher l'appel ou de le permettre contrairement à la loi, mais seulement de renverser l'effet suspensif de l'appel, c.-à-d. de

---

a En principe, *toute demande* est susceptible de *2 degrés de juridiction,* c.-à-d. d'appel.

Aucune n'est soumise à un 3me degré.

Quelques-unes sont susceptibles *d'un seul degré.*

Il n'y a pas d'appel sur les demandes de peu d'importance, ni sur celles concernant l'Enregistrement, le Trésor, les impôts indirects 1. 7 septembre 1790, 2); certaines contestations sur la saisie des rentes sur les particuliers 652, et 1. 24 mai 1812, ou sur saisies immobilières 703 et 730, et 1. 2 juin 1841 et 24 mai 1812.

b A. 639, c. co., et 1. 3 mars 1840.

c Désaveu, — interdiction, — adoption, — nullités de mariage, — actes de l'état civil.

permettre l'exécution lorsqu'elle devrait être suspendue, et de l'arrêter lorsqu'elle devrait être permise; toutefois, on peut demander à la cour de rétablir ces effets.

CALCUL DU MONTANT DE LA DEMANDE. — On détermine le *quantum* de la demande d'après les conclusions du demandeur, et non d'après le montant des condamnations. Cela permet, il est vrai, au demandeur, en réduisant sa prétention, d'enlever à son adversaire la faculté d'appeler, mais c'est moins dangereux que de donner au juge le moyen de rendre la décision inattaquable en réduisant la condamnation.

1° CHOSES MOBILIÈRES. — Les objets réclamés sont :

— Ou de l'*argent*, dans ce cas, aucune difficulté pour le chiffre.

— Ou des *denrées* dont le prix est fixé par des mercuriales, on fait alors le calcul d'après cette taxe.

— Ou des *corps certains*, ou bien des *quantités* non cotées par les mercuriales. Si les parties ne sont pas d'accord, et que l'une prétende que la valeur de ces objets est supérieure, et l'autre qu'elle est inférieure à 1,500 fr., il faut, suivant les uns, une *expertise*; suivant les autres, il y a nécessairement lieu de faire appel, ainsi qu'on le fait en matière immobilière.

2° CHOSES IMMOBILIÈRES. — On ne s'inquiète pas de la valeur de l'objet, mais de son *revenu*. Il n'y a que deux manières de déterminer le revenu :

    1° Par le *prix du bail*.
    2° Par le *taux des arrérages de la rente*, si l'immeuble a été aliéné à charge de rente.

Si ces 2 éléments d'estimation manquent, par ex., si le propriétaire jouit de son fonds par lui-même, il y a lieu à appel, quelle que soit la valeur de l'objet; l'expertise n'est jamais admise pour déterminer le revenu de l'immeuble.

Qu'entend-on par 1,500 FR. EN PRINCIPAL? — On s'accorde à ne comprendre dans ce chiffre, ni les frais du procès, ni les intérêts et fruits échus ou perçus depuis la demande. Mais les uns ne comptent pas non plus, ni les intérêts et fruits dus avant la demande, ni les dommages-intérêts réclamés accessoirement; tandis que les autres considèrent comme principal tout ce qui est dû au jour de la demande principal ou intérêts.

Quid, *si, dans la même instance, on introduit plusieurs chefs dont aucun n'est supérieur à 1,500 fr., mais dont la réunion dépasse ce chiffre?* — Si tous les chefs proviennent de la même source, on admet avec raison qu'ils doivent être additionnés ; ex. : la créance de 1,600 fr. qu'avait mon père, après avoir été divisée, à son décès, entre mon frère et moi, se trouve réunie sur ma tête à la mort de mon frère ; l'appel est possible.

De même, si les 2 chefs, sans procéder de la même source, portent sur le même individu (la loi de 1838, a. 9, dispose en ce sens) ; ex. : j'ai prêté 1,000 fr. à une personne, et j'ai acheté une autre créance de 1,000 fr. sur cette même personne ; si je la poursuis pour 2,000 fr., il y a lieu à appel.

Mais il serait déraisonnable d'admettre la réunion de 2 demandes formées par 2 personnes contre un seul défendeur, ou par un seul demandeur contre 2 défendeurs, à moins que la dette ne soit solidaire ou indivisible, car alors chacun des défendeurs est tenu de la totalité.

On ne cumule pas le chiffre de la demande principale avec celui de la demande reconventionnelle. — Ainsi, je demande 1,200 fr. et l'on m'oppose que je dois 800 fr. : — 2,000 fr. sont en litige, cependant il n'y a pas d'appel.

Mais si la demande reconventionnelle par elle-même dépasse 1,500 fr., alors il y a lieu à appel, même sur la demande principale inférieure à ce chiffre (a. 2, l. 1838).

Toutefois, si cette demande reconventionnelle est une **demande en DOMMAGES-INTÉRÊTS fondée exclusivement sur la demande principale elle-même,** il n'y aura pas d'appel, quel qu'en soit le chiffre, parce qu'il eût toujours dépendu du défendeur de former une pareille demande et d'occasionner des lenteurs et des frais ; par ex., si je réclame 2,000 fr., sous prétexte que la demande de 1,200 fr. formée contre moi porte atteinte à ma considération ou me cause un dérangement.

DÉLAIS. — I. *Délais pendant lesquels l'appel n'est pas encore recevable.* — Dans le but de donner aux parties le temps de réfléchir et d'empêcher un appel *ab irato*, la loi fixe, le plus souvent, un délai pendant lequel l'appel n'est pas possible. Il faut distinguer, à cet égard, si les jugements sont ou non exécutoires par provision.

1° Si les jugements sont *exécutoires par provision, l'appel est recevable de suite* (a). L'exécution n'étant pas suspendue par l'appel, il importe d'obtenir au plus tôt la réformation du jugement. Ainsi, les jugements de commerce et les référés, étant tous exécutoires par provision, sont susceptibles d'appel immédiatement (645, c. co.).

2° Si les jugements sont *non exécutoires par provision*, on distingue encore si le jugement est définitif, interlocutoire ou préparatoire, — et s'il est contradictoire ou par défaut.

Le jugement est-il DÉFINITIF OU INTERLOCUTOIRE? *l'appel n'est pas recevable pendant 8 jours*, à dater du jugement, pour les tribunaux d'arrondissement (b). — Il n'y a pas d'inconvénient, puisque pendant ce délai, le jugement ne peut pas être exécuté (250). L'appel formé avant l'expiration du délai n'entraîne pas déchéance, comme autrefois ; on peut le renouveler.

Le jugement est-il PRÉPARATOIRE? *l'appel n'est recevable qu'après le jugement définitif et conjointement avec lui.* — Si les parties avaient eu la faculté de former appel de ce jugement avant la décision sur le fond, elles auraient pu profiter de ce moyen pour entraver et prolonger l'instance. Au reste, les jugements préparatoires, ne préjugeant pas le fond, il n'y a pas d'intérêt à en obtenir de suite la réformation.

Quant aux jugements PAR DÉFAUT (soit contre partie, soit contre avoué), *l'appel n'est pas recevable pendant les délais de l'opposition*, c.-à-d. pendant 8 jours, si le jugement est contre avoué, — et tant qu'il n'a pas été exécuté, si le jugement est contre partie (158) (c). — La loi veut qu'on emploie l'opposition tant qu'elle est possible, car c'est une voie plus simple et moins coûteuse (d).

II. *Délais pendant lesquels l'appel est recevable.* — La durée des délais pour former appel a varié beaucoup suivant les législations (Or. 1667, — l. 24 août 1790, — l. 2 mai 1862). D'abord,

---

(a) Peu importe que le jugement soit définitif ou provisoire (11, 131), et quelle que soit sa nature; toutefois, il y a controverse pour les jugements par défaut.

(b) Le délai est de 3 jours pour les justices de paix (l. 1838).

(c) Il y a controverse sur le point de savoir si la signification à avoué suffit pour faire courir le délai, ou s'il faut une signification à partie.

(d) Toutefois, en matière commerciale, l'appel est permis, même pendant les délais de l'opposition; le plus souvent, ces procès exigent célérité (645, c. co.).

on devait faire appel immédiatement; puis, on a accordé 30 ans ou 3 ans, suivant les cas; plus tard, 3 mois.

Le délai d'appel, aujourd'hui, est de **2 mois** pour les tribunaux d'arrondissement et de commerce. — Le délai est de 30 jours pour les justices de paix (l. 1838).

Il y a augmentation des délais, à raison des distances (l. 2 mai 1862) (*a*).

Ceci ne s'applique qu'à l'appel *principal* ; quant à l'appel *incident,* il *peut être formé* en tout état de cause. c.-à-d. pendant toute l'instance principale. Cet appel peut être fait, bien que les délais de 2 mois soient expirés et que l'intimé ait signifié le procès sans protestation, car son acquiescement était conditionnel ; il a adhéré au jugement, mais dans tout son entier; dès qu'on attaque ce jugement sur un ou plusieurs chefs, il a le droit de faire appel à son tour sur les autres chefs. Autrement, l'appelant, en formant son appel le dernier jour du délai, pourrait mettre obstacle à l'appel de l'intimé (*b*).

(*a*) Dans certaines circonstances, les délais sont *suspendus*. — *restreints*, — ou *prolongés*.

Les délais sont suspendus : — après la *mort* d'une partie, jusqu'à la signification aux héritiers, et pendant les délais pour faire inventaire et délibérer (447); — lorsque le jugement a été rendu sur *pièces fausses*, jusqu'à la connaissance du faux ou sa constatation en justice (448); — lorsqu'il a été rendu sur *pièces décisives retenues par l'adversaire*, jusqu'à la découverte de ces pièces constatée par écrit; — lorsque le jugement est *préparatoire,* jusqu'à la signification du jugement définitif.

Les délais sont restreints : — à 5 jours, pour les *renvois* pour parenté ou alliance (377), et récusation (392) (à partir du jugement, sans signification); — à 10 jours, pour les jugements sur les *ordres* (762), les distributions par *contribution* (689), les *saisies immobilières* (731) (à partir de la signification à avoué, et non de celle faite à la partie); — à 15 jours, en matière de *faillite* (582, c. co.) (à partir de la signification); — à 15 jours, sur les *ordonnances de référés* (à partir de la signification) (809); — à 1 mois, pour les jugements d'*adoption* (à partir du jugement) (365. c. n.).

Les délais sont prolongés : — pour ceux qui sont *hors du territoire continental* de France. — pour ceux qui sont *absents du territoire européen* de la France, ou pour service de terre ou de mer, ou employés dans les négociations extérieures pour le service de l'État (l. 2 mai 1862).

(*b*) *Peut-on former appel après les délais?* Controverse.

Suivant les uns. la déchéance peut être couverte par le silence de l'intimé. Les juges, n'ayant le droit d'invoquer d'office, ni la prescription (2223, c. n.), ni la péremption (399), ne doivent pas non plus avoir celui de proposer d'office la déchéance d'appel.

Suivant les autres. cette déchéance est d'ordre public et opposable en tout état de cause. et même d'office par les juges. — Si la prescription ne peut être opposée d'office, c'est qu'elle n'est qu'une présomption, et que les juges ignorent si toutes les conditions voulues sont remplies. Quant à la péremption. non-seule-

Point de départ du délai. — Si le *jugement* est *contradictoire*, le délai court *du jour de la signification* à personne ou à domicile, et non du jour du jugement (443).

S'il est *par défaut*, du jour où l'opposition n'est plus recevable.

Personnes contre lesquelles courent les délais. — Les délais courent *contre toutes parties* : cette disposition a pour but d'abroger les exceptions accordées par l'Ord. de 1667, en faveur des corporations ou hospices; la loi réserve seulement à ces *personnes morales* un recours contre leur représentant, s'il a négligé d'appeler.

Quant au *mineur*, le délai ne court contre lui qu'après la signification, non-seulement au tuteur, mais encore au subrogé-tuteur.

Demandes susceptibles d'être formées en appel. — *Aucune demande nouvelle* ne peut être formée en appel, car on ne peut priver un adversaire des 2 degrés de juridiction, excepté :

Les demandes en *compensation*.

Les demandes en *défense à l'action principale*.

Les demandes d'*intérêts, arrérages, loyers* et *autres accessoires échus depuis le jugement* de 1re instance.

Et celles en *dommages-intérêts, pour préjudice souffert depuis ledit jugement*.

Intervention. — *Aucune intervention n'est recevable*, si ce n'est de la part de ceux qui pourraient former *tierce opposition*; on défend l'intervention en dehors de ce cas, afin qu'un tiers n'ait pas le pouvoir d'enlever aux parties appelantes le bénéfice des 2 degrés de juridiction sur la demande qu'il introduit.

S'il est permis aux tiers d'intervenir dans le cas où ils prouvent que le jugement qui sera rendu pourra préjudicier à leurs droits, c'est afin d'empêcher ce résultat et d'éviter un nouveau procès, ou plutôt un recours extraordinaire.

Péremption. — En appel, la péremption donne au jugement de 1re instance **force de chose jugée**, c.-à-d. qu'elle empêche de former un nouvel appel. On dit généralement qu'il en est ainsi, parce que la péremption, n'ayant lieu qu'après 3 années d'interruption

ment elle n'a pas lieu de plein droit, mais elle ne peut plus être demandée après qu'un acte de procédure a été fait; il n'en est pas de même de l'appel. Enfin, d'après la loi de 1790, les délais étaient de rigueur, et rien ne prouve l'abrogation de cette disposition.

des poursuites, il est impossible, après ce laps de temps, de former de nouveau appel, puisque les délais pour appeler, étant de 2 mois seulement, sont nécessairement expirés.

Mais quelques personnes font observer que les délais d'appel ne commençant à courir qu'après la signification du jugement, il se peut que l'appel ait été fait sans qu'il y ait eu signification et que, par conséquent, la péremption puisse avoir lieu même avant que les 2 mois aient commencé à courir. Selon elles, le véritable motif pour lequel la péremption fait obstacle à l'appel, c'est que l'abandon des poursuites pendant 3 ans est considéré comme un *acquiescement tacite* au jugement.

PROCÉDURE. — L'acte d'appel est signifié à personne ou à domicile (on ne fait plus de déclaration au greffe).

Il doit contenir les mêmes indications que l'acte d'ajournement, excepté l'exposé des *moyens*, car si l'affaire est ordinaire, le demandeur les signifie dans la huitaine; si elle est sommaire, on peut dire que les parties connaissent suffisamment la cause.

L'intimé doit constituer avoué.

L'appelant, dans les 8 jours de cette constitution, signifie ses griefs, mais cet acte est facultatif; il peut, s'il le préfère, poursuivre l'audience.

L'intimé répond dans les 8 jours suivants, mais c'est également facultatif.

L'audience est poursuivie sans autre procédure (*a*).

JUGEMENT. — L'affaire est de nouveau plaidée ou de nouveau rapportée, s'il s'agit d'une instruction par écrit (*b*).

On observe pour les cours toutes les règles établies pour les autres tribunaux. Le jugement, ou plutôt l'arrêt, est rendu à la pluralité des voix, c.-à-d. à la moitié, plus une; dans les cours, le minimum des conseillers, pour rendre une décision, est de 7. En cas de partage, on appelle, d'après l'ordre du tableau, un ou plusieurs juges (en nombre impair) n'ayant pas connu de l'affaire; dans le cas où les juges auraient connu de l'affaire, on appelle 3 anciens jurisconsultes.

(*a*) En matière sommaire (463) ou de commerce (648, c. co.), après la signification d'appel, on vient à l'audience sur simple acte. Il n'y a ni signification de griefs, ni réponses. De même, quand l'intimé ne constitue pas avoué, il n'y a pas d'écritures.

(*b*) Si l'instruction a eu lieu par écrit en 1re instance, l'appel est néanmoins porté à l'audience, car une nouvelle instruction peut n'être pas nécessaire (461).

Amende de fol appel. — L'appelant qui succombe est condamné à une amende; peu importe que l'appel soit déclaré non recevable ou mal fondé, mais on admet qu'il suffit de triompher sur un chef pour en être exempté.

Cette amende est de *5 fr.* pour les appels des jugements de paix, et de *10 fr.* pour ceux des tribunaux d'arrondissement et de commerce. Elle doit être consignée préalablement, non pas à peine de nullité de l'appel, mais de 50 fr. d'amende pour le greffier qui a délivré expédition avant qu'elle ait été payée.

Exécution. — 1° Si le jugement est *confirmé*, l'exécution appartient *au tribunal dont est appel*, c'est lui qui connaîtra de toutes les difficultés soulevées à cette occasion, car l'effet dévolutif a cessé. Toutefois, il ne peut en être ainsi lorsque ce tribunal ne peut connaître de l'exécution de ses propres jugements, comme le tribunal de commerce (442); dans ce cas, l'exécution appartiendra au tribunal civil du lieu de l'exécution.

2° Si le jugement est *infirmé*, l'exécution appartient *à la cour* elle-même, ou est renvoyée par elle *à un tribunal du même ordre* que celui dont est appel. Dans ce cas, on ne laisse pas la connaissance de l'exécution au tribunal dont la sentence est réformée, car on peut craindre son mauvais vouloir et sa tendance à faire exécuter le jugement dans le sens de son opinion *(a)*.

Droit d'évocation. — Le DROIT D'ÉVOCATION est la faculté donnée à un tribunal de s'emparer d'une affaire de la compétence d'un autre tribunal.

Les tribunaux d'appel ont ce droit lorsqu'ils *infirment un interlocutoire* et que la matière est disposée à recevoir une décision définitive; alors, en effet, ils peuvent statuer sur le fond définitivement par un seul et même jugement.

Cela se présente, par ex., lorsque le tribunal de 1re instance a ordonné une enquête et que la cour décide que, dans l'espèce, il n'y a pas lieu d'admettre la preuve testimoniale. Cette manière de procéder enlève, il est vrai, aux parties les 2 degrés de juridiction sur le fond de l'affaire, mais elle a l'avantage d'éviter des

---

(a) Dans certains cas exceptionnels, l'exécution appartient à des tribunaux spécialement désignés sans distinguer si la sentence est confirmée ou infirmée. Ex. : pour les nullités d'emprisonnement, c'est quelquefois le tribunal du lieu où s'exerce la détention (791); pour les saisies immobilières, c'est celui de la situation de l'immeuble (2210, c. N.).

frais et des lenteurs. Le motif de cette dérogation est la crainte qu'en renvoyant l'affaire devant les mêmes juges, ceux-ci ne fassent prévaloir leur première opinion.

Mais si l'interlocutoire est *confirmé*, le jugement sur le fond ne peut être retenu, car cette crainte n'existe plus.

Le droit d'évocation s'exerce encore lorsque les tribunaux d'appel *infirment un jugement définitif*, soit pour vice de forme, soit pour toute autre cause *étrangère au fond*, par ex., pour cause d'incompétence.

Si l'infirmation a lieu par une cause tirée du fond, le tribunal n'a plus simplement la faculté de retenir l'affaire, mais c'est un devoir pour lui de réformer la sentence, alors même que le fond ne serait pas en état d'être jugé et exigerait un supplément d'instruction (a).

LIVRE IV. DES VOIES EXTRAORDINAIRES POUR ATTAQUER LES JUGEMENTS

Titre 1. De la Tierce opposition.

La TIERCE OPPOSITION est une voie extraordinaire par laquelle une personne qui n'a pas été partie au procès demande la réformation ou la rétractation du jugement rendu entre d'autres personnes, sous prétexte qu'il préjudicie à ses droits.

(a)   *Différences*

Entre l'OPPOSITION	et l'APPEL.
L'opposition est spéciale aux jugements par défaut.	L'appel est commun aux jugements contradictoires et par défaut.
Elle a lieu pour tous les jugements par défaut, sauf quelques exceptions.	Il n'a lieu, en général, que pour les jugements portant sur les affaires d'une certaine importance.
Elle est toujours portée devant le tribunal même qui a rendu le 1er jugement.	Il est toujours porté devant un tribunal supérieur à celui qui a rendu le 1er jugement.
Elle ne peut être formée que par une seule partie (le défaillant).	Il peut être formé par l'une ou l'autre partie (même par le gagnant).
Le délai est de 8 jours pour le défaut contre avoué, et indéterminé pour le défaut contre partie jusqu'à l'exécution.	Le délai est toujours de 2 mois; seulement le point de départ varie suivant que le jugement est contradictoire ou par défaut.
L'opposition est une voie de rétractation.	L'appel est une voie de réformation.

Mais l'un et l'autre recours sont des voies ordinaires.

Elle est tantôt une voie de rétractation, tantôt une voie de *réformation*, suivant qu'elle est portée devant le tribunal qui a rendu le jugement attaqué ou devant un autre tribunal.

JUGEMENTS ATTAQUABLES PAR LA TIERCE OPPOSITION. — La tierce opposition peut être formée contre toute espèce de jugement *contradictoire* ou *par défaut*, — *en 1er* ou *en dernier ressort*, — et de quelque juridiction qu'il émane (civile ou commerciale).

PERSONNES AYANT DROIT DE FORMER TIERCE OPPOSITION. — Une partie peut former tierce opposition lorsque, ni elle, ni ceux qu'elle représente (ses auteurs), n'ont été appelés au procès. Il ne suffit pas pour former tierce opposition qu'elle n'ait pas figuré en personne dans une instance, car elle peut avoir été représentée, soit par ses auteurs, soit par des mandataires ; il faut qu'elle n'ait figuré au procès d'aucune manière, ni par elle, ni par ceux qu'elle représente, ni par ses représentants (a).

UTILITÉ ET APPLICATION DE LA TIERCE OPPOSITION. — Une difficulté s'élève sur l'application de la tierce opposition en présence de l'art. 1351, c. N., d'après lequel l'autorité de la chose jugée n'a d'effet qu'entre les mêmes parties. Puisqu'en principe, un jugement ne peut profiter ou nuire qu'aux parties entre lesquelles il a été rendu (*Res inter alios judicata, aliis neque nocere, neque prodesse potest*), quel intérêt une personne peut-elle avoir à attaquer

---

(a) Les *ayants-cause* ou *successeurs universels* représentent leur auteur, c.-à-d. que les héritiers légitimes ou testamentaires, par ex., représentent ceux auxquels ils succèdent. Aussi, ne peuvent-ils former tierce opposition contre les jugements rendus contre le *de cujus*, car, représentant la personne de leur auteur, ils ne sont pas censés étrangers aux jugements soutenus par lui.

De même, les *ayants-cause* et *successeurs particuliers*, par ex., les acheteurs, donataires ou légataires particuliers, sans continuer la personne de celui dont ils ont reçu la chose, représentent cependant cette personne quant aux droits sur cette chose. Ainsi, lorsque le vendeur a été condamné à souffrir une servitude sur le fond qu'il a plus tard aliéné, l'acheteur devra respecter ce jugement.

Les *créanciers* ne sont pas non plus censés étrangers aux procès que soutient leur débiteur, car ils sont représentés par lui, aussi ne peuvent-ils former tierce opposition. Toutefois, lorsqu'il y a eu mauvaise foi de la part du débiteur, ils ont la faculté d'attaquer les actes faits en fraude de leurs droits, et par conséquent, d'attaquer par la tierce opposition les jugements que le débiteur a laissé rendre contre lui, par connivence avec son adversaire.

Quant aux *créanciers* qui ont acquis un droit réel sur la chose de leur débiteur, les *hypothécaires* ou *privilégiés*, ils sont bien représentés par leur déb.teur dans tous les procès antérieurs à la constitution de leurs droits, mais non plus dans ceux postérieurs ; car, à partir de cette constitution, ils ont un droit propre et indépendant de celui de leur débiteur et ne sont plus représentés par lui dans les procès qu'il soutient dans la suite, à l'occasion de la chose affectée à leur droit.

un jugement qui lui est étranger, du moment où ce jugement ne peut pas lui nuire?

D'un autre côté, en admettant qu'un jugement rendu à l'issue d'un procès dans lequel on n'a pas figuré puisse nuire à nos droits, quelle utilité y a-t-il à attaquer ce jugement par la tierce opposition en prenant ainsi le rôle de demandeur? Pourquoi ne pas attendre qu'on nous oppose ce jugement, afin de le repousser en invoquant simplement le principe *Res inter alios judicata aliis neque nocet neque prodest?*

Plusieurs solutions ont été proposées :

Merlin prétend que le tiers peut, à son choix, se borner à opposer l'art. 1351, c.-à-d. invoquer l'exception *Res judicata*, etc., ou recourir à la tierce opposition. Ce dernier moyen serait, par conséquent, *facultatif*.

Proudhon, au contraire, soutient que pour repousser un jugement dans lequel on n'a pas été partie, — que pour opposer l'art. 1351, il faut absolument employer la tierce opposition; selon lui, c'est un moyen *nécessaire*.

Ces 2 systèmes sont trop exclusifs : d'abord il n'est pas vrai qu'on soit obligé de former tierce opposition pour repousser le jugement auquel on est étranger; — d'un autre côté, si le jugement qui nous est étranger ne peut pas nous nuire *en droit*, il est possible qu'*en fait*, l'exécution de ce jugement nous cause un préjudice ; dans ce cas, au lieu d'attendre qu'on nous oppose ce jugement, il sera plus avantageux de former tierce opposition, afin d'arrêter l'exécution.

Ainsi, j'ai déposé un objet entre les mains de quelqu'un; un tiers revendique cet objet contre mon dépositaire : celui-ci, au lieu d'opposer qu'il n'a pas qualité pour défendre à cette action, soutient le procès sans me prévenir, et est condamné à restituer l'objet déposé. — Certes, ce jugement ne peut pas me nuire, puisque je n'ai pas été partie au procès ; en sorte que si le dépositaire remet la chose déposée, je pourrai néanmoins la revendiquer contre le tiers, et si celui-ci invoque le jugement qu'il a obtenu contre le dépositaire, je lui oppose la règle *Res inter alios judicata, aliis non nocet.* Toutefois, si en droit ce jugement ne peut me préjudicier, en ce sens que mon droit de revendication reste intact, en fait, je puis craindre que le tiers ne vende l'objet, et qu'étant insolvable, il ne puisse pas m'indemniser de la valeur, ou bien qu'il ne détruise cet objet, à la conservation duquel je puis tenir beaucoup. J'ai donc intérêt à empêcher que l'objet ne soit remis, et par conséquent, il m'est avantageux de former tierce opposition, afin d'obtenir que l'exécution du jugement rendu contre le dépositaire soit suspendue (a).

Espèces de tierce opposition. — La tierce opposition est *principale* ou *incidente*.

Principale, lorsqu'elle est formée en dehors de toute instance.

Incidente, lorsque dans le cours d'une instance sur un autre procès on attaque un jugement opposé par l'adversaire.

Tribunal compétent. — Si la tierce opposition est principale, c'est *le tribunal qui a rendu le jugement*, car, mieux que tout autre, il peut l'interpréter et le réformer.

Si elle est incidente, c'est encore le tribunal dont émane le jugement qui est compétent, lorsque le tribunal où l'on se trouve lui est inférieur, car un jugement ne peut être réformé par des juges inférieurs. Mais c'est *le tribunal où l'on est en instance*, si ce tribunal est égal ou supérieur au premier; on évite ainsi un déplacement et des lenteurs.

Délai. — La loi n'a fixé le délai que dans le cas de séparation de biens, les créanciers ont **1 an**, si les formalités de publicité ont été remplies (873). Dans les autres cas, on accorde **30 ans**.

Procédure. — La conciliation est-elle exigée quand la demande est principale? On n'est pas d'accord. Mais quand elle est incidente, il y a dispense.

La demande se forme par *ajournement*, si elle est principale, ou si, étant incidente, elle doit être portée devant le tribunal primitif. Elle se forme par *requête*, lorsqu'elle doit être jugée par le tribunal où l'on est en instance. Pour le surplus, aucune procédure particulière. Si le demandeur succombe, il est condamné, outre les dommages-intérêts envers la partie, à une *amende de 50 fr.* au moins, au profit du Trésor.

(a) De même, si un fermier succombe dans une revendication sans appeler son bailleur, celui-ci a intérêt à faire casser le jugement, afin de faire restituer l'immeuble au fermier et de conserver ainsi la possession, ce qui lui donnera l'avantage d'être défendeur au pétitoire, et par conséquent, de ne pas avoir besoin de prouver son droit de propriété, comme il en eût été tenu s'il avait agi directement contre celui qui a fait condamner le fermier à lui livrer l'immeuble.

Effets. — La tierce opposition n'est pas **dévolutive** comme l'appel, puisqu'ordinairement, elle est portée devant le même tribunal.

Elle n'est pas **suspensive** de droit, mais *les juges peuvent suspendre l'exécution du jugement,* excepté dans le cas d'un jugement passé en force de chose jugée ordonnant de délaisser la possession d'un héritage.

Cette exception exige une double condition : il faut d'abord que le jugement soit *passé en force de chose jugée,* c.-à-d. qu'il soit devenu inattaquable par les parties en cause. Ceci a pour but d'éviter que la partie condamnée ait recours à un tiers complaisant qui, en formant tierce opposition, pourrait faire suspendre l'exécution. Cette fraude n'est pas à craindre lorsque le jugement n'a pas acquis force de chose jugée, puisque la partie condamnée peut par elle-même faire suspendre l'exécution en formant opposition ou appel. En second lieu, il faut qu'il s'agisse du délaissement d'un immeuble ; dans ce cas, en effet, il n'y a aucun intérêt à empêcher l'exécution, car on ne peut craindre que celui qui a obtenu gain de cause ne fasse disparaître l'immeuble. Un meuble, au contraire, serait susceptible d'être détruit ou livré à un tiers de bonne foi contre qui on ne pourrait plus le revendiquer.

Titre II. De la Requête civile.

La **requête civile** est une voie extraordinaire par laquelle une partie demande au tribunal même qui a jugé de réformer une sentence en dernier ressort pour des motifs déterminés.

C'est une voie de *rétractation,* car elle est toujours portée devant le tribunal qui a rendu la sentence attaquée. Elle est ouverte aux parties, et non aux tiers, comme la tierce opposition.

À la différence de l'opposition, qui a pour but de faire réformer la décision attaquée et de faire régler en même temps l'affaire par un second jugement, la requête civile tend seulement à faire casser la sentence attaquée sans que le tribunal la remplace par une autre. L'affaire reste, par conséquent, en litige, et si les parties désirent qu'elle soit réglée, elles devront former une nouvelle action.

Le mot *requête civile* vient de ce qu'autrefois, pour attaquer une décision souveraine, il fallait adresser à la chancellerie une requête en permission, et que les termes devaient être polis (civils).

La requête civile est *principale* ou *incidente*, suivant qu'elle est formée en dehors ou dans le cours d'une instance. Il n'y a de différence que dans la manière d'introduire la demande.

JUGEMENTS ATTAQUABLES PAR REQUÊTE CIVILE. — Ce sont :

Les jugements en dernier ressort (contradictoires ou par défaut).

Quant aux jugements en 1er ressort, ils ne sont susceptibles de ce recours, — ni pendant les délais d'appel, parce que cette voie, étant ordinaire, doit être préférée, — ni même après l'expiration des délais d'appel, car il y a faute de la partie d'avoir négligé ce moyen.

Si le jugement est par défaut, la requête civile est admise, malgré la faculté de recourir à l'opposition, qui est une voie ordinaire, parce que la loi craint que la partie n'ait ignoré la condamnation. Mais dans ce cas, le recours n'est permis qu'après les délais d'opposition.

Les tribunaux dont les décisions sont attaquables par requête civile, sont :

Les *tribunaux d'arrondissement* (ou de 1re instance).
Les *cours impériales.*
Les *arbitres* (1026).
Les *tribunaux de commerce.*

La loi ne parle pas de ces derniers, mais on les comprend sous l'expression de *tribunaux de 1re instance*

Quant aux justices de paix, comme on ne les comprend pas sous la dénomination de *1re instance*, on n'admet pas ce recours, d'autant plus que l'intérêt en litige est modique ; les juges de paix, en effet, ne connaissent en dernier ressort que jusqu'à concurrence de 100 fr.

CAS D'OUVERTURE DE REQUÊTE CIVILE. — La requête civile n'est permise qu'exceptionnellement et dans des cas limitativement déterminés (a). Ces cas sont au nombre de 11 :

1° S'il y a eu **dol personnel**, — c.-à-d. dol émané de l'adversaire, et non pas d'un tiers étranger à l'instance ; il y a ici analogie avec la théorie des contrats (1166. c. x.). Il faut que le dol ait été de nature à entraîner la condamnation. par ex., on a corrompu un

____

(a) Au contraire, l'opposition et l'appel peuvent être formés en invoquant toute espèce de griefs.

officier ministériel ; ou bien on a intercepté une lettre par laquelle l'adversaire donnait à son avoué l'ordre de faire une signification ou une opposition (a).

2° Si les **formes** *prescrites à peine de nullité* ont été **violées**, soit avant, soit lors du jugement, pourvu que la nullité n'ait pas été couverte par les parties. — La nullité est couverte lorsque la partie qui avait le droit de l'invoquer n'a pas proposé l'exception de nullité au début de l'instance, comme l'exige l'art. 173.

Ce cas donne aussi lieu au recours en cassation, mais dans des conditions particulières, de telle sorte qu'on n'a pas le choix entre les 2 voies (voyez *Cassation*).

3° S'il a été **prononcé sur des choses non demandées.** — Par ex., j'ai réclamé un objet comme m'appartenant, et le tribunal, au lieu de m'accorder l'objet lui-même, m'en a adjugé la valeur ; ou bien encore, j'ai poursuivi un successible comme héritier bénéficiaire, à l'effet de me faire payer une somme due par le défunt, et le tribunal a condamné le défendeur comme héritier pur et simple.

4° S'il a été **adjugé plus qu'il n'a été demandé.** — Ex. : si l'appel ne porte que sur un chef et que le tribunal réforme le jugement sur d'autres chefs ; ou bien encore, on a demandé le remboursement d'un capital prêté, et le tribunal a accordé en outre les intérêts, qui n'étaient pas réclamés.

5° S'il a été **omis de prononcer sur l'un des chefs** de demande. — Ex. : si l'appel porte sur plusieurs chefs et qu'on statue sur un seul.

6° S'il y a eu **contrariété de jugements** en dernier ressort entre les *mêmes* parties et sur les mêmes moyens dans les *mêmes cours* ou *tribunaux*. — Il peut arriver qu'un héritier, ignorant le jugement qui donne gain de cause à son auteur, soutienne de nouveau le procès et succombe ; s'il découvre le 1er jugement, il pourra former requête civile. Mais, si l'héritier a eu connaissance du jugement et l'a opposé, et que le tribunal n'ait pas admis la chose jugée, il y a lieu à cassation, et non requête civile, car la requête civile suppose une méprise, une erreur involontaire de la part du tribunal.

Quand les 2 jugements sont rendus par 2 *tribunaux* différents, c'est encore un recours en cassation, car aucun de ces tribunaux ne peut réformer la sentence de l'autre *a*.

7° Si *dans un même jugement* il y a des **dispositions contraires.** — On peut dire que la question n'est pas décidée, car aucune des 2 dispositions n'est préférable à l'autre. Il faut que la contrariété porte sur le *dispositif*, en sorte que l'exécution du jugement soit impossible. Il n'en est pas de même si elle porte sur les *motifs*: toutefois, s'ils se détruisaient complétement, le jugement n'étant plus motivé serait susceptible de cassation.

8° Si la **communication au ministère public n'a pas eu lieu** dans les cas où elle est exigée, et que le *jugement ait été rendu contre celui en faveur de qui elle était ordonnée*, — Par ex., si le ministère public n'a pas donné ses conclusions dans une cause intéressant un mineur ou un interdit. L'incapable, seul, est admis à provoquer la requête, et dans le cas seulement où il a succombé *(b)*.

9° Si l'on a **jugé sur pièces** reconnues ou déclarées **fausses** depuis le jugement.

10° Si, depuis le jugement, il a été **recouvré des pièces décisives** et qui avaient été *retenues par le fait de la partie*. — Par ex., une quittance.

Dans ces 2 cas, il n'est pas nécessaire qu'il y ait eu dol de la part de l'adversaire *(c)*.

11° Si l'**État**, les **communes**, les **établissements publics** et les **mineurs n'ont pas été défendus**, ou s'ils ne l'ont pas été valablement.

Il faut ajouter les interdits (509, c. N.).

Ces personnes n'ont *pas été défendues* lorsque, par ex., elles ont été condamnées par défaut et qu'il n'y a pas eu d'opposition, ou lorsqu'elles n'ont pas été représentées par leur représentant légal, par ex., un mineur a agi seul, au lieu d'être représenté par son tuteur (450, 464, c. N.).

---

a La loi semble exiger que les 2 jugements soient en dernier ressort; toutefois, on admet la requête civile quoique le 1ᵉʳ jugement ait été susceptible d'appel, si les délais sont expirés, car alors, il y a jugement passé en force de chose jugée, et le 2ᵐᵉ jugement ne peut pas enlever le bénéfice du 1ᵉʳ jugement à celui qui l'a obtenu.

b *Quid* si la communication était exigée, non pas dans l'intérêt d'une partie, mais dans un intérêt d'ordre public, par ex., en matière d'incompétence? On admet que la requête civile peut être invoquée par les 2 parties, ainsi que cela avait lieu sous l'Ordonnance de 1667, car le Code a seulement voulu empêcher le recours de la partie capable, autorisé autrefois.

c Ces 2 derniers cas sont des causes de prorogation du délai d'appel (448).

Elles ont été *mal défendues* lorsque les formalités de procédure n'ont pas été remplies. Ainsi : les personnes morales n'ont pas été autorisées par l'administration (1032); le tuteur n'a pas requis l'avis du conseil de famille (464, c. n.).

Délai. — Il est de **2 mois**, comme pour l'appel (484, l. 2 mai 1862).

Il court, pour les *majeurs*, de la signification du jugement à personne ou à domicile : — pour les *mineurs*, de la signification faite depuis leur majorité : ainsi, les délais sont suspendus pendant la minorité (*a*). Quant aux *interdits*, faut-il les assimiler aux mineurs, et considérer les délais comme suspendus pendant l'interdiction? Controverse.

Le délai est *prolongé* en cas d'*absence* ou d'*éloignement*.

Le délai est *suspendu* en cas de *mort* de la partie condamnée, jusqu'à la signification aux héritiers et pendant les délais d'inventaire et de délibération.

En cas de *faux*, *dol* ou *découvertes de pièces nouvelles*, le délai ne compte que du jour où l'on a reconnu le faux ou le dol, ou bien du jour de la découverte des pièces si, toutefois, il y a preuve écrite de ce jour.

Enfin s'il y a *contrariété de jugements*, le délai ne court que du jour de la signification du dernier jugement, car ce n'est qu'à ce moment qu'on connaît réellement le vice.

Tribunal compétent. — La requête civile, soit principale, soit incidente, est *toujours* portée devant le *tribunal qui a rendu le jugement attaqué*. Ainsi, c'est une voie de rétractation. Ce moyen étant fondé sur ce que le tribunal a été surpris ou n'a pas été suffisamment éclairé, il est naturel de s'adresser au tribunal dont émane le jugement, mais il n'est pas nécessaire qu'il soit statué de nouveau par les mêmes juges.

Procédure. — Il faut tout d'abord prendre *consultation de 3 avocats* exerçant au moins depuis 10 ans près un tribunal du ressort de la cour impériale dans lequel le jugement a été rendu. Cet acte doit contenir déclaration que les avocats sont d'*avis* de la requête civile, et énoncer les cas d'ouverture.

(*a*) Dans l'appel, au contraire, le délai court pendant la minorité, à partir du jour de la signification au tuteur et au subrogé-tuteur.

On doit aussi faire une *consignation de 300 fr.*, à titre d'amende, pour le cas où l'on succomberait, et de *150 fr.*, à titre de dommages-intérêts pour l'adversaire, s'il y a lieu, et sans préjudice d'une plus ample indemnité.

La consignation est de moitié si le jugement attaqué est par défaut ou par forclusion ; elle est du quart si le jugement émane des tribunaux d'arrondissement.

Ces 2 formalités ont pour but de prévenir l'abus des recours ; si elles ne sont pas remplies, la requête n'est pas reçue, le tribunal peut la repousser pour vice de formes, sans examiner le fond.

Il est d'usage d'adresser une *requête en permission d'assigner* au président du tribunal compétent. Mais si cette formalité semble autorisée par certains textes du Code (483, 494, et r. 78), elle est cependant repoussée par les lois sur cette matière (l. 1799 et 18 fév. 1791) ; aussi, la regarde-t-on comme facultative.

L'assignation est remise au domicile de l'avoué si la requête est formée dans les *6 mois* de la date du jugement ; passé ce délai, elle est faite au domicile de la partie. Elle contient copie : de la quittance du receveur, de la consultation et de la requête en permission (*a*).

Le défendeur constitue avoué dans les 8 jours, à moins que l'assignation ne soit formée dans les 6 mois, car alors l'avoué qui occupait lors du jugement est constitué de droit.

Puis viennent les *défenses*, *réponses*, *avenir* et *plaidoiries*, comme dans les affaires ordinaires, quand même ce serait à l'occasion d'une affaire sommaire ou d'une affaire dispensée de plaidoiries, comme celles d'Enregistrement.

Il y a lieu à *communication au ministère public*. Toutefois, l'omission de cette formalité ne donnerait pas lieu à requête civile (480) contre le nouveau jugement, car on ne peut former 2 requêtes successives sur la même affaire.

Dans la requête civile, il y a *2 instances* successives et distinctes :

La 1re, appelée instance sur le **RESCINDANT**, a pour but de faire rétracter le jugement attaqué. Si l'annulation est prononcée, les

----

a Si la requête est incidente, on distingue si elle se produit dans une instance pendante devant le tribunal qui a rendu le jugement attaqué. Dans ce cas, elle se forme par acte d'avoué à avoué ; mais si c'est devant un autre tribunal, elle se forme par une assignation, car elle doit être portée nécessairement devant le tribunal qui a rendu ce jugement.

parties sont remises dans l'état où elles étaient avant le jugement rétracté; les sommes consignées sont restituées, ainsi que les objets des condamnations perçus en vertu de ce jugement.

La 2me, appelée instance sur le RESCISOIRE, a pour but de faire statuer sur le fond du procès, qui se trouve dès-lors indécis; le jugement à intervenir remplacera celui qui a été annulé.

Dans l'instance sur le rescindant, on ne s'occupe pas du fond de l'affaire, mais seulement d'examiner si le cas d'ouverture est fondé. Toutefois, il est des cas où l'on ne saurait examiner le moyen de requête civile sans entrer dans l'examen du fond, par ex., quand il s'agit de pièces fausses ou de pièces retenues, il est indispensable d'entrer dans le fond du procès, car il faut prouver que ces pièces ont eu ou auraient eu une influence sur la décision. Malgré cela, le jugement sur le rescindant se borne à casser le jugement attaqué, et laisse la question du fond sans solution.

Ainsi donc, quand la requête civile est admise, le procès n'est vidé que par le jugement sur le rescisoire, il faut 2 jugements successifs.

Toutefois, il est un cas où *1 seul* jugement suffit, c'est quand il y a *contrariété de jugements*. Dans ce cas, en effet, le tribunal n'a pas à examiner lequel de ses jugements est le meilleur, mais il doit nécessairement annuler le dernier, comme contraire au principe de la chose jugée, et en même temps ordonner que le 1er sera exécuté; en sorte que, par la même décision, il statue à la fois sur le rescindant et sur le rescisoire.

C'est le même tribunal qui rend successivement les 3 décisions, quand il y a rescindant et rescisoire.

La requête civile est défendue vis-à-vis de certains jugements, afin de mettre un terme aux procès. Ainsi :

1° Contre le jugement déjà attaqué, bien qu'on découvre plus tard de nouveaux moyens de requête.

2° Contre le jugement sur le rescindant qui a repoussé la requête (*a*).

3° Contre le jugement sur le rescisoire.

(*a*) *Quid* si le jugement sur le rescindant a admis la requête? Sous l'Ordonnance de 1667, les commentateurs admettaient la requête dans cette hypothèse. Le texte du Code semble se prêter à cette interprétation.

Mais si dans ces 3 cas une 2ᵐᵉ requête est défendue, le pourvoi en cassation, s'il y a lieu, est permis.

EFFETS. — La requête civile n'est PAS DÉVOLUTIVE, car elle est toujours portée au tribunal même qui a rendu la décision attaquée, et le tribunal se borne à casser cette décision sans la remplacer par une autre, tant que les parties n'introduisent pas une nouvelle instance.

Elle n'est PAS SUSPENSIVE de l'exécution du jugement attaqué. Il n'est même pas permis aux juges d'accorder, comme dans la tierce opposition, des défenses afin de surseoir à l'exécution.

Bien plus, il y a un cas où *le jugement doit être exécuté au principal avant de plaider :* c'est lorsqu'il ordonne le délaissement d'un héritage. Les motifs de la sévérité de la loi dans ce cas sont : la crainte que la requête ne soit qu'un prétexte pour gagner du temps, et le désir de vaincre la résistance des possesseurs d'immeubles. Au reste, cette exécution n'offre pas d'inconvénient, puisqu'on est sûr de retrouver l'immeuble, et elle est facile, car on n'a rien à se procurer.

Toutefois, l'exécution préalable du jugement portant condamnation d'abandonner un immeuble ne saurait être exigée dans 2 cas :

1° S'il y a contrariété de jugements.
2° Si, dans le même jugement, il y a des dispositions contraires.

Dans ces 2 cas, l'exécution doit être suspendue, et elle peut même être impossible (a).

Titre III. De la Prise à partie.

La **PRISE A PARTIE** est une voie extraordinaire par laquelle une partie poursuit un juge en réparation du préjudice qu'il lui a causé par sa faute dans l'exercice de ses fonctions.

(a) *Différences*

Entre l'OPPOSITION	et la REQUÊTE CIVILE.
Elle est une voie ordinaire.	Elle est une voie extraordinaire.
Une seule instance suffit : le même jugement rétracte et réforme la sentence attaquée.	Il y a 2 instances : La 1ʳᵉ sur le rescindant. La 2ᵐᵉ sur le rescisoire.
Elle est possible contre les jugements par défaut seulement, mais tant en 1ᵉ qu'en dernier ressort.	Elle s'applique aux jugements, tant par défaut que contradictoires, mais seulement en dernier ressort.

Ces 2 recours ont cela de commun, qu'ils sont des voies de *rétractation*.

La loi range ce recours parmi les voies extraordinaires d'attaquer les jugements, bien qu'il s'exerce quelquefois sans qu'aucun jugement ait été rendu, par ex., lorsqu'il y a déni de justice. Mais, le plus souvent, ce recours a une influence sur les jugements.

CAS DE PRISE A PARTIE. — Il y en a 4 :

1° S'il y a eu dol, fraude ou concussion commis, soit dans le cours de l'instance, soit lors des jugements.

2° Si ce recours est expressément autorisé par la loi.

3° Si le juge est déclaré, par la loi, responsable à peine de dommages et intérêts.

4° S'il y a eu déni de justice.

1° S'il y a eu **dol, fraude** *ou* **concussion.** — Le *dol* ou la *fraude* consistent, par ex., dans l'altération d'une déposition, ou d'un titre, ou bien dans les manœuvres faites par un juge pour tromper la religion de ses collègues. Mais en cas de mal-jugé par erreur ou ignorance, il n'y a pas lieu à prise à partie. Il en était différemment en droit romain.

La *concussion* consiste dans la perception des droits, taxe ou émoluments non dus (174, c. p.). Par ex., un juge commis pour une descente de lieux mentionne dans son procès-verbal plus de jours qu'il n'en a employés ; — ou bien il s'entend avec un avoué pour taxer les frais au-dessus du tarif et partager le bénéfice.

2° Si la **prise à partie** *est* **expressément autorisée par la loi.** — Le Code de procédure civile ne mentionne aucun cas, le Code d'instruction crimiminelle les renferme tous. La prise à partie est permise, s'il y a eu, de la part du juge d'instruction, inobservation des formalités requises dans l'audition des témoins, ou dans les mandats qu'il peut décerner (77, 112, i. c.).

Elle l'est aussi vis-à-vis des juges et des greffiers, pour défaut de signature, dans les 24 heures, de la minute des jugements et arrêts criminels (164, 196, 370, i. c.).

3° Si le **juge** *est* **déclaré, par la loi, responsable à peine de dommages et intérêts.** — Par ex., si un juge de paix, après avoir rendu un interlocutoire, a, par sa faute, laissé périmer l'instance (15) ; — ou bien encore, si un juge de paix a levé le scellé avant le délai de la loi (928). De même, si une cour accorde un sursis à l'exécution d'un jugement de commerce (617, c. co.).

4° *S'il y a eu* **déni de justice**. — Il y a déni de justice dans 3 cas :

Si le juge refuse de répondre à une requête.

S'il néglige de juger une affaire en état et en tour d'être jugée.

S'il refuse de juger, sous prétexte de silence, obscurité ou insuffisance de la loi (4, c. x.; 185, c. p.).

Le retard ne suffit pas, le juge doit être mis en demeure de statuer ; à cet effet, la partie lui adresse, par huissier, 2 réquisitions, non pas directement, mais en la personne du greffier. Ces réquisitions sont faites de 3 jours en 3 jours, s'il s'agit d'un juge de paix ou de commerce, et de 8 jours en 8 jours, s'il s'agit des autres juges. Dans la crainte que l'huissier ne refuse, la loi lui ordonne d'instrumenter, sous peine d'interdiction (507).

PERSONNES ATTAQUABLES. — Ce sont :

Les juges de paix, d'arrondissement et de commerce.

Les membres des cours impériales, d'assises et de cassation.

Les prud'hommes.

Les tribunaux, cours ou sections de cours.

Les membres du ministère public.

Les greffiers et leurs commis (mais exceptionnellement).

Ainsi, les juges sont susceptibles d'être poursuivis, soit individuellement, soit collectivement, comme composant un tribunal ou une cour (a).

TRIBUNAUX COMPÉTENTS. — Ce sont :

La cour impériale pour :

Les juges.

Les membres des cours d'appel ou d'assises.

Les tribunaux d'arrondissement, de commerce et le conseil des prud'hommes.

Le ministère public et le greffier près ces cours et tribunaux.

La cour de cassation pour :

Les cours d'assises, les cours d'appel ou leurs sections.

Les membres de la cour de cassation (b).

(a) Quant aux avocats et aux avoués appelés accidentellement à siéger pour compléter le tribunal, on admet, ainsi que cela avait lieu autrefois, qu'ils sont susceptibles d'être pris à partie.

(b) Quant à la prise à partie contre la cour de cassation toute entière, ou contre l'une de ses sections, elle est impossible, puisqu'il n'y a pas de tribunal supérieur pour en connaître; toutefois, on pourrait dire que la prise à partie contre une section peut être jugée par les autres sections réunies.

PROCÉDURE. — Une *requête en permission*, écrite en termes respectueux, est adressée à la cour compétente ; elle doit être signée de la partie, communiquée au ministère public, et accompagnée de pièces justificatives.

La cour rend son arrêt en chambre du conseil, sans débat oral, et sans entendre le juge attaqué.

Si la requête est rejetée, la partie est condamnée à 300 fr. d'amende, sans préjudice des dommages et intérêts envers les parties. Si elle est admise, la procédure continue (*a*).

La requête est alors signifiée au juge directement.

Le juge doit fournir ses défenses dans la huitaine. Le demandeur peut y répondre.

L'affaire est portée à l'audience publique sur un simple acte, et les plaidoiries ont lieu comme dans les autres affaires.

L'arrêt définitif est rendu par la cour en audience solennelle, c.-à-d. en chambres réunies. (D. 30 mars 1808, 22).

EFFETS. — Si la prise à partie est *rejetée*, le demandeur est condamné à une *amende de 300 fr.*, sans préjudice des *dommages et intérêts* envers les parties.

Si elle est *admise*, la loi ne s'explique pas.

On distingue : — s'il s'agit d'un acte fait par un juge, en dehors d'une instance, par ex., une arrestation illégale (112, I. c.), l'acte est annulé et le juge condamné à des dommages-intérêts envers la partie. — S'il y a eu déni de justice, il y aura simplement lieu à dommages-intérêts. — Enfin, s'il s'agit d'un jugement rendu par dol, fraude ou concussion, le juge est encore condamné à réparer le préjudice ; mais comment procédera-t-on ? Le jugement sera-t-il annulé, sauf à la partie en faveur de qui il a été rendu à se faire indemniser par le juge ? Ou bien le jugement sera-t-il maintenu, sauf à celui contre qui il a été rendu à demander des dommages et intérêts au juge ? Les 2 solutions auraient à peu près le même résultat, s'il n'y avait pas à craindre l'insolvabilité du juge ; car cette insolvabilité retombera sur l'une ou l'autre partie, suivant qu'on admettra tel ou tel moyen. On distingue

---

a Non-seulement le juge attaqué ne doit plus connaître du différend à l'occasion duquel la prise à partie a eu lieu, mais il doit s'abstenir, jusqu'au jugement définitif, de toutes les causes que la partie, ou ses parents en ligne directe, ou son conjoint, pourront avoir dans son tribunal, à peine de nullité des jugements.

généralement s'il y a eu ou non complicité de la part de la partie adverse. Quand il y a eu complicité de la partie gagnante, on admet que le jugement sera réformé : — par l'appel, s'il est en 1er ressort. — par requête civile, s'il est en dernier ressort.

Mais si la complicité n'existe pas, il y a controverse :

Les uns veulent que le jugement soit maintenu entre les parties, les autres, qu'il soit annulé. Parmi ces derniers, il y a encore divergence sur les moyens d'anéantir le jugement: les uns accordent l'appel ou la requête civile, suivant qu'il est en 1er ou dernier ressort; d'après les autres, le dol du juge est un acte de forfaiture qui doit être annulé par la cour de cassation. Enfin, il en est qui disent, avec raison, que la prise à partie étant une voie extraordinaire d'attaquer le jugement, il appartient au tribunal qui statue sur ce recours de réformer le jugement, qu'il y ait ou non complicité de la partie.

APPENDICE a

Du Recours en cassation.

Le **RECOURS EN CASSATION** est une voie extraordinaire d'attaquer devant la cour suprême, et pour des motifs déterminés, les jugements *en dernier ressort* (contradictoires ou par défaut).

Ce n'est pas un 3me degré de juridiction, la cour de cassation n'examine pas si le jugement a été bien ou mal rendu au fond, mais si les moyens de cassation proposés sont justifiés ; quand elle annule un jugement, elle n'y substitue pas un nouveau jugement, elle renvoie seulement les parties devant un autre tribunal du même degré que celui dont la décision a été cassée.

Effets du recours. — Le pourvoi en cassation n'est ni *dévolutif*, ni *suspensif*.

Il n'est *pas dévolutif*, puisque la cour se borne à maintenir ou à casser la décision, sans la réformer en la remplaçant par une autre.

(*a* Le Code de procédure ne contient aucune disposition, soit sur l'organisation, soit sur les attributions, soit sur la procédure de la cour de cassation : cette matière est encore régie par des règlements anciens modifiés par quelques lois rendues, pour la plupart, avant la publication du Code de procédure.

Il n'est *pas suspensif*, excepté cependant lorsqu'il s'agit d'un jugement ordonnant la suppression ou la réformation d'une pièce déclarée fausse (241); il en était de même en matière de divorce (263, c. n.).

CAS D'OUVERTURE DE CASSATION. — Il y en a 4 :
1° L'*incompétence* ou *excès de pouvoir*.
2° La *violation de la loi*.
3° La *violation des formes de procédure* prescrites à peine de nullité.
4° La *contrariété de jugements* en dernier ressort rendus par des cours ou tribunaux différents, entre les mêmes et parties sur les mêmes moyens.

1° **Incompétence** *ou* **excés de pouvoir.** — L'incompétence constitue, en quelque sorte, un excès de pouvoir, et l'excès de pouvoir suppose une incompétence. Ainsi, quand un tribunal statue sur une affaire qui n'est pas de sa compétence, on peut dire qu'il excède ses pouvoirs : réciproquement, quand un tribunal fait un acte qui lui est défendu, on peut dire qu'il est incompétent à raison de cet acte. Ces 2 expressions sont donc à peu près synonymes ; toutefois, il importe de distinguer les 2 cas, car la loi en a fait 2 ouvertures de cassation qui ne suivent pas les mêmes règles (a).

L'*excès de pouvoir* s'entend spécialement des *actes défendus à toute juridiction*. Ainsi, un tribunal commet un excès de pouvoir en rendant une décision par voie de réglement général (5, c. n.); — en défendant d'exécuter une loi ou un jugement; — en s'opposant aux mesures administratives, car ce sont là des actes qui ne sont permis à aucune juridiction.

L'*incompétence* s'entend des *actes attribués à une autre juridiction* ou *à un autre tribunal*; c'est un empiétement d'une juridiction sur une autre. Par ex., une affaire civile a été jugée par un tribunal de commerce; ou bien une affaire civile a été jugée par le tribunal de la situation de l'objet litigieux, tandis que le tribunal compétent était celui du domicile du défendeur, l'affaire étant personnelle, et non pas réelle.

(a) En cas d'excès de pouvoir, le procureur général peut, sur l'ordre du gouvernement, attaquer même les décisions en *1er ressort*. — il peut le faire, soit avant, soit après les délais accordés aux parties. — enfin, ce recours profite aux parties elles-mêmes, contrairement à ce qui a lieu pour l'incompétence et les autres cas d'ouverture. L'excès de pouvoir est aussi le seul motif de cassation contre les jugements des juges de paix (1. 1833).

Si l'incompétence est *ratione materiæ*, il y a lieu à cassation, même dans le cas où les parties n'auraient pas proposé cette exception dans le cours de l'instance, car elle est d'ordre public.

Si l'incompétence est *ratione personæ*, il n'y a lieu à cassation qu'autant que l'exception a été proposée au début de l'instance et qu'elle a été repoussée par les juges, car c'est une exception dans l'intérêt privé de la partie et qui est couverte par son silence (a).

2° Violation de la loi. — La cour de cassation recherche seulement si le droit a été ou n'a pas été violé; elle n'a pas à vérifier si les faits relatés dans la décision attaquée sont vrais ou faux. Les questions de fait sont jugées souverainement par les cours et tribunaux et échappent à la censure de la cour de cassation, qui doit se borner à examiner s'il y a eu, à l'égard de ces faits ainsi reconnus, une juste application de la loi. Ainsi, une libéralité testamentaire faite à un médecin est attaquée à raison des soins donnés au malade (909, c. s.): si le tribunal de 1re instance ou la cour d'appel, tout en reconnaissant en fait que le médecin a donné ses soins au défunt avant et après la disposition testamentaire, admet en même temps que le testateur est mort d'une autre maladie, la cour n'aura pas à examiner s'il y a eu 2 maladies successives et distinctes ou s'il y a eu continuation de la même maladie, car c'est là une question de fait.

Toutefois, si les juges ont reconnu pour vrais des faits dont la loi n'admet pas la vérification, tels que la paternité naturelle dans un cas où la loi en défend la recherche, — ou s'ils n'ont pas admis comme vrais des faits que la loi déclare constants, par ex., un fait attesté dans un acte authentique non argué de faux; il y a encore lieu à cassation, car ce n'est plus une question de fait, mais une question de droit qui est soulevée, puisque la reconnaissance ou la méconnaissance de ces faits constitue par elle-même une violation de la loi.

Pour qu'il y ait lieu à cassation, il faut que la violation de la loi porte sur le *dispositif* du jugement, et non sur les *motifs*; il importe peu, en effet, que les considérants soient plus ou moins exacts, si la décision est conforme au droit.

(a) Si le jugement était par défaut, il y aurait nécessairement lieu à cassation, car on ne peut considérer le défaillant comme ayant accepté la compétence du tribunal.

3° **Violation des formes de procédure** *prescrites à peine de nullité.* — Comment peut-il y avoir recours à cassation pour ce motif, puisque c'est un cas de requête civile, et qu'il est de principe qu'il ne peut y avoir lieu à cassation dans les cas où la requête civile est ouverte? (Réglement, 1738.)

Il faut faire la distinction admise déjà dans l'ancien droit, où l'Ordonnance de 1667 faisait également de cette hypothèse une ouverture de requête civile : — si l'inobservation des formes n'a pas été invoquée par les parties, il y a erreur involontaire de la part du tribunal, et il est préférable de s'adresser aux juges mêmes qui ont rendu le jugement, pour le faire annuler; dans ce cas, la requête civile seule est admise; — si, au contraire, la nullité pour vice de formes a été proposée par les parties et repoussée par les juges, il est inutile de s'adresser à eux, le recours en cassation est seul permis (a).

4° **Contrariété de jugements** *en dernier ressort rendus par des cours ou tribunaux différents, entre les mêmes parties et sur les mêmes moyens.* — Si les 2 jugements émanaient du *même tribunal,* il y aurait lieu à requête civile (480). Toutefois, si le tribunal rejetait la requête, on pourrait alors recourir en cassation.

DÉLAI. — Le recours en cassation doit être formé dans les **2 mois**, à partir de la signification, pour les jugements contradictoires, ou de l'expiration des délais d'opposition, pour les jugements par défaut (l. 9 mai 1862).

JUGEMENTS SUSCEPTIBLES D'UN POURVOI EN CASSATION. — Ce sont : *les jugements en dernier ressort,* et jamais ceux sujets à appel, alors même que les délais seraient expirés, car dans ce cas, on est censé avoir acquiescé à la sentence. Toutefois, en cas d'excès de pouvoir, les *décisions en 1er ressort* sont également susceptibles d'un recours en cassation de la part du ministère public (l. 27 vent. an VIII. 80). Mais il importe peu que le jugement soit contradictoire ou par défaut. Ainsi, sont attaquables :

(a) On distingue encore si les formalités étaient imposées aux parties ou à leurs avoués, ou si elles étaient imposées aux juges : le 1er cas donne lieu à requête civile, le 2me, à cassation. C'est ainsi que le recours en cassation est seul admis dans les 4 cas suivants : — si les jugements ne sont pas motivés; — s'ils n'ont pas été rendus publiquement; — s'ils ont été prononcés par un nombre de juges insuffisant, — ou par des juges qui n'ont pas assisté à toutes les audiences, car ce sont là des formalités imposées aux juges (l. 20 avril 1810, a. 7).

Les arrêts des cours impériales, car ils sont toujours en dernier ressort.

Les jugements des tribunaux d'arrondissement en 1er et dernier ressort, ou ceux en 2me ressort (appel des justices de paix).

Les jugements des tribunaux de commerce en 1er et dernier ressort, ou en 2me ressort, (appel des conseils de prud'hommes).

Les jugements des juges de paix en dernier ressort (mais seulement en cas d'*excès de pouvoir*).

Les décisions des conseils de prud'hommes.

Il n'y a pas lieu à cassation contre les sentences arbitrales (a).

PERSONNES AYANT DROIT D'EXERCER LE POURVOI. — Ce sont :

1° Les **Parties** qui ont figuré dans l'instance, leurs héritiers et ayants-cause (les tiers ne le peuvent pas, ils n'ont que la tierce opposition).

2° Le **Procureur général** près la cour de cassation, mais dans 2 cas seulement :

1° Sur l'ordre du Gouvernement, pour *excès de pouvoir*.

2° De son chef, pour *violation de la loi* ou *des formes*.

Il importe de distinguer entre les 2 cas, car non-seulement dans le cas d'*excès de pouvoir*, le procureur général agit sur l'ordre du Gouvernement, au lieu d'agir de son chef, mais encore le pourvoi peut avoir lieu à l'occasion d'une *décision en 1er ressort;* de plus, le pourvoi peut être formé, même avant l'expiration des délais accordés aux parties; enfin, ce pourvoi profite aux parties elles-mêmes, en ce sens que le jugement est non avenu, même à leur égard.

Au contraire, lorsqu'il s'agit de la *violation de la loi* ou *des formes*, le pourvoi est formé par le procureur général, de son chef; — il ne peut avoir lieu qu'à propos de décisions en dernier ressort ; — il ne peut être formé qu'après l'expiration des délais accordés aux parties; — enfin, il ne profite nullement aux parties, en ce sens qu'elles ne peuvent se prévaloir de la cassation pour éluder les dispositions du jugement qui vaut *transaction* entre elles.

Dans ce cas, le pourvoi est dit **dans l'intérêt de la loi**, parce qu'il est formé pour l'honneur des principes et l'observation de la loi.

(a) Il s'agit ici de l'arbitrage *volontaire*, car dans l'arbitrage *forcé*, qui a été supprimé en 1856, le recours en cassation était admis (1028).

Procédure. — Un *mémoire* en forme de requête, signé d'un avocat à la cour de cassation, est déposé au greffe de la cour, sans signification. Il doit contenir les noms du demandeur et du défendeur, l'indication de l'arrêt attaqué et l'exposé des moyens (plus tard, on peut faire un mémoire détaillé ou *ampliatif*). On y joint la quittance de la consignation de l'amende (150 fr. pour les jugements contradictoires, moitié pour ceux par défaut).

L'affaire est portée devant la chambre des requêtes, le président désigne, parmi les conseillers, un rapporteur auquel les pièces sont remises; communication des pièces est faite au ministère public. A l'audience, le rapporteur fait son rapport ; l'avocat du demandeur présente ses moyens (le défendeur n'est pas représenté dans le débat devant la chambre des requêtes). Le ministère public présente ses conclusions. La cour, si les moyens de cassation ne lui paraissent pas sérieux, rend un arrêt de rejet *motivé*. Cet arrêt est définitif. Mais si les moyens paraissent sérieux et admissibles, la cour prononce le *renvoi à la chambre civile*. Dans ce cas, son arrêt n'est ni *motivé*, ni *définitif*, puisqu'il ne tranche pas la question. Au reste, il est inutile, de donner des motifs qui ne seront peut-être pas admis par la chambre civile.

La chambre des requêtes a ainsi pour mission d'examiner le mérite de tous les pourvois, d'arrêter et repousser ceux qui ne lui paraissent pas sérieux, et laisser passer les autres, afin qu'ils soient soumis à un 2me examen.

Dans les 2 mois de l'admission, le demandeur signifie au défendeur la requête introductive et l'arrêt d'admission, avec sommation de comparaitre, c.-à-d. de choisir un avocat dans le délai d'un mois (l. 2 juin 1862). Le défendeur doit constituer son avocat et signifier son mémoire dans les 3 jours, faute de quoi, l'affaire est jugée par défaut (*a*).

Le demandeur peut signifier un autre mémoire en réponse. Ainsi, devant la chambre civile, l'affaire est engagée entre les parties.

Dans cette chambre, comme dans celle des requêtes, il y a un rapport, puis les avocats prennent la parole, enfin le ministère

(*a*) Toutefois, le demandeur n'obtient pas ses conclusions sans un examen approfondi, et il peut même être condamné. Le défendeur peut former opposition dans le délai d'un ou deux mois, suivant les cas. Il doit consigner 300 fr., l'amende étant double en cas de défaut.

public donne ses conclusions. La cour rend alors son arrêt, lequel est toujours motivé.

Si la cour rejette le pourvoi, son arrêt est définitif.

Si elle l'admet, elle casse le jugement et renvoie l'affaire à un autre tribunal de même ordre, excepté dans 2 cas :

1° Si c'est par contrariété de jugements, car alors le dernier jugement seul étant cassé, le 1er est maintenu.

2° Si le pourvoi est formé par le procureur-général de la cour de cassation dans l'intérêt de la loi, le jugement, dans ce cas, est en effet maintenu vis-à-vis des parties.

EFFET DE L'ARRÊT DE CASSATION. — Le tribunal auquel l'affaire est renvoyée pour être de nouveau jugée n'est pas lié par l'arrêt de la cour; il peut décider dans le même sens que le 1er tribunal. Dans ce cas, s'il y a un nouveau pourvoi, l'affaire est portée devant les 3 chambres réunies. Si le jugement est cassé une seconde fois, l'affaire est renvoyée devant un 3me tribunal, mais ce dernier n'a pas la même liberté de décision que le 2me, il reste bien juge souverain de *l'appréciation des faits*, mais il doit se conformer à l'arrêt de la cour sur le *point de droit* (l. 1er avril 1837).

Il y a eu sur ce 2me pourvoi de nombreuses variations dans la législation (l. 1er déc. 1790, 21. — 3 sept. 1799, 21. — 5 fruct. an III, 256. — 27 vent. an VIII, 78. — 16 sept. 1807. — 30 juil. 1828).

Lorsque 2 arrêts de cassation sont rendus dans le même sens sur un point controversé, il semble que la question soit définitivement tranchée : il n'en est rien. L'interprétation de la cour n'est obligatoire que pour le 3me tribunal auquel l'affaire est renvoyée, et encore, dans cette affaire seulement : les autres tribunaux peuvent repousser cette opinion, la cour elle-même peut se déjuger le lendemain dans une autre affaire. Aussi, quelque constante et ancienne que soit sa jurisprudence sur une question, elle n'offre qu'une grande probabilité de stabilité, mais jamais une certitude.

Ce système est déplorable et destiné à perpétuer le doute et l'erreur plutôt qu'à les faire cesser; il est regrettable que le Conseil d'État n'ait plus le pouvoir d'émettre des avis interprétatifs ayant force de loi.

RÉSUMÉ

DE

PROCÉDURE CIVILE

Organisation Judiciaire.

Le *Code civil* détermine la nature et l'étendue de nos droits; le *Code de procédure civile* donne les moyens de faire valoir ces droits et de contraindre les autres à les respecter.

La *Procédure civile* est l'ensemble des règles à observer devant les tribunaux pour obtenir justice : autrement dit, la marche à suivre pour — former une demande. — proposer la défense, — établir les preuves — et faire rendre, — réformer — ou exécuter le jugement.

L'*Organisation judiciaire* est l'ensemble des règles sur la composition et les attributions des tribunaux.

Les *Tribunaux* sont des corps constitués pour rendre la justice au nom du chef de l'État.

Ils se divisent en tribunaux *ordinaires* (tribunaux d'arrondissement et cours impériales), et tribunaux *d'exception* (justices de paix, — tribunaux de commerce, — conseils de prud'hommes).—On les divise encore en tribunaux de *1re instance* et tribunaux *d'appel*.

Chaque tribunal exerce la justice sur une certaine partie du territoire. Les circonscriptions judiciaires (appelées *ressorts*) sont à peu près les mêmes que les circonscriptions administratives. Ainsi, il y a :

Une *Justice de paix* par canton.
Un *Tribunal de 1re instance* ou *d'arrondissement* par arrondissement.
Une *Cour impériale* pour un ou plusieurs départements.
Une *Cour de cassation* pour toute la France.

Quant aux *Tribunaux de commerce*, il y en a seulement dans les villes commerçantes. — Enfin, il y a des *Conseils de prud'hommes* dans les villes manufacturières.

a

TRIBUNAUX.

Justices de paix. — ORGANISATION. — Il y en a *une par canton*. Le tribunal se compose d'un juge qui siége seul et de 2 suppléants chargés de le remplacer. Tous sont nommés et révoqués par l'Empereur, et par conséquent, *amovibles*. Le juge a un traitement, les suppléants n'en ont pas.

Il n'y a pas de ministère public devant le tribunal de paix.

Un *greffier* assiste le juge, — les *huissiers* du canton font la police de l'audience, — il n'y a pas d'officiers ministériels.

A Paris, il y a autant de justices de paix que d'arrondissements, c.-à-d. 20.

COMPÉTENCE. — Elle est limitée aux actions de modique intérêt et à celles qui exigent une prompte solution. Les juges de paix statuent sans appel jusqu'à 100 fr., et avec appel jusqu'à 200 fr., sur les actions purement personnelles et mobilières. Quelquefois même ils jugent sans limitation de taux, mais avec appel au-dessus de 100 fr. Ex., actions pour injures, rixes ou voies de fait. Quelquefois aussi, l'appel est permis même au-dessous de 100 fr. Ex. : actions possessoires.

L'*appel* est porté au tribunal d'arrondissement.

Tribunaux d'arrondissement ou **de 1re instance.** — La première dénomination est plus exacte que la seconde, car ils jugent quelquefois en 1er et dernier ressort, quelquefois en appel.

ORGANISATION. — Il y en a *un par arrondissement*. Le siége est ordinairement au chef-lieu administratif, mais il y a des exceptions; ainsi, dans l'arrondissement d'Arles (Bouches-du-Rhône), le tribunal est à Tarascon, simple chef-lieu de canton.

Chaque tribunal se compose de 3 à 12 juges rétribués (3, 4, 7, 8, 9, 10 ou 12) et de 3 à 6 juges suppléants sans traitement. Parmi les juges sont compris un président et autant de vice-présidents qu'il y a de chambres, moins une (la chambre où siége le président n'a pas de vice-président).

Les tribunaux de 3 à 4 juges n'ont qu'une chambre ; ceux de 7 à 10 en ont 2 ; ceux de 12 en ont 4. Quand il y a plus d'une chambre, l'une d'elles est chargée de la police correctionnelle.

Les juges et présidents sont nommés par l'Empereur, mais ils ne peuvent être révoqués, ils sont *inamovibles.*

Le *ministère public* se compose d'un procureur impérial et d'un ou plusieurs substituts nommés et révoqués par l'Empereur, et par conséquent, *amovibles.*

Près chaque tribunal, il y a un *greffier* et un ou plusieurs commis greffiers ; — comme officiers ministériels, des *avoués* et des *huissiers* dont le nombre varie suivant les villes.
Enfin, il y a des *avocats* en nombre illimité.

A Paris, il n'y a qu'un tribunal pour tout le département de la Seine. Il se compose d'un président et 8 vice-présidents (autant que de chambres), 1 procureur impérial et 22 substituts. Il y a 8 chambres (dont 5 civiles et 3 correctionnelles).

Pour rendre un jugement, il faut 3 juges au moins et 6 au plus. En cas d'insuffisance de juges pour composer le tribunal, on appelle les suppléants, — à leur défaut les avocats dans l'ordre du tableau, — à défaut de ces derniers, les avoués dans le même ordre. Il en est de même pour le remplacement des membres du ministère public.

COMPÉTENCE. — Elle est ordinaire, c.-à-d. qu'elle s'étend à toutes les affaires qui ne sont pas attribuées aux tribunaux d'exception. C'est ainsi qu'elle comprend les affaires commerciales dans les arrondissements où il n'y a pas de tribunaux de commerce.

Les tribunaux d'arrondissement jugent en 1er et dernier ressort les affaires personnelles ou mobilières jusqu'à 1,500 fr. en capital, et les affaires réelles jusqu'à 60 fr. de revenu ; au-dessus de ces chiffres, ils ne jugent qu'en 1er ressort.

L'appel est porté à la cour impériale.

Les tribunaux d'arrondissement sont à leur tour tribunaux d'appel pour les justices de paix.

Cours impériales ou **Cours d'appel.**—ORGANISATION.
— Il y en a *une* pour *un* ou *plusieurs départements;* en tout
28 (y compris celle de Chambéry, nouvellement annexée,
mais sans compter celle de l'Algérie). La cour de Bastia a dans
son ressort 1 département, — celle de Paris 7, — les autres
de 3 à 5.

La cour siège généralement au chef-lieu du département
sur le territoire duquel elle se trouve, mais quelquefois son
siége est dans un chef-lieu d'arrondissement. Ex., dans le
Nord, la cour est à Douai et non à Lille.

Chaque cour se compose de 20 à 40 conseillers : les cours
de 24 conseillers ont 3 chambres (une civile, — une de mise
en accusation, — une de police correctionnelle); les cours de
30 conseillers ont 4 chambres (dont 2 civiles); celles de 40
ont 5 chambres (dont 3 civiles). Parmi les conseillers sont
compris un premier président et autant de vice-présidents
que de chambres, moins une. Ils sont tous nommés par l'Empereur, mais ils sont *inamovibles.*

Le *ministère public* près ces cours se compose d'un procureur général impérial, de 6 avocats généraux et d'un certain
nombre de substituts.

Près chaque cour, il y a un *greffier* et plusieurs commis
greffiers; comme officiers ministériels. des *avoués* et *huissiers*
en nombre déterminé; enfin des *avocats* en nombre illimité.

A Paris, il y a 72 conseillers (y compris les présidents),
1 procureur général, 7 avocats généraux et 11 substituts. La
cour comprend 7 chambres (dont 5 civiles, une de mise en
accusation et une correctionnelle).

Pour rendre une décision, il faut 7 conseillers au moins
dans les chambres civiles, (5 suffisent dans les chambres des
mises en accusation et correctionnelles).

COMPÉTENCE. — Au civil, les cours connaissent des appels
des jugements des tribunaux d'arrondissement et des tribunaux de commerce; exceptionnellement, elles jugent en 1ᵉʳ et
dernier ressort, par ex., les Prises à partie.

Tribunaux de commerce. — ORGANISATION. — Il y en a dans les villes commerçantes : dans la plupart des arrondissements il y en a 1; dans quelques-uns 2 (ainsi, dans l'arrondissement d'Arles, il y en a un à Arles et un à Tarascon); dans d'autres, il n'y en a aucun; dans ce cas, le tribunal civil en tient lieu.

Chaque tribunal se compose de 3 à 5 juges dont 1 président; en outre, de juges suppléants dont le nombre varie suivant l'importance du commerce.

Les membres sont nommés à l'élection par les notables commerçants, c.-à-d. par un certain nombre de personnes exerçant le commerce avec honneur, et désignées par le préfet; ils sont ensuite institués par l'Empereur. Les fonctions de juges sont purement honorifiques; elles durent 2 ans. On est rééligible pour 2 ans, mais si l'on a été élu deux fois de suite, on ne peut l'être une troisième qu'après un an d'intervalle.

Près chaque tribunal il y a un *greffier* et des *huissiers;* il n'y a ni *ministère public*, ni *avoués*, mais seulement des *agréés*, c.-à-d. des personnes investies de la confiance du tribunal et recommandées aux parties pour les représenter. Les agréés remplissent à la fois le rôle des avoués et des avocats, mais leur ministère n'est pas obligatoire comme celui des avoués.

A Paris, il y a 1 président, 14 juges et 16 suppléants. — Le tribunal est divisé en sections.

COMPÉTENCE. — Elle est exceptionnelle, c.-à-d. limitée à certaines affaires, par exemple, les affaires commerciales entre toutes personnes, et certains actes non commerciaux faits par des commerçants en vue de leur commerce. Les tribunaux de commerce jugent en 1er et dernier ressort jusqu'à 1,500 fr.; au-dessus de ce chiffre, ils ne jugent qu'en 1er ressort.

L'appel est porté devant la cour impériale.

A leur tour, les tribunaux de commerce connaissent des appels des conseils de prud'hommes.

Conseils des Prud'hommes. — ORGANISATION. — Il y en a dans les villes manufacturières.

Le conseil se compose de fabricants et d'ouvriers en nombre égal ; le minimum des membres est de 6, non compris le président et le vice-président.

Les prud'hommes sont élus pour 6 ans (tous les 3 ans, ils sont renouvelés par moitié, mais ils sont rééligibles) ; les patrons élisent les prud'hommes patrons, — les ouvriers élisent les prud'hommes ouvriers. Le président et le vice-président sont nommés pour 3 ans par l'Empereur, ils peuvent être nommés de nouveau et pris en dehors des éligibles. Les fonctions de prud'hommes sont, comme celles des juges de commerce, purement honorifiques.

Le *secrétaire* est nommé et révoqué par le préfet.

Le conseil forme 2 bureaux, — le bureau particulier ou de *conciliation*, composé de 2 membres (1 patron et 1 ouvrier), — et le bureau général ou de *jugement*, composé de 4 membres (2 patrons et 2 ouvriers), non compris le président.

COMPÉTENCE.—Les prud'hommes sont chargés de concilier les fabricants ou patrons et les ouvriers ou apprentis sur les différends relatifs à leur métier (bureau de conciliation), et, à défaut d'arrangement, de prononcer sur ces différends (bureau de jugement).

Ils jugent en 1er et dernier ressort jusqu'à 200 fr., et en 1er ressort au-dessus de ce chiffre.

L'*appel* est porté devant le tribunal de commerce.

Outre les prud'hommes *Fabricants*, il y a encore, sur certains points du littoral, des prud'hommes *Pêcheurs* qui jugent les contestations entre pêcheurs, au sujet de la pêche. C'est une institution coutumière.

Cour de cassation. — ORGANISATION. — C'est un tribunal suprême et unique siégeant à Paris ; il se compose de 45 conseillers, plus 1 premier président et 3 présidents, tous nommés par l'Empereur, mais *inamovibles*.

La cour de cassation se divise en 3 chambres : — la chambre des requêtes, la chambre civile, la chambre criminelle.

Le *ministère public* comprend 1 procureur général et 6 avocats généraux.

Il y a 1 *greffier* et 4 commis greffiers ; comme officiers ministériels, il y a *60 avocats* qui sont en même temps avocats au conseil d'État, et dont le ministère est forcé comme celui des avoués ; en outre, *8 huissiers* spécialement attachés à la cour de cassation.

COMPÉTENCE. — La cour de cassation juge les pourvois contre les décisions en dernier ressort ; mais elle ne constitue pas un degré de juridiction, elle ne réforme jamais, et quand elle casse une décision, elle renvoie devant un autre tribunal.

Il y a 4 cas de cassation : — incompétence ou excès de pouvoir, — violation expresse de la loi, — violation des formes prescrites à peine de nullité, — contrariété de jugements. La cour connaît, en outre, dans certains cas, des Réglements de juges et des Prises à partie.

JUGES ET PERSONNES ATTACHÉES PRÈS LES TRIBUNAUX.

Juges. — Dans un sens général, le mot *juge* comprend tant les membres des tribunaux que ceux des cours, mais dans un sens spécial, il désigne seulement les membres des tribunaux proprement dits ; les membres des cours s'appellent *conseillers*.

Ministère public. — Les membres du ministère public sont placés près des cours et tribunaux (excepté les tribunaux de commerce et justices de paix), pour veiller à l'application et à l'exécution de la loi. Ils portent le nom de *procureurs* et de *substituts*.

Greffier. — C'est un officier ministériel chargé d'assister les juges dans la plupart de leurs fonctions et, entre autres choses, de rédiger les minutes des jugements et en délivrer copie.

Avocats. — Excepté ceux attachés à la cour de cassation, les avocats ne sont pas officiers ministériels et leur ministère n'est pas obligatoire pour les parties; ils ont seulement le privilége de donner des conseils et de plaider. Toute personne peut défendre sa propre cause; mais elle ne peut la faire plaider que par un avocat. Sont avocats, ceux qui sont licenciés en droit, ont prêté serment, et ont fait un stage de 3 ans près d'un tribunal ou d'une cour.

Avoués. — Ils sont officiers ministériels, leur rôle est de représenter les parties en justice; leur ministère est obligatoire. On peut se passer d'un avocat, mais non d'un avoué, sauf de rares exceptions.

Il y a des avoués de 1re instance près les tribunaux d'arrondissement, et des avoués d'appel près les cours impériales; il n'y en a pas près les tribunaux de commerce ni de paix.

Agréés. — Ce sont des personnes honorées de la confiance du tribunal et recommandées aux parties pour les représenter. Ils n'ont pas de caractère public, aucun grade n'est exigé; leur ministère est facultatif. Il y en a près des tribunaux de commerce, et quelques tribunaux de paix.

Huissiers. — Il y en a près toute espèce de tribunaux. Ce sont des officiers ministériels chargés de signifier les actes de procédure et de mettre les jugements à exécution. Ceux qui sont chargés par le tribunal de faire la police de l'audience sont appelés *audienciers* et ont, en compensation de ce service, le privilége de signifier les actes d'avoué à avoué.

Commissaires priseurs. — Ce sont aussi des officiers ministériels. Ils n'ont qu'une seule attribution, celle de faire les ventes publiques et les estimations d'effets mobiliers, encore sont-ils en concurrence avec les notaires, greffiers et huissiers. Il n'y en a que dans les villes un peu importantes.

Gardes du commerce. — Comme les commissaires priseurs, ils sont officiers ministériels et n'ont qu'une attribution spéciale. Ils sont chargés, à la place des huissiers, de mettre à exécution la contrainte par corps. Il n'y en a qu'à Paris; de 10, ils ont été réduits à 7. Ils vont être supprimés.

CODE DE PROCÉDURE CIVILE.

Lorsqu'il s'élève un différend entre deux ou plusieurs parties, il y a 2 moyens de le régler sans recourir à la justice : — 1° la Transaction, — 2° le Compromis ou Arbitrage.

La *Transaction* est le réglement amiable que les parties font elles-mêmes de leurs droits litigieux.

Le *Compromis* est l'engagement que prennent les parties de confier à des tiers le réglement de leurs droits litigieux.

Ces tiers s'appellent *Arbitres*, — et leur décision *Arbitrage*.

Si les parties ne sont pas assez sages pour résoudre leurs difficultés par l'un ou l'autre de ces moyens, alors elles devront recourir à la justice.

Toutefois, avant de saisir certains tribunaux, la loi oblige, en principe, les parties à tenter un accommodement devant le juge de paix. Cette formalité, appelée *tentative de conciliation*, est un 3° moyen d'éviter un procès.

Quand on s'adresse aux tribunaux, la première chose à considérer, c'est quelle est la juridiction compétente.

Si l'affaire est du ressort des tribunaux administratifs (préfet, — conseil de préfecture, — ministre, — conseil d'État), on la porte directement devant eux, car il n'y a pas lieu au préliminaire de conciliation.

Si l'affaire est de la compétence des tribunaux judiciaires, il faut distinguer si elle est civile, commerciale ou criminelle.

Avant de porter un intérêt privé devant les tribunaux criminels (cours d'assises, tribunaux correctionnels, tribunaux de simple police), il n'y a pas de tentative de conciliation.

Les affaires commerciales sont réputées urgentes, et comme telles, affranchies des lenteurs de la conciliation.

Mais en matière civile, il y a toujours lieu, en principe, au préliminaire de conciliation.

Si l'affaire est de la compétence des tribunaux de paix, la partie qui attaque fait prévenir son adversaire de se rendre en conciliation par un avertissement écrit sur papier libre par le greffier et expédié par la poste.

Quand l'affaire rentre dans les attributions des tribunaux d'arrondissement, l'invitation à venir en conciliation est faite par acte d'huissier.

En pratique, cette formalité s'appelle, dans le 1er cas, *Petite Conciliation :* — dans le 2me, *Conciliation.*

La procédure devant la justice de paix n'étant pas exigée, il n'en sera pas parlé.

TRIBUNAUX INFÉRIEURS.

CONCILIATION.

La tentative de *Conciliation* est la formalité imposée aux parties de se présenter devant le juge de paix (siégeant, non comme juge, mais comme conciliateur), pour tenter un arrangement avant de commencer un procès devant les tribunaux d'arrondissement.

Cette sage mesure, plus belle en théorie qu'en pratique, a été établie par l'Assemblée Constituante : mais, comme elle était exigée *dans tous les cas* sans exception, elle faillit, lors de la discussion du Code de procédure, être repoussée, comme excessive. Elle fut cependant maintenue, mais restreinte à de justes limites. Ainsi, on n'exige plus la tentative de concilation dans les appels, — ni dans les causes où il n'y a pas lieu à transaction, — ni s'il y a plus de 2 défendeurs, —ni dans les demandes urgentes. Dans ces cas, la tentative, offrant peu ou point d'espoir, était inutile ou dérisoire, et n'avait pour effet que d'entraîner des lenteurs et des frais.

CAUSES SOUMISES AU PRÉLIMINAIRE DE CONCILIATION. — Aujourd'hui, 3 conditions sont exigées; la demande doit être :

1° *Introductive d'instance;*
2° *En 1re instance devant les tribunaux d'arrondissement;*
3° *Susceptible de transaction* (soit à raison des parties, soit à raison de l'objet).

1° *Introductive d'instance.* — L'article 48 exige que la demande soit, en outre, *principale*: c'était inutile, car toute demande introductive est principale.

La demande PRINCIPALE est, en effet, celle qui commence un procès entre les parties, que le procès se rattache ou non à un autre déjà pendant entre l'une des parties et un tiers.

La demande INTRODUCTIVE est celle qui commence un procès entre les parties, mais sans que ce procès se rattache à aucun autre, soit entre les parties, soit entre l'une d'elles et un tiers.

Ainsi, la demande introductive est toujours principale, puisqu'elle fait naître un procès; mais la demande principale n'est pas toujours introductive, car le procès qu'elle fait naître se rattache quelquefois à un autre procès en cours d'instance et vient se joindre à lui. Par ex., la demande *en garantie* est tantôt principale et introductive, tantôt principale seulement : J'ai acheté une maison; une personne m'actionne pour m'en chasser, prétendant qu'elle en est propriétaire; j'ai 2 partis à prendre à mon choix :

1° Appeler de suite en garantie mon vendeur, afin qu'il me défende contre mon adversaire; dans ce cas, mon action est bien principale, puisqu'elle commence un procès entre mon vendeur et moi; mais elle n'est pas introductive, puisqu'elle se joint à l'instance commencée contre moi.

2° Soutenir seul le procès, et, si je succombe, agir ensuite en garantie contre mon vendeur; mon action contre ce dernier est alors principale et introductive, car elle commence une nouvelle instance, la première étant terminée.

Quant à la demande *en intervention* (c.-à-d. celle par laquelle un tiers prétend avoir intérêt à figurer dans un procès pendant entre 2 personnes), elle est toujours principale, puisqu'à l'égard de ce tiers elle commence un procès, mais elle n'est pas introductive, car elle se lie à une instance commencée ; par conséquent elle n'est jamais soumise à conciliation.

2° *En 1re instance devant le tribunal d'arrondissement.* — Ainsi, il n'y a pas lieu à conciliation sur les causes en appel, ni sur celles qui ne sont pas de la compétence des tribunaux d'arrondissement (par exemple, les affaires soumises aux tribunaux de commerce ou celles portées en premier ressort à la cour impériale). Quant à celles qui sont de la compétence des juges de paix, elles sont soumises à une conciliation spéciale, dite *petite conciliation.*

3° *Susceptible de transaction.* — La conciliation étant une espèce de transaction, les parties en cause doivent être capables de transiger, et l'objet du procès doit être susceptible de transaction.

Les personnes incapables de transiger ou plutôt de faire une transaction par elles-mêmes sont : les *mineurs,* — *interdits,* — *femmes mariées,* — *tuteurs,* — *curateurs* et *administrateurs de personnes morales publiques* (maire, préfet). Ces personnes ne pouvant transiger qu'après des formalités longues et coûteuses (par exemple, l'avis de 3 jurisconsultes et l'homologation du tribunal pour les mineurs), la loi a préféré les dispenser de la conciliation.

Les objets non susceptibles de transaction sont : les *dons et legs d'aliments, logement et vêtements,* — les *séparations de corps et de biens,* — et les *causes sujettes à communication au ministère public.* (Voyez titre IV.)

CAUSES DISPENSÉES DE TENTATIVE DE CONCILIATION. — Le Code, article 49, en donne une énumération qui, tout en étant fort longue, est cependant inutile et incomplète ; — inutile, car sauf 2 demandes qui sont de véritables exceptions (celles requérant célérité et celles formées contre plus de 2 défendeurs), toutes les autres sont exceptées comme ne réunissant pas les 3 conditions exigées ci-dessus; — incomplète, car elle ne comprend pas les femmes mariées, ni les prodigues.

Les demandes *requérant célérité*, telles que celles en paiement de loyers, ou arrérages, sont dispensées de la conciliation, parce que les lenteurs qu'entraîne cette formalité ne compensent pas l'espoir d'un arrangement. Telles sont encore les demandes en main-levée de saisie ou opposition et celles des avoués en paiement de leurs frais. Toutefois, quant à ces dernières, il y a un autre motif de dispense, c'est d'empêcher les avoués de se soustraire à la surveillance du tribunal.

Les demandes où il y a *plus de 2 défendeurs* (encore qu'ils aient le même intérêt, par exemple, des débiteurs solidaires), sont dispensées, comme offrant peu d'espoir de conciliation, car lorsqu'il y a 2 défendeurs, il faut mettre 3 personnes d'accord, ce qui est déjà difficile.

Juge compétent. — Si les parties se présentent volontairement, elles ont le choix de leur juge; — dans le cas contraire, le juge compétent est celui du *domicile du défendeur*.

S'il y a 2 défendeurs, c'est celui du *domicile de l'un d'eux*, au choix du demandeur.

Il importe peu que l'action soit réelle ou personnelle, on ne va jamais devant le juge de paix du lieu où est situé l'objet litigieux, car il sert peu que ce juge soit mieux renseigné, puisqu'il ne peut condamner; d'un autre côté, il n'a pas autant d'influence sur les parties que le juge du domicile de l'une d'elles.

Dans 2 cas, il y a une compétence exceptionnelle :

1° *En matière de Société* autre que celle de commerce, tant qu'elle existe, c'est le juge du lieu où est le siége de la Société.

2° *En matière de succession*, c'est le juge du lieu où la

succession s'est ouverte, jusqu'au partage inclusivement (que l'action soit formée par un héritier, un créancier ou un légataire).

La succession s'ouvre au domicile du défunt. C'est là que les héritiers se trouvent le plus souvent jusqu'au moment du partage.

CITATION. — Si les parties se présentent volontairement, aucun acte n'est exigé ; mais si l'une d'elles veut forcer l'autre à venir en conciliation, elle doit recourir à un exploit d'huissier appelé *Citation.*

Formes. — Cet acte doit contenir :

La *Date des mois, jour et an de l'exploit;*
Les *nom, profession et domicile du Demandeur :*
Les *nom et demeure du Défendeur ;*
Les *nom, demeure et immatricule de l'Huissier ;*
L'*Objet de la demande* (mais non les Moyens);
Les *jour et heure de la Comparution.*

Délai. — Le délai est de *3 jours francs,* c.-à-d. qu'il doit s'écouler 3 jours pleins entre le jour de la citation et celui de la comparution. Ainsi, une citation remise le 1er convoquera pour le 5 au plus tôt.

Le délai est augmenté d'un jour par 5 myriamètres de distance.

COMPARUTION. — Les parties comparaissent ou en personne ou par un fondé de pouvoir. On peut se faire représenter par toute personne, même par un homme de loi, excepté toutefois par un huissier. Il n'est pas nécessaire, comme autrefois, de donner pouvoir de transiger.

Si les 2 parties se présentent et se concilient, il est dressé procès-verbal de l'arrangement.

Ce procès-verbal a FORCE D'OBLIGATION PRIVÉE, ce qui ne veut pas dire qu'il n'a que la force d'un acte sous seing-privé, car étant rédigé par un officier public, cet acte a la *foi d'une obligation authentique*; en sorte que la partie qui l'invoque n'a pas à prouver qu'il est vrai, c'est à son adversaire à prouver qu'il est faux. La loi a voulu dire qu'à la différence des jugements et des actes notariés, ce procès-verbal n'emporte pas *hypothèque* et n'a pas la *force exécutoire*. Ainsi, si l'une des parties refuse d'exécuter le traité, il faudra obtenir un jugement pour la contraindre. Ces 2 effets, accordés par le projet du Code, ont été supprimés parce que les notaires prétendirent que, sous prétexte de difficultés, les parties iraient faire leurs affaires devant le juge de paix et se passeraient ainsi de leur ministère.

Si les 2 parties en présence ne se concilient pas, le juge mentionne sommairement le désaccord. Doit-il, ainsi qu'autrefois, constater les *dires, aveux* ou *dénégations* des parties ? On pense que cette formalité a été repoussée par le conseil d'État comme dangereuse pour les hommes simples et sans connaissances.

Mais lorsque l'une des parties défère le *Serment* à l'autre et que celle-ci refuse de le prêter, il doit être fait mention du refus de serment. Le tribunal saisi plus tard de l'affaire pourra avoir égard à ce refus. Mais celui qui aura déféré le serment pourra-t-il conclure immédiatement à une condamnation, comme si le serment avait été déféré en justice ?

En général, on n'admet pas cette conséquence.

Si l'une des parties ne comparaît pas, elle encourt une *amende de 10 fr.* et ne peut obtenir audience avant de l'avoir acquittée. Cette amende n'est pas prononcée par le juge de paix, qui n'a pas en cette circonstance qualité pour condamner, mais par le tribunal, si l'affaire est portée devant lui.

La non comparution est mentionnée sur le registre du greffe, et, en outre, *sur l'original* de la citation, si c'est le demandeur qui se présente, car c'est lui qui en est porteur, — ou *sur la copie*, si c'est le défendeur qui se présente.

Effets de la citation. — Outre son effet ordinaire, qui est de permettre aux parties de porter leur demande devant les tribunaux, la citation produit encore les 2 effets suivants :

Elle *interrompt la prescription.*
Elle *fait courir les intérêts,*

Pourvu, dans ces 2 cas, qu'elle soit suivie *dans le mois* d'une demande en justice.

Pour permettre aux parties d'assigner devant le tribunal, il n'y a aucun délai fatal ; on a donc 30 ans. Toutefois, on a prétendu qu'après 3 ans, il y avait *péremption*.

La péremption est l'annulation des actes de pocédure par la cessation de poursuites pendant 3 ans.

Mais cette prescription particulière aux instances est repoussée par ceux qui prétendent que la conciliation n'est pas une instance.

Défaut de tentative de conciliation. — Si, en dehors des cas de dispense de conciliation, une partie porte son action directement devant le tribunal, son adversaire peut, s'il le veut, refuser les débats jusqu'à ce que la conciliation ait été tentée.

Mais si le défendeur a gardé le silence au début de l'instance, peut-il opposer cette fin de non recevoir en tout état de cause ? — Et le tribunal peut-il l'invoquer d'office ? Controverse.

La jurisprudence, après avoir varié, s'est fixée en ce sens, que la nullité doit être proposée au début de l'instance, — mais que le tribunal peut la proposer d'office.

AJOURNEMENTS.

Lorsqu'il y a dispense de conciliation, ou lorsque la tentative a échoué, celui qui poursuit devant le tribunal envoie à son adversaire un acte d'huissier appelé *Ajournement* ou *Assignation*.

Ainsi, l'*Ajournement* est l'acte par lequel on introduit une demande en justice. Il est fait en double par original et par copie. L'original appartient au demandeur, — la copie est remise par l'huissier au défendeur.

FORMES. — L'ajournement doit contenir :
La Date des jour mois et an ;
Les noms, profession et domicile du Demandeur ;
La Constitution de l'Avoué ;
Les noms, demeure et immatricule de l'Huissier ;
Les noms et demeure du Défendeur ;
L'Objet de la demande et l'exposé sommaire des Moyens ;
L'indication du Tribunal ;
La mention de la Personne à qui l'exploit a été remis ;
Le Délai pour comparaître (*le tout à peine de nullité*).

1° La DATE *des jour, mois et an*. — C'est le point de départ du délai accordé au défendeur pour se mettre en mesure ; en outre, cet acte interrompt la prescription et fait courir les intérêts ; la date est donc essentielle, mais peu importe qu'elle soit en chiffres ou en lettres.

2° Les *noms, profession et domicile du* DEMANDEUR (nom de famille et prénoms). — Si c'est un mandataire qui agit, on exige les noms du mandataire et surtout ceux du mandant, car c'est au nom de ce dernier que le jugement est rendu. Il y a toutefois une exception ; le chef de l'État a le privilége de ne pas être nommé dans les procès exercés par ou contre lui, le nom de son mandataire seul figure ; de là la maxime :
NUL EN FRANCE NE PLAIDE PAR PROCUREUR, HORMIS LE ROI.

3° La *Constitution de l'Avoué*. — On appelle ainsi la désignation que le demandeur fait de l'avoué chargé d'*occuper* pour lui, c.-à-d. de le représenter. C'est chez cet avoué qu'il est censé élire domicile et qu'on signifie les actes qu'il n'est pas nécessaire de notifier au domicile réel ou à la personne ; le demandeur peut, dans l'ajournement, faire élection de domicile chez une autre personne du lieu où siége le tribunal.

4° Les *noms, demeure et immatricule de l*'HUISSIER. — L'immatricule est le numéro sous lequel il est inscrit au tableau ; en pratique, l'huissier met seulement qu'il exerce *près tel tribunal*. Malgré le silence de la loi, la signature de l'huissier au bas de l'exploit est une condition essentielle.

5° Les *noms et demeure du* DÉFENDEUR. — On n'exige ni sa profession, ni son domicile, mais seulement ses noms et sa résidence, car il n'est pas toujours bien connu du demandeur.

6° L'OBJET *de la demande et l'exposé des* MOYENS. — On doit faire connaître au défendeur la nature de la réclamation : — si c'est un droit de propriété ou un droit de créance, — un meuble ou un immeuble ; dans ce dernier cas, outre la nature de l'héritage, il faut énoncer la commune où est situé cet héritage, et 2 au moins des tenants et aboutissants.

En outre, le demandeur doit exposer sommairement ses moyens ou arguments, afin que le défendeur puisse les examiner et préparer sa défense.

7° *Mention de la* PERSONNE A QUI L'EXPLOIT A ÉTÉ REMIS. — L'huissier doit remettre lui-même la copie de l'ajournement et non pas la faire remettre par un de ses clercs, comme cela se fait souvent à Paris. L'huissier seul, en qualité d'officier public, peut imprimer à ses actes le caractère d'authenticité.

Aucun exploit ne peut être remis un jour de *fête légale*, ni *la nuit*, si ce n'est en vertu d'une permission du juge ; mais il peut être donné en toute espèce de lieu privé ou public, et même pendant une cérémonie (à la messe, par ex.).

La remise se fait de 2 manières : — soit *à la personne* du défendeur, en quelque lieu que l'huissier le rencontre, — soit *au domicile*.

Si l'huissier ne trouve pas le défendeur à son domicile, il laisse l'exploit aux *parents* ou *serviteurs;* à défaut ou en cas de refus de ceux-ci, à un *voisin*, lequel signe l'original.

Cette mesure a pour but d'engager le voisin à remettre l'exploit au défendeur.

Si les voisins ne veulent ou ne savent signer, l'huissier constate ces faits et donne la copie au *maire*, qui appose son visa, sans frais, sur l'original ; cette formalité a pour but d'éviter un conflit : le maire et l'huissier auraient pu, l'un nier, l'autre affirmer que la remise a eu lieu; dans ce cas, on n'eût su lequel croire, puisqu'ils sont tous les deux officiers publics.

A défaut du maire ou de l'adjoint, l'huissier remet la copie au *procureur impérial*, qui appose son visa sur l'original.

Si le défendeur n'a *pas de domicile connu*, l'ajournement est remis à sa *résidence;* si celle-ci est elle-même inconnue, l'exploit est affiché à la principale porte de l'*auditoire du tribunal* saisi; une seconde copie est remise au procureur impérial.

S'il habite les *colonies françaises*, l'ajournement est adressé au procureur impérial, puis renvoyé au ministre de la marine, qui le fait parvenir au domicile. Même formalité, s'il habite le *sol étranger*, sauf que c'est le ministre des affaires étrangères qui s'en occupe.

Enfin, lorsqu'il s'agit d'une *personne morale*, la loi indique qui doit être assigné, et en quel lieu.

Ainsi, l'*État* est assigné en la personne et au domicile du préfet s'il s'agit de son domaine ou de droits s'y rattachant. Quand il s'agit de droits d'Enregistrement, il est représenté par le directeur de cette administration.

Le *Trésor public*, en la personne ou au bureau de l'agent.

Les *Administrations* ou *Établissements publics*, en la personne ou au bureau de l'administrateur ou préposé.

L'*Empereur*, pour ses domaines, en la personne, non plus du procureur impérial, mais de l'administrateur du domaine privé et de la dotation de la Couronne.

Les *Communes*, en la personne et au domicile du maire, et à Paris, du préfet de la Seine.

Les *Sociétés de commerce*, tant qu'elles existent, en leur maison sociale, et s'il n'y en a pas, en la personne et au domicile de l'un des associés.

Les *Unions de créanciers*, en la personne ou au domicile de l'un des syndics de la faillite.

8° Délai. — Il est de *huitaine franche*, c.-à-d. qu'on ne comprend ni le jour de l'assignation, ni celui de la comparution : ainsi, le 1er on fait assigner pour le 10 au plus tôt.

Ce délai est augmenté d'un jour par 5 myriamètres de distance pour la France. Il y a pour l'Étranger des délais qui varient de 1 à 8 mois, suivant les pays.

Dans les causes requérant célérité, on peut, par requête, obtenir du président d'assigner à *bref délai*.

9° Le tribunal compétent. — C'est au demandeur à rechercher devant quel tribunal il doit porter son action. On examine d'abord si l'affaire est civile, criminelle ou administrative. Quand on a reconnu qu'elle n'était ni criminelle, ni administrative, mais civile, on cherche alors quelle est la juridiction ou la classe de tribunaux compétente en cette matière. Est-ce un tribunal d'arrondissement ? une justice de paix ? un tribunal de commerce ? un conseil de prud'hommes ? C'est ce qu'on appelle rechercher la *compétence absolue* ou *ratione materiæ*.

En principe, les tribunaux d'arrondissement forment la juridiction de droit commun, c.-à-d. qu'ils connaissent de toutes les affaires qui n'ont pas été attribuées à une juridiction d'exception.

Après avoir reconnu que l'affaire appartient à la juridiction des tribunaux d'arrondissement, on doit rechercher enfin lequel des tribunaux de cet ordre peut en connaître dans les conditions où elle se présente. C'est déterminer la *compétence relative* ou *ratione personæ*.

La nature de l'action ayant une grande influence sur cette compétence, il faut examiner les diverses espèces d'actions.

Les actions, d'après leur cause, sont : *personnelles*, *réelles* ou *mixtes*; — et d'après leur objet : *mobilières* ou *immobilières*. — On les divise encore en *possessoires* et *pétitoires*, suivant qu'elles sont relatives à des questions de possession ou à des questions de propriété.

PERSONNELLE, — lorsqu'on prétend qu'une personne est notre obligée, qu'elle est notre débitrice, — c.-à-d. lorsqu'on fait valoir *un droit de créance*.

Ex. : Je demande à Paul les mille francs que je lui ai prêtés.

RÉELLE, — lorsqu'on prétend avoir un droit sur une chose, — c.-à-d. lorsqu'on fait valoir un *droit réel* (propriété ou ses démembrements; par ex., usufruit ou servitude).

Ex. : Je prétends que la maison de mon voisin fait partie d'une succession qui m'est dévolue.

MIXTE, — lorsqu'elle réunit les 2 caractères, — c.-à-d. lorsqu'on peut aussi bien exercer un droit — contre une personne (*droit de créance*), — que sur une chose (*droit réel*).

L'acheteur d'un corps certain (par ex., le cheval blanc de Pierre), qui demande la délivrance de l'objet acheté, a une action mixte, car il peut, — ou se dire créancier du vendeur, qui s'est obligé personnellement vis-à-vis de lui à livrer, — ou prétendre être propriétaire de l'objet, la vente étant translative de propriété par le seul effet de la convention.

L'action est MOBILIÈRE OU IMMOBILIÈRE, — suivant que l'objet réclamé est un meuble ou un immeuble : or, comme une créance, aussi bien qu'un droit réel, peut porter tant sur un meuble que sur un immeuble, il s'ensuit qu'il y a :

Des actions *personnelles mobilières*, ex. : la demande d'une somme prêtée.

Des actions *personnelles immobilières*, ex. ; la demande de 50 hectares de terre promis dans telle prairie, mais dans l'endroit que choisira l'acheteur.

Des actions *réelles mobilières*, ex. : la réclamation, dans les 3 ans, d'un cheval perdu ou volé.

Des actions *réelles immobilières*, ex. : la réclamation d'une maison dont une personne s'est emparée.

Les actions personnelles étant presque toujours mobilières et les actions réelles le plus souvent immobilières, on a confondu quelquefois les actions personnelles avec les mobilières et les réelles avec les immobilières ; le Code (a. 59) fait cette confusion quand il dit que l'action personnelle est portée au domicile du défendeur et l'action réelle au tribunal de la situation de l'objet litigieux. Le plus souvent, il est vrai, il en est ainsi, mais ce n'est pas toujours exact. L'action réelle mobilière n'est pas et ne peut pas être portée au tribunal de la situation de l'objet, car un meuble n'ayant pas de situation fixe, on ne saurait presque jamais quel est le tribunal de la situation.

Le vrai principe de compétence est que *toute action*, tant réelle que personnelle, *est portée au* TRIBUNAL DU DOMICILE DU DÉFENDEUR, *Actor sequitur forum rei.*

S'il y a *plusieurs défendeurs*, le demandeur choisit le tribunal du domicile de l'un d'eux.

Mais à ce principe, il y a de nombreuses exceptions. Ainsi :

1° En matière *réelle immobilière*, c'est le tribunal de la situation de l'objet litigieux. Ces actions nécessitant souvent des expertises, des descentes sur les lieux, l'observation des usages locaux, ce tribunal est le mieux placé pour bien juger, et à moins de frais.

2° En matière *mixte*, c'est le tribunal du domicile du défendeur ou celui de la situation de l'objet litigieux. L'action ayant à la fois le caractère personnel et réel, il était naturel de déclarer compétent l'un et l'autre tribunal.

En droit romain, il y avait 3 actions mixtes : 1° en partage d'une succession ; — 2° en partage d'une chose commune ; — 3° en bornage. L'ancienne jurisprudence et le Code civil admettent encore comme telles : l'action en réméré ; — l'action en résolution de la vente pour défaut de paiement du prix ; — l'action en rescision pour vilité de prix ; — et toutes les actions exercées en vertu d'un contrat par lequel on s'est fait promettre la propriété d'un corps certain, car le stipulant acquiert au moment de la convention un droit personnel et un droit réel.

3° En matière de *Société*, tant qu'elle existe, c'est le tribunal du siège de la Société. C'est là que se trouvent les titres et les registres.

4° En matière de *succession*, c'est le tribunal du lieu où la succession s'est ouverte, c.-à-d. du domicile du défunt. C'est là qu'on trouve ordinairement la plupart des biens, les papiers de famille et les héritiers.

Cette compétence dure jusqu'au partage inclusivement et s'étend même, d'après le Code civil (822), aux demandes en rescision de partage et à celles en garantie des lots.

5° En matière de *faillite*, c'est le tribunal du domicile du failli. Dès qu'un individu est en faillite, il est représenté par des syndics ; les actions exercées contre ces derniers ne sont pas portées à leur domicile ; celles qu'ils exercent contre les tiers suivent la règle générale de compétence.

6° En matière de *garantie* (incidente), c'est le tribunal déjà saisi de la demande originaire : il y a économie de frais, et l'on évite la contrariété de jugements.

7° En cas d'*élection de domicile*, pour l'exécution d'un acte, c'est le tribunal du domicile élu, ou celui du domicile réel. Ex. : Une personne de Paris prête de l'argent à quelqu'un de Rouen, à la condition que pour le cas de non remboursement le débiteur élira domicile à Paris. L'action pourra être intentée soit à Rouen, soit à Paris.

8° En matière de *frais dus aux officiers ministériels*, c'est le tribunal où les frais ont été faits. Les avoués, consacrant leur temps au public, ne seront pas distraits de leurs travaux, et d'un autre côté, ils ne seront pas soustraits à la surveillance du tribunal.

Ainsi, sont portées au *tribunal du domicile du défendeur :*
1° Les actions purement personnelles.
2° Les actions réelles mobilières.
3° Les actions réelles, ni mobilières, ni immobilières, telles que les questions d'état.

Outre les énonciations ci-dessus, qui toutes sont prescrites à peine de nullité, on exige encore :

La *copie du procès-verbal de non conciliation* ou la copie de la mention de non comparution (aussi à peine de nullité), afin que le tribunal sache si la conciliation a été tentée.

La *copie des pièces* (ou de la partie des pièces) *sur lesquelles la demande est fondée.* Ce n'est pas à peine de nullité ; le demandeur peut la signifier postérieurement, mais alors il en supporte seul les frais. On a voulu éviter qu'il ne signifiât des pièces inutiles, au moment où il croit gagner son procès.

Le *coût de l'original* à la fin d'icelui (de l'original), et le *coût de la copie* à la fin d'icelle, sous peine de 5 fr. d'amende et même d'interdiction de l'huissier. C'est afin d'empêcher l'huissier d'exiger des honoraires excédant le tarif.

Enfin l'ajournement doit être sur *papier timbré*, sous peine de 20 fr. d'amende, et *enregistré* dans les 4 jours de sa date, sous peine de nullité.

Effets de l'ajournement. — S'il n'y a pas eu de citation en conciliation, ou s'il s'est écoulé plus d'un mois depuis la citation, l'ajournement produit les mêmes effets que la citation :
1° Il interrompt la prescription.
2° Il fait courir les intérêts.

S'il a lieu dans le mois, il confirme les effets conditionnels de la citation.

CONSTITUTION D'AVOUÉS ET DÉFENSES.

Les parties, sauf de rares exceptions (par ex., en matière d'enregistrement), ne peuvent figurer seules en justice, elles doivent nécessairement se faire représenter par des avoués. Désigner son avoué s'appelle *constituer avoué*. C'est ainsi que l'Ajournement contient la Constitution de l'avoué du demandeur.

Constitution d'avoué. — Dans les 8 jours de l'ajournement, le défendeur, à son tour, doit par acte spécial appelé *constitution d'avoué*, faire savoir au demandeur l'avoué qu'il charge de ses intérêts.

Cette constitution est un *acte d'avoué à avoué*, c.-à-d. rédigé par l'avoué du défendeur et signifié à celui du demandeur par un *huissier audiencier* (on appelle ainsi les huissiers chargés de la police des audiences). Le monopole des actes d'avoué à avoué a été donné aux huissiers audienciers, en compensation du temps qu'ils consacrent au service des audiences.

L'injonction que porte l'ajournement de *comparaître* à huitaine ne signifie pas qu'à l'expiration de ce délai, le défendeur doit se présenter en personne à l'audience, ou s'y faire représenter par un avoué ou un avocat, mais que dans les 8 jours, il doit faire sa constitution d'avoué, sous peine de se voir condamner par défaut à l'expiration du délai.

Quand l'ajournement est donné à *bref délai*, l'avoué du défendeur peut *se constituer* verbalement à l'audience, sur l'appel de la cause ; le tribunal lui donne acte de cette constitution, mais l'avoué doit la renouveler dans le jour par acte, sinon, le jugement est levé, c.-à-d. copié, et signifié à ses frais par l'adversaire.

Défenses. — Le défendeur a 15 jours à partir de sa constitution pour signifier ses *défenses*, c.-à-d. pour faire connaître les moyens qu'il oppose à ceux du demandeur.

Cette signification est facultative, le défendeur peut, à son choix, — ou garder le silence jusqu'à ce que le demandeur l'appelle au tribunal, — ou bien, poursuivre l'audience lui-même dès le lendemain de sa constitution.

Les défenses doivent contenir offre de communiquer les pièces citées ; la communication se fait de 2 manières : — ou *à l'amiable*, c.-à-d. d'avoué à avoué et de la main à la main, — ou *par la voie du greffe*, c.-à-d. en déposant les pièces au greffe, où l'avoué du demandeur les examine sans les déplacer.

Réponse. — Si le défendeur a signifié des défenses, le demandeur a 8 jours pour signifier la *réponse*.

Cet acte est facultatif comme les défenses, le demandeur peut négliger de répondre et poursuivre de suite l'audience.

Avenir. — L'acte par lequel une partie appelle l'autre devant le tribunal pour y conclure et plaider s'appelle *avenir*. Dans l'usage, il est signifié *1 jour* avant l'audience.

L'avenir peut être envoyé tant par le demandeur que par le défendeur ; en effet, ce dernier peut le signifier aussitôt sa constitution, s'il renonce aux défenses, et le demandeur peut aussi le faire aussitôt les défenses, s'il renonce à répondre. Après les 8 jours accordés pour la réponse, l'avenir peut être signifié par la partie la plus diligente.

Il n'est admis en taxe qu'un seul avenir pour chaque partie : cette disposition a pour but de prévenir un ancien abus. Autrefois, les procureurs se donnaient successivement rendez-vous à l'audience sans intention de plaider et dans le seul but de multiplier les frais. Aujourd'hui, un seul avenir est permis, à moins que le procès, se compliquant d'incidents, n'exige plusieurs jugements.

Les mots *pour chaque partie* ne signifient pas que l'avoué qui a reçu avenir peut en signifier un autre à son tour, ils n'ont aucun sens.

Dans les affaires ORDINAIRES, la procédure dépourvue d'incidents comprend donc : — un ajournement, — une constitution d'avoué, — des défenses, — une réponse, — un avenir; *aucunes autres écritures ni significations n'entrent en taxe.*

Dans les affaires SOMMAIRES, il n'y a — ni défenses, — ni réponse, — ni avenir; mais seulement un ajournement de la part du demandeur, — et une constitution du côté du défendeur.

COMMUNICATION AU MINISTÈRE PUBLIC.

On entend par MINISTÈRE PUBLIC, certains magistrats (procureurs et substituts) placés près les tribunaux pour requérir l'application et l'exécution de la loi.

Dans les causes civiles (par opposition aux causes criminelles), le ministère public agit, tantôt comme partie principale, tantôt comme partie jointe.

Comme *partie principale* (c'est très-rare), lorsqu'au nom de la société il joue le rôle de plaideur ordinaire contre un particulier, par ex., en demandant la nullité d'un mariage.

Comme *partie jointe*, lorsque dans une instance entre 2 ou plusieurs particuliers, il prend part à la discussion dans l'intérêt de l'une ou l'autre partie.

Dans toutes les causes, le ministère public a le *droit* d'intervenir et de poser ses conclusions à l'audience; en pratique, il use peu de cette faculté. Dans certaines causes, c'est son *devoir* de prendre part à l'affaire.

Lorsque le ministère public est obligé de donner des conclusions, on dit que *l'affaire est sujette à communication,* parce que les pièces du procès doivent lui être remises 3 jours avant l'audience, pour qu'il en prenne connaissance. En pratique, cette communication se fait le matin de l'audience et même pendant les débats.

Les CAUSES SOUMISES A COMMUNICATION sont, d'après l'art. 83, celles concernant :

1° L'*ordre public*, — l'*État*, — le *domaine*, — les *communes*, — les *établissements publics*, — les *dons* et *legs aux pauvres*.

2° L'*état des personnes* — et les *tutelles* (ex., nullité de mariage).

3° Les *déclinatoires sur incompétence*.

4° Les *réglements de juges*, — les *récusations* — et les *renvois pour parenté ou alliance*.

5° Les *prises à partie*.

6° Les causes des *femmes non autorisées par leurs maris*, ou *même autorisées, lorsqu'il s'agit de leur* DOT *et qu'elles sont mariées* SOUS LE RÉGIME DOTAL.

Il ne suffit pas qu'il s'agisse de la dot (il y en a sous tous les régimes, c'est ce que la femme apporte au mari pour subvenir aux frais du mariage), il faut qu'il s'agisse du régime dotal, parce que sous ce régime la dot est inaliénable, et que la loi craint qu'en simulant un procès les époux ne cherchent à aliéner la dot.

7° Les causes des *mineurs*. — et généralement toutes celles où l'*une des parties est défendue par un curateur* (ex.: curateur au ventre).

8° Celles concernant ou intéressant les *personnes absentes*. Quant aux *absents déclarés*, ils sont représentés par les envoyés en possession.

Enfin, la communication peut être *ordonnée d'office* par le tribunal, et la loi l'exige encore en dehors de l'art. 83, par ex., désaveu d'un officier ministériel.

Si le ministère public est tenu de donner ses conclusions, il n'est pas forcé de prendre le parti des personnes dans l'intérêt de qui la communication est exigée. Quelquefois il développe ses conclusions; le plus souvent, il déclare simplement qu'*il s'en rapporte à la prudence des tribunaux*.

Ni les plaideurs, ni leurs défenseurs n'ont le droit de répliquer au ministère public, ils ont seulement la faculté de remettre au tribunal des notes pour rectifier certains points que le ministère public aurait traités d'une manière inexacte.

Si la communication n'a pas eu lieu, la partie dans l'intérêt de qui elle était exigée peut, *si elle a succombé*, attaquer le jugement par un moyen extraordinaire appelé *Requête civile* (voy. ce titre).

AUDIENCES, LEUR POLICE, LEUR PUBLICITÉ.

AUDIENCES. — *Inscription*, — *Distribution*, — *Appel des causes*. — La veille au moins du jour de l'audience, c.-à-d. du jour indiqué dans l'ajournement, l'avoué du demandeur fait inscrire la cause sur le registre du greffe; c'est ce qu'on appelle la *mise au rôle*. Elle contient les noms des parties, ceux des avoués et la nature de la cause.

Le registre se nomme *rôle général*.

Chaque semaine, à l'ouverture de l'audience, les causes sont appelées dans leur ordre d'inscription. Si le défendeur n'a pas constitué avoué, il est condamné par défaut. S'il a constitué, l'affaire est portée sur le *rôle particulier*. (S'il y a plusieurs chambres, le président indique celle qui en connaîtra).

Sur l'appel du rôle particulier, le président fait faire des *affiches*, c.-à-d. des tableaux d'un certain nombre d'affaires; elles sont exposées 8 jours avant l'appel des causes. C'est pour se rendre au jour fixé par l'affiche que l'avenir est donné.

A l'appel des causes portées sur l'affiche, si les avoués ne comparaissent pas, la cause est mise hors du rôle, c.-à-d. rayée; — si l'un d'eux seulement comparaît, il requiert jugement par défaut; — si tous les deux se présentent, ils prennent leurs *conclusions*, c.-à-d. ils lisent les conclusions insérées dans l'ajournement, les défenses et les réponses. En pratique, on remet sur papier libre copie de ces conclusions au tribunal. Le président indique ensuite un jour pour plaider; on y vient sans avenir.

Plaidoiries. — Les parties assistées de leurs avoués peuvent se défendre elles-mêmes, le ministère des avocats n'est pas forcé comme celui des avoués; mais si les parties désirent faire plaider leur cause, elles doivent s'adresser à un avocat. Toutefois, il en est qui pensent qu'à l'instar de ce qui se fait en matière criminelle, le président peut autoriser les parties à se faire défendre par un parent ou un ami.

Excepté dans les tribunaux où le nombre des avocats est insuffisant, les avoués ne peuvent plaider que sur les incidents de procédure ou sur les demandes incidentes de nature à être jugées sommairement.

Publicité. — Consacrée dans notre ancienne jurisprudence, la publicité des audiences civiles est une des conditions essentielles de la validité des jugements. Toutefois, il est certaines affaires où le *huis-clos* est ordonné par la loi (adoption), ou prononcé par les tribunaux, mais ce n'est qu'à l'égard des plaidoiries, le jugement doit toujours être rendu en public.

Police. — Les assistants doivent se tenir découverts dans le respect et le silence. Le président a la police de l'audience : si quelqu'un trouble le silence ou donne des signes d'approbation ou d'improbation, il est averti par l'huissier audiencier; s'il continue, il est expulsé ou arrêté, et même, dans certains cas, condamné sur-le-champ.

DÉLIBÉRÉS ET INSTRUCTIONS PAR ÉCRIT.

Après les écritures des avoués et les plaidoiries des avocats, la cause est généralement instruite de manière à ce que le tribunal prononce son jugement le jour même des débats. Mais quelquefois les juges, désirant examiner les dossiers, discuter entre eux la décision et préparer la rédaction du jugement, renvoient à une autre audience pour prononcer. — C'est ce qu'on appelle le *Délibéré*. — Quelquefois aussi, quand les débats ont été longs, et que les pièces à examiner sont importantes, les juges chargent l'un d'entre eux de faire un rapport sur l'affaire à une audience prochaine. — C'est le *Délibéré sur rapport*.

L'instruction des affaires, le plus souvent, est *orale*, c.-à-d. qu'elle se fait par plaidoiries; cependant lorsqu'une affaire est compliquée, ou que le tribunal craint que le débat oral ne soit difficile à suivre, ou insuffisant à l'éclairer, il ordonne que l'instruction se fera *par écrit* (c.-à-d. par mémoires, au lieu de plaidoiries), et que l'un des juges fera un rapport.

Le Délibéré simple et le Délibéré sur rapport ne sont ordonnés qu'après la clôture des débats; quant à l'instruction par écrit, elle est ordinairement ordonnée avant l'ouverture des débats et même au début de l'instance. Les juges peuvent exiger l'instruction par écrit, soit d'office, soit sur la demande des parties. Cette procédure est surtout utile dans les affaires de comptes ou de généalogie; il y a même des causes (celles de l'enregistrement), où elle est nécessairement employée, mais comme dans ce cas le ministère des avoués n'est pas obligatoire, tout se borne à un mémoire de part et d'autre.

Procédure. — Le demandeur notifie le jugement qui ordonne l'instruction écrite, — après quoi, il a *15 jours* pour signifier un mémoire. — Puis, dans les *24 heures*, il dépose les pièces à l'appui au greffe; c'est ce qu'on appelle *faire une production;* — enfin, dans le même délai, il signifie cette production.

Le défendeur, de son côté, a *15 jours* à partir de ce moment pour examiner les pièces et signifier sa réponse. Puis, dans les *24 heures*, il doit aussi déposer ses pièces et notifier cette production au demandeur.

Le demandeur a encore un délai de *8 jours* pour prendre connaissance des pièces du défendeur et y répondre.

Les pièces sont ensuite remises par le greffier au juge rapporteur, qui fait un rapport et le lit à l'audience sans donner son avis, — le ministère public est entendu, s'il y a lieu à communication, — enfin le jugement est rendu sans qu'il y ait eu plaidoiries.

Si l'une des parties ne signifie pas de mémoires ou ne produit pas ses pièces, à l'expiration des délais, le juge fait son rapport, et le jugement est rendu sur les pièces de l'autre. Ce jugement, bien que par défaut, n'est pas *susceptible d'opposition* (on l'appelle jugement *par forclusion*, de *forum claudere*).

L'opposition est une manière particulière d'attaquer les jugements par défaut; elle est fondée sur cette présomption, que le défendeur a ignoré le procès. Mais ici, cette présomption n'est pas admissible, parce que le défendeur a été averti par les significations successives que nécessite la procédure par écrit.

JUGEMENTS.

Le mot JUGEMENT, dans son sens général, désigne toute décision d'un tribunal ou d'un juge sur les affaires qui lui sont soumises.

Dans un sens spécial, on appelle :

Jugement, la décision émanée d'un tribunal proprement dit (justice de paix, tribunal d'arrondissement, tribunal de commerce).

Arrêt, la décision prononcée par une cour (cour d'appel, cour de cassation).

Ordonnance, celle rendue par un président seul, ou un juge commissaire.

Sentence, celle émanée des arbitres.

Les jugements se divisent en :
  Définitifs — et *avant faire droit*.
  Contradictoires — et *par défaut*.
  En 1er ressort — et *en dernier ressort*.
  Exécutoires — et *non exécutoires par provision*.

1° Jugements *définitifs* et *avant faire droit*.

Le jugement est *définitif* lorsqu'il termine une contestation.

Les jugements *avant faire droit* (ou avant dire droit), ordonnent certaines mesures, soit pour cause d'urgence, soit pour faire avancer le procès, mais jamais ils ne le terminent. Il y en a 3 espèces: 1° les *provisoires;* 2° les *préparatoires;* 3° les *interlocutoires.*

Le jugement *provisoire* est celui qui décide, pour le moment, certaines questions urgentes, sauf à revenir sur cette décision dans le jugement définitif. Ex.: celui qui accorde à la femme une pension alimentaire au début d'une instance en séparation de corps.

Le jugement *préparatoire* est celui qui ordonne certaines mesures propres à compléter l'instruction de l'affaire et à préparer la décision définitive, mais sans *préjuger le fond,* c.-à-d. sans faire pressentir quelle sera la solution définitive. Tel est le jugement ordonnant une communication de pièces, ou une instruction par écrit; ces mesures n'indiquent pas, en effet, en quel sens le tribunal statuera sur le fond de l'affaire.

Le jugement *interlocutoire* a aussi pour but des mesures relatives à l'instruction, mais à la différence du préparatoire, il préjuge le fond, c.-à-d. qu'il fait connaître quelle sera la décision définitive. Ex.: dans un procès en séparation de corps, une femme demande à prouver qu'elle a reçu un soufflet de son mari, si le tribunal l'autorise à faire cette preuve, le jugement est interlocutoire, car le tribunal reconnaît par là que le fait est susceptible d'entraîner la séparation, et il indique qu'il la prononcera, si le fait est prouvé.

C'est au point de vue de l'*appel* qu'il est utile de distinguer le préparatoire de l'interlocutoire : le préparatoire n'ayant pas d'influence sur le fond, on ne peut en appeler qu'après le jugement définitif; au contraire, l'interlocutoire peut être porté en appel avant le jugement définitif, afin d'éviter qu'il n'ait une influence sur ce dernier.

2° Jugements **contradictoires** et **par défaut.**

Le jugement est *contradictoire* lorque les 2 parties ont été représentées par des avoués et que ceux-ci ont posé leurs conclusions à l'audience.

Le jugement est *par défaut*, soit lorsque le défendeur n'a pas constitué avoué, soit lorsque l'un des avoués constitués n'a pas pris ses conclusions. (Voyez titre suivant.)

Les jugements par défaut sont susceptibles d'être attaqués par une voie qui leur est spéciale, par l'*opposition*, et, en outre, par l'*appel ;* les jugements contradictoires, sont attaquables par l'*appel* seulement.

3° Jugements **en 1ᵉʳ** et **dernier ressort.**

Le jugement est en *1ᵉʳ ressort* lorsqu'il est susceptible d'appel.

Le jugement est en *dernier ressort* lorsqu'il n'est pas susceptible de ce recours (cela dépend de l'importance de la demande).

4° Jugements **exécutoires** et **non exécutoires par provision.**

Les jugements *exécutoires par provision* sont ceux dont l'exécution peut être poursuivie et achevée malgré l'appel.

Les jugements *non exécutoires par provision* sont ceux dont l'exécution est suspendue par l'appel.

On distingue encore d'autres sortes de jugements :

Les jugements d'EXPÉDIENT (ou d'*accord*), ce sont ceux où le tribunal n'a qu'à homologuer les dispositions rédigées et présentées par les avoués, après avoir été agréées par les parties.

Les jugements sur REQUÊTE, ce sont ceux rendus sur la demande d'une partie qui n'a pas de contradicteur, par ex., un jugement d'envoi en possession provisoire.

Enfin, les jugements par FORCLUSION, ce sont ceux rendus contre une partie qui n'a pas produit ses titres, soit dans une instruction par écrit, soit dans deux autres procédures spéciales : l'ordre et la distribution par contribution.

CONDITIONS DES JUGEMENTS. — Ce sont les suivantes :

I. *Nombre de juges fixé par la loi.* — Dans les tribunaux d'arrondissement, les juges, pour délibérer, doivent être 3 au moins et 6 au plus. Dans les cours d'appel, les conseillers doivent être au nombre de 7 au moins.

II. *Assistance des juges à toutes les audiences de la cause.* — Il n'est pas nécessaire que ce soient les mêmes juges depuis l'ajournement jusqu'au jugement définitif ; chaque incident qui se produit dans une instance est considéré comme une cause distincte, en sorte que les juges du fond peuvent ne pas avoir connu des jugements préparatoires ou interlocutoires.

III. *Délibération en secret.* — Les juges doivent toujours délibérer en secret, soit qu'ils s'entendent dans la salle d'audience, soit qu'ils se retirent dans la chambre du Conseil.

Le tribunal rend son jugement le jour même de la clôture des débats, ou il remet à une autre audience pour le prononcer.

S'il le rend le jour même, il le fait : — ou sur-le-champ, après avoir délibéré à l'audience (soit sur son siége, soit dans un coin de la salle) ; — ou après s'être retiré dans la chambre du Conseil.

S'il remet à un autre audience pour rendre son jugement, c'est ce qu'on appelle *mettre la cause en délibéré ;* cela a lieu lorsque les juges ont besoin d'examiner des pièces ou de préparer la rédaction de leur sentence.

Il y a 2 sortes de délibérés :

1° *Délibéré simple,* lorsque la remise est pure et simple ;

2° *Délibéré sur rapport,* lorsque le tribunal charge un juge de faire un rapport : ce dernier est surtout employé quand l'affaire a occupé plusieurs audiences.

IV. *Pluralité des voix* (majorité absolue). — Le président en recueillant les voix commence par le juge dernier nommé, afin que celui-ci ne soit pas influencé par l'avis des autres.

Il faut la majorité absolue, c.-à-d. la moitié de toutes les voix, plus une (ex., 3 sur 5). Quand, par suite de dispenses, il y a dans le tribunal des parents au degré prohibé, leurs voix, s'ils sont du même avis, ne comptent que pour une. C'est ce qu'on nomme la *confusion des voix*.

Si 2 opinions sont émises, il y a nécessairement *majorité absolue* quand le tribunal siége en nombre impair ; mais s'il siége en nombre pair et que chaque opinion compte le même nombre de voix, il y a *partage :* dans ce cas, on appelle un autre juge pour trancher la question, et les plaidoiries sont recommencées.

Si 3 opinions sont émises, il peut y avoir 4 hypothèses :

1° L'opinion la plus forte réunit à elle seule plus de voix que les 2 autres ensemble ; il y a alors majorité.

2° Deux opinions (égales ou inégales entre elles) sont plus fortes chacune que la 3me. Dans ce cas, les juges de l'opinion la plus faible sont tenus de se réunir à l'une des 2 opinions plus fortes. Toutefois, on recueille auparavant les voix une seconde fois. (Ex.: sur 5 juges, 2 sont d'un avis, 2 sont d'un autre, 1 est d'un 3me avis, ce dernier doit se joindre à l'une des 2 autres opinions).

3° L'opinion la plus forte est inférieure aux 2 autres réunies, mais celles-ci sont égales entre elles (ex.: sur 7 juges, 3 sont d'un avis, 2 d'un autre, et 2 d'un 3me avis). Dans ce cas, comme on ne peut forcer plutôt l'une que l'autre des 2 opinions les plus faibles à se sacrifier, il y a partage.

4° Les 3 opinions sont égales entre elles (ex.: sur 6 juges, il y en a 2 pour chaque opinion), il y a encore partage.

V. *Prononcé de la décision en public.* — Le jugement est toujours prononcé en audience publique, alors même que les débats auraient eu lieu à huis-clos.

Dans le titre des jugements, le Code traite de deux mesures d'instruction, savoir : la comparution personnelle et la prestation de serment ; puis des différentes dispositions accessoires que peut contenir un jugement, telles que : les délais de grâce, la contrainte par corps, etc.: enfin de la rédaction et de la signification des jugements.

§ I. **Comparution personnelle.**

Parmi les moyens employés en justice pour découvrir la vérité, il y en a deux qui consistent à demander des éclaircissements aux parties elles-mêmes. Ce sont :

1° *La comparution personnelle des parties.*

2° *L'interrogatoire sur faits et articles* (voy. ce titre).

Lorsque le tribunal pense qu'il est utile d'interroger les parties sur les faits de la cause, il ordonne quelles se présenteront devant lui, — de suite, si elles sont à l'audience, — ou à un jour déterminé, si elles ne sont pas présentes; c'est la COMPARUTION PERSONNELLE.— Si, au lieu de les interroger lui-même, à l'audience, le tribunal ordonne que l'une ou l'autre des parties sera interrogée par un juge en la chambre du Conseil, c'est l'*interrogatoire sur faits et articles.*

Les juges sont libres de choisir celui des deux moyens qui leur semble préférable ; le premier est plus fréquemment employé; au reste, il offre cet avantage sur le second qu'il ne fait pas savoir à l'avance aux parties les questions qui leur seront posées.

La comparution personnelle est ordonnée, tant sur la demande de l'une des parties, que d'office par le tribunal. — Elle peut avoir lieu dans toutes matières, et même dans les cas où la preuve testimoniale ne serait pas admise.

Si l'une des parties refuse de comparaître, il en résulte une présomption contre elle qui permet aux juges de déférer le serment à l'autre partie.

§ II. **Serment.**

Le SERMENT est l'affirmation solennelle d'un fait en prenant *Dieu* à témoin.

Il est *judiciaire*, ou *extrajudiciaire*, suivant qu'il est ou non prêté en justice.

Le serment judiciaire est aussi un moyen d'obtenir la vérité de la bouche des parties elles-mêmes. Il y en a 2 sortes :

    1° *Décisoire.*
    2° *Supplétoire.*

Le serment Décisoire est celui que l'une des parties défère à l'autre pour en faire dépendre le jugement de la cause. C'est une espèce de transaction ; car la partie qui, n'ayant aucune preuve, est obligée de s'en rapporter au serment de son adversaire, est censée lui dire : *Jurez que vous ne me devez pas ce que je vous demande, et je perds mon procès.*

Si celui à qui le serment est déféré jure, il obtient gain de cause ; s'il refuse, il succombe. Mais il peut à son tour, référer le serment et dire : *Jurez vous-même que je vous dois ce que vous me demandez, et je vous paie.*

Le serment Supplétoire est celui que le tribunal, en cas d'insuffisance de preuves, défère à l'une des parties, soit pour décider la contestation, soit pour déterminer le montant de la condamnation.

Le serment décisoire peut être déféré en toutes matières, car une partie est toujours libre de s'en rapporter à la bonne foi de son adversaire. Mais le tribunal ne peut pas toujours faire dépendre l'issue du procès de la bonne foi de l'une ou l'autre des parties ; il ne peut user du serment supplétoire que lorsqu'il y a un commencement de preuve. Ainsi, il ne peut le déférer — ni lorsqu'il y a absence complète de preuves, — n'y lorsqu'il y a preuves suffisantes.

Quant au serment qui a pour but de fixer le montant de la condamnation, et que l'on appelle *jusjurandum ad litem,* il a lieu lorsqu'il est impossible de justifier le chiffre de la réclamation, par ex., dans le cas où un voyageur réclame la valeur de ses effets à une compagnie de chemin de fer.

Quand il y a lieu de référer en justice le serment à l'une des parties, le tribunal indique dans son jugement les faits sur lesquels le serment sera reçu.

Le serment est prêté par la partie *en personne*, — *en audience publique*, — et *en présence de l'adversaire*, ou lui dûment appelé.

§ III. **Délai de grâce.**

Le plus souvent, les parties fixent un délai pour l'exécution des obligations qu'elles stipulent ; or, les conventions étant la loi des parties, si à l'expiration de ce délai, le créancier poursuit le débiteur, le tribunal doit condamner ce dernier à s'exécuter sur-le-champ ; toutefois, les juges peuvent, en considération de la position malheureuse du débiteur, accorder des délais modérés pour le paiement et surseoir à l'exécution des poursuites. Ce sursis s'appelle *délai* ou *terme de grâce*, par opposition au terme de droit (c.-à-d. accordé par les parties elles-mêmes ou par la loi) ; il doit être concédé dans le jugement même qui statue sur la contestation.

Le délai de grâce doit-il être unique, ou bien les juges peuvent-ils accorder des délais successifs, de façon à ce que le débiteur puisse s'acquitter en plusieurs fois ? Il y a controverse. En pratique, les juges autorisent souvent le débiteur à payer par semaine ou par mois.

Les juges peuvent accorder des délais dans tous les cas où la loi ne le défend pas ; elle le défend, tantôt à raison de la matière, par ex., pour les lettres de change ; tantôt à raison de la condition où se trouve le débiteur. Il y a 5 cas où le débiteur ne peut pas obtenir de délai, ni même jouir du délai accordé par la justice.

1° *Si ses biens sont vendus à la requête d'autres créanciers*. — Autrement, le créancier forcé d'attendre ne pourrait participer à la distribution du prix des objets vendus.

2° *S'il est en état de faillite*. — Dans ce cas, en effet, le débiteur perd même le bénéfice des termes accordés par convention, c'est afin que tous ses créanciers puissent recevoir une partie de ce qui leur est dû ; à plus forte raison, doit-il être déchu du délai accordé par le tribunal.

3° *En état de contumace.* — Le CONTUMAX est celui qui, étant accusé d'un *crime*, refuse de se présenter malgré un appel solennel et réitéré. Il perd la protection de la justice dès-lors qu'il est sourd à son appel.

On n'est pas contumax, mais seulement *défaillant*, lorsqu'on ne se présente par devant les tribunaux correctionnels ou de police pour répondre d'un délit ou d'une contravention.

4° *Constitué prisonnier.* — (Suivant l'avis général, il s'agit de l'emprisonnement pour dettes et non de l'emprisonnement en matière criminelle). Le créancier qui a exercé la contrainte par corps peut vendre les biens et se payer ; dès-lors, on ne doit pas forcer les autres créanciers à attendre.

5° *Si, par son fait, il a diminué les sûretés données par contrat à son créancier.* — Ex. : dégradé ou détruit une maison hypothéquée par lui pour garantir un emprunt.

§ IV. **Contrainte par corps** [1].

La voie ordinaire d'exécuter les jugements est la saisie des biens. Quelquefois, on peut aussi saisir la personne du débiteur et l'emprisonner pour le forcer à payer ; cette voie exceptionnelle s'appelle la CONTRAINTE PAR CORPS.

Cette mesure ne peut être exercée qu'autant que les juges l'ont prononcée, ce qu'ils ne peuvent faire que dans des cas déterminés, et seulement sur la demande de l'adversaire (c.-à-d. jamais d'office).

Le plus souvent, les juges sont tenus d'accorder la contrainte par corps, aussi l'appelle-t-on dans ces cas, *impérative*. (Ex. : en cas de stellionnat ou de dépôt *nécessaire*). Mais il est des cas, où les juges ont la faculté de l'accorder ou de la refuser ; elle est dite alors *facultative*. (Ex. : reddition de comptes de tutelles et dommages et intérets au-dessus de 300 fr.).

---

[1] La suppression de la contrainte par corps est imminente. le projet de loi est depuis longtemps soumis au corps législatif.

§ V. Dommages et intérêts.

Les dommages-intérêts sont la réparation d'un préjudice causé ; ils consistent dans une indemnité pécuniaire représentant la *perte éprouvée* et le *gain manqué*.

Quand ils n'ont pas été fixés à l'avance par les parties elles-mêmes (clause pénale), ou qu'ils ne sont pas réglés par la loi (taux légal), c'est la justice qui les apprécie.

Le tribunal doit non-seulement décider que les dommages-intérêts sont dus, mais encore indiquer la somme en chiffres. C'est ce qu'on appelle la *liquidation* des dommages-intérêts.

Mais il n'est pas toujours possible aux juges de fixer ce chiffre au moment de la sentence, par ex., lorsqu'ils condamnent un individu à détruire certains travaux et à payer 5 francs par jour à titre de dommages-intérêts jusqu'à parfaite exécution. Dans ce cas, le tribunal ordonne que les dépens seront fournis *par état*, c.-à-d. que le gagnant en fera un compte détaillé qui sera agréé par le débiteur ou réglé par le tribunal.

§ VI. Restitution de fruits.

Il y a lieu à restitution des fruits dans plusieurs cas, notamment dans une succession, lorsqu'il s'agit de rapport ou de réduction.

Les restitutions ordonnées par la justice se font de deux manières : en nature ou en argent.

Sont restitués *en nature*, les fruits de la dernière année, c.-à-d. de l'année qui a précédé la demande ; ces fruits ne sont pas censés consommés. Quant aux fruits perçus depuis la demande, ils sont à plus forte raison restitués en nature, car ils ont dû être conservés.

Sont restitués *en argent*, les fruits des années antérieures, et ceux qui devant être restitués en nature n'ont pu l'être.

Dans ce cas, les fruits de la dernière année et ceux des années antérieures sont restitués d'après les mercuriales du marché le plus voisin, eu égard aux saisons et aux prix communs de l'année. — Quant aux fruits perçus depuis la demande, ils sont estimés au plus haut prix de l'année.

§ VII. **Dépens.**

Les frais d'un procès comprennent : 1° les droits de timbre, d'enregistrement et de greffe ; 2° les honoraires des officiers ministériels ; ils font toujours l'objet d'une disposition spéciale du jugement.

En principe, les dépens sont *adjugés à la partie gagnante*, c.-à-d. mis à la charge de la partie perdante, qui supporte ainsi et les siens et ceux de son adversaire.

Compensation des dépens. — Dans 2 cas, il y a exception à la règle ci-dessus :

1° Si les parties sont parentes ou alliées à un certain degré (ascendants, descendants, frères), ou s'il s'agit des conjoints.

2° Si les parties succombent respectivement sur quelques chefs.

Les dépens, dans ces 2 cas, peuvent être *compensés en tout* ou *en partie*. La compensation est *totale*, lorsque les parties sont renvoyées sans dépens,ou dépens compensés ; chaque partie supporte alors ses propres frais. Elle est *partielle*, lorsqu'une partie doit payer, outre ses propres frais, une part des frais de son adversaire (ex. : le 1/3, le 1/4), ou lorsque l'une des parties est condamnée à payer les 2/3 de tous les dépens faits, tant par elle que par son adversaire.

Distraction des dépens. — Les avoués font souvent l'avance d'une partie des frais, chacun d'eux exerce ensuite un recours contre son client pour recouvrer ses déboursés et ses honoraires ; mais quand l'une des parties est condamnée à payer tous les frais, l'autre partie a le droit de se faire payer par elle ses propres frais, dès-lors son avoué, auquel elle doit ces frais, peut, en vertu de l'art. 1166, exercer l'action quelle a contre la partie perdante et se rembourser ainsi de ses avances.

Mais ce recours *indirect* n'est pas toujours utile, car le créancier qui exerce l'action de son débiteur est repoussé par les exceptions opposables à ce débiteur, par ex., la compensation. Ainsi, dans un procès où tous les dépens sont mis à la charge du perdant, si le gagnant doit 100 fr. à son avoué, celui-ci pourrait, du chef de son client, réclamer ces 100 fr. au perdant; mais ce dernier pourrait lui répondre qu'étant lui-même créancier de son adversaire à un autre titre, par suite d'emprunt, par ex., il y a compensation. Ou bien quand l'avoué agira, les frais auront peut-être été déjà payés à son client qui est insolvable, ou seront saisis par ses créanciers.

Pour mettre l'avoué à l'abri de l'insolvabilité de son client, on a imaginé de lui donner une action *directe* contre le perdant; à cet effet, l'avoué fait prononcer par le tribunal la condamnation aux dépens à son profit; c.-à-d. qu'il obtient en son nom personnel un titre exécutoire pour le remboursement des frais dus au gagnant. Au moyen de cette espèce de novation, il agira directement et n'aura plus à craindre les exceptions que le perdant eût pu opposer à son client.

Ce bénéfice s'appelle la *distraction des dépens*, parce que la condamnation des dépens est ainsi détachée, séparée au profit de l'avoué, qui conserve néanmoins son recours contre son client.

§ VIII. **Jugements exécutoires par provision.**

En principe, l'*appel* est suspensif, c.-à-d. arrête l'exécution du jugement attaqué, ce qui est rationnel, puisque tout est remis en question; mais il est des cas où, en raison, soit de l'urgence, soit de la probabilité du mérite de la décision, l'exécution a lieu *nonobstant appel:* les jugements, alors, sont dits : EXÉCUTOIRES PAR PROVISION.

L'exécution provisoire est admise par la loi ou par les juges.

Celle ordonnée *par la loi* a lieu de *plein droit*, c.-à-d. sans qu'on y ait conclu et sans que les juges l'aient prononcée ; ex. : jugements des tribunaux de commerce, ordonnances de référés.

Celle ordonnée *par les juges* ne peut l'être que *sur la demande des parties*, et *non d'office* : mais elle est tantôt impérative, c.-à-d. qu'elle ne peut être refusée, tantôt facultative, c.-à-d. qu'elle peut être accordée ou refusée par les juges.

Elle est *impérative* dans 3 cas (et cela *sans caution*):
1° S'il y a titre authentique.
2° Promesse reconnue.
3° Condamnation précédente par jugement dont il n'y a pas d'appel.

Dans ces trois cas, il y a un titre qui fait présumer que la prétention est fondée ; la contestation portera le plus souvent sur le point de savoir si le débiteur est libéré par paiement, prescription ou autrement.

Elle est *facultative* (elle a lieu alors avec ou sans caution, à la volonté des juges), dans les cas suivants :
1° Apposition et levée des scellés, ou confection d'inventaire.
Ce sont des mesures conservatoires et requérant célérité.
2° Réparations urgentes.
3° Expulsions de lieux, quand il n'y a pas de bail ou que le bail est expiré.
4° Séquestres, gardiens.
5° Réception de caution et certificateurs de caution.
6° Nomination de tuteurs, curateurs et autres administrateurs, et redditions de comptes.
7° Pensions et provisions alimentaires.

L'exécution provisoire n'a *jamais* lieu pour les *dépens*, même lorsqu'ils sont adjugés pour tenir lieu de dommages-intérêts, car le remboursement des dépens n'a pas un caractère d'urgence.

§ IX. **Demandes provisoires.**

Les demandes *provisoires* sont celles par lesquelles on réclame des mesures d'urgence, et qui doivent être jugées préalablement, parce qu'il y aurait péril à attendre la fin de l'instance. Le jugement qui statue est dit *provisoire*.

Ex.: demande de pension alimentaire faite par une femme plaidant en séparation de corps.

Ces demandes sont ordinairement instruites et jugées avant la demande principale, alors il y a 2 jugements; mais si la cause est en état sur le provisoire et le principal en même temps, il est rendu un seul jugement.

Il semble inutile de statuer sur le provisoire, du moment qu'on prononce sur le principal: il y a cependant un double intérêt: 1° au point de vue des frais, car si la demande provisoire a été faite sans motifs, les frais de cette demande seront supportés par celui qui l'a faite, alors même qu'il triomphe sur le fond; 2° au point de vue de l'appel, car si la demande provisoire est exécutoire par provisoin, tandis que la demande principale ne l'est pas, l'appel n'arrêtera que l'exécution sur le fond.

§ X. **Rédaction des jugements.**

Sous la dictée du président, le greffier inscrit, sur un cahier appelé *plumitif*, le *prononcé* des jugements, c.-à-d. les motifs et le dispositif; puis il porte la rédaction sur une feuille appelée *feuille d'audience*, où sont inscrits tous les jugements rendus le même jour; en marge, il ajoute les noms des juges et du ministère public; il signe et fait signer le président dans les 24 heures. C'est la *minute* du jugement, destinée à rester dans les archives du greffe. Toutes les feuilles sont reliées à la fin de l'année et forment le *registre d'audience*.

Les *motifs* sont les raisons sur lesquelles est fondée la *décision*. En principe, tout jugement doit, à peine de nullité, être motivé; toutefois, le jugement d'adoption ne l'est pas.

Le *dispositif* est la solution des points en litige, la déclaration des droits des parties, et les mesures que permet le tribunal pour maintenir ou rétablir un droit.

La copie d'un jugement s'appelle *expédition ;* outre les éléments de la minute (motifs, dispositif et noms des juges), elle contient les *qualités* du jugement, c.-à-d. les noms des avoués, les noms, profession et demeure des parties, les conclusions et l'exposé sommaire des points de faits et de droit.

Le *point de fait* est le résumé des circonstances de la cause.

Le *point de droit* est l'exposé des questions de droit soumises au tribunal.

La rédaction des *qualités* est faite par l'un des avoués (ordinairement, par celui de la partie gagnante), et signifiée par lui à l'avoué de l'adversaire, afin que celui-ci y fasse opposition s'il ne la trouve pas exacte ; dans ce cas, on va en réglement de qualités devant un juge ; les qualités sont remises au greffier, qui les insère dans la copie. On a blâmé la loi d'abandonner la rédaction des qualités aux avoués, qui peuvent, par des inexactitudes volontaires ou involontaires, rendre le jugement attaquable, et l'on voudrait qu'elle fût confiée au greffier ; mais, outre que ce dernier ne connait pas suffisamment les parties, il ne saurait suffire à ce travail.

Quand l'expédition du jugement contient la formule exécutoire, elle s'appelle *grosse*, il ne peut en être délivrée qu'une seule.

§ XI. **Signification et effets des jugements.**

En principe, nul n'est réputé connaître les dispositions d'un jugement, même rendu en sa présence, tant que ce jugement n'a pas été signifié. Toutefois, la signification n'est nécessaire qu'au point de vue de l'exécution et à celui des délais accordés pour attaquer le jugement.

Tout jugement définitif ou avant dire droit doit être signifié à l'*avoué*, s'il y en a un : en outre, la signification doit être faite à la *partie*, lorsque le jugement (définitif ou provisoire) emporte condamnation, afin que cette partie se mette en mesure d'exécuter ou d'attaquer le jugement.

La signification à partie se fait *à personne* ou *à domicile*.

Effets des jugements. — Les principaux sont :

De donner un titre *authentique* et même *exécutoire*.

Et de donner une *hypothèque* sur tous les biens de la partie condamnée pour garantir l'exécution de la condamnation.

JUGEMENTS PAR DÉFAUT.

Les jugements sont contradictoires ou par défaut.

Contradictoires, lorsque les 2 parties ont posé à l'audience leurs conclusions respectives.

Par défaut, lorsqu'une partie n'a pas constitué avoué, ou lorsque l'un des avoués constitués n'a pas posé ses conclusions à l'audience. De là, 2 sortes de défaut.

1° Défaut *contre partie* (ou faute de comparaître, ou faute de constitution d'avoué).

2° Défaut *contre avoué* (ou faute de conclure, ou faute de comparution d'avoué).

Dans chacun de ces 2 cas, les 3 expressions son synonymes entre elles.

Les jugements par défaut sont susceptibles d'un recours particulier appelé *opposition*, et, en outre, des mêmes recours que les jugements contradictoires, (appel, cassation, etc).

Défaut du demandeur. — Le défaut contre avoué est seul possible au demandeur, puisqu'il a constitué avoué dans l'ajournement. En pratique, ce défaut s'appelle *défaut congé* ou *congé*.

Quand le demandeur ne pose pas ses conclusions, le tribunal renvoie le défendeur de la demande sans vérifier si sa défense est fondée, car ce dernier n'a rien à justifier : au contraire, le tribunal ne doit condamner le défendeur défaillant qu'autant que les conclusions du demandeur lui paraissent justes et bien vérifiées. Cette distinction est basée sur ce que c'est au demandeur à prouver sa prétention. De là, la plupart des auteurs pensent que le jugement qui renvoie le défendeur, ne statue pas sur le fond ; ce jugement, d'après eux, n'est qu'un *congé* de l'assignation ; en sorte que la question n'étant pas jugée, le demandeur peut former une nouvelle demande sans avoir besoin de faire opposition au jugement, c.-à-d. sans le faire tomber. Quelques-uns cependant soutiennent que si le défendeur à conclu à ce que le demandeur soit déclaré mal fondé dans son action, celui-ci ne pourra recommencer le procès qu'en faisant opposition dans les délais voulus.

Défaut du défendeur. — Vis-à-vis du défendeur, il peut y avoir 2 sortes de défaut :

1° Si, dans les délais de l'ajournement, le défendeur n'a pas comparu, c.-à-d. constitué avoué, le demandeur, au jour indiqué pour l'audience, fait prononcer contre lui le défaut *faute de comparaître* ou faute de constitution d'avoué.

2° Si, au contraire, le défendeur a constitué avoué, mais qu'au jour fixé par l'avenir son avoué ne pose pas ses conclusions à l'audience, c'est le défaut *faute de conclure* ou faute de comparution d'avoué.

Dans l'un et l'autre cas, le tribunal *adjuge le profit du défaut* au demandeur, c.-à-d. qu'il lui accorde ses conclusions, pourvu, toutefois, qu'elles soient justes et vérifiées.

Défaut profit joint. — Quand il y a plusieurs défendeurs, si tous font défaut, il n'est pris qu'un seul jugement, même lorsqu'ils ont été appelés à des jours différents, car alors on doit attendre l'expiration du plus long délai.

Si, au contraire, l'un comparaît et l'autre fait défaut, il n'est pas rendu 2 jugements, l'un contradictoire, l'autre par défaut, il est donné simplement défaut contre le défaillant, sans adjuger au demandeur ses conclusions; le profit de ce défaut est réservé et joint à la cause du défendeur présent, laquelle est renvoyée à l'audience suivante. Ce jugement, appelé *défaut profit joint* ou *jugement de jonction*, est signifié par un *huissier commis*, avec assignation au jour où la cause doit être de nouveau appelée. S'il y a défaut une seconde fois, il est statué sur le droit de toutes parties présentes ou absentes par un même jugement, lequel est réputé contradictoire et n'est pas susceptible d'opposition.

Ce système a pour but d'éviter la contrariété de jugements: en effet, si l'on eût jugé par défaut le défaillant, et contradictoirement le comparant, il eût pu arriver, dans les affaires en dernier ressort, que le défaillant, ayant seul le droit de faire opposition, fît réformer le jugement, ce qui aurait donné 2 décisions opposées dans une même affaire.

Voies de recours. — Les jugements par défaut sont, comme les contradictoires, susceptibles d'*appel* dans certains cas; en outre, ils sont toujours susceptibles d'un recours qui leur est spécial, et qu'on appelle *opposition*.

Opposition. — L'*opposition* est un moyen accordé au défaillant de faire rétracter le jugement rendu contre lui. Elle consiste à demander au tribunal de retirer son jugement et de juger de nouveau après avoir écouté la défense du défaillant.

On accorde ce recours au défaillant sous prétexte que le tribunal a été induit en erreur par son adversaire.

Les règles de l'opposition varient suivant que le jugement est un défaut contre avoué ou contre partie.

Délai. — Le délai pour faire opposition est de *huitaine*, si le jugement par défaut est contre avoué. Mais si le jugement est par défaut contre partie, l'opposition peut-être faite *jusqu'à l'exécution du jugement*.

d

Cette différence dans les délais est rationnelle, car dans le 1ᵉʳ cas, le défendeur ayant constitué avoué a connu le procès; tandis que dans le 2ᵐᵉ cas, on n'est pas certain qu'il en ait eu connaissance.

Mais quand le jugement est-il réputé exécuté, et l'opposition est-elle non recevable? Dans les cas suivants :

1° *Vente des meubles après saisie.* — Ainsi, ni la signification du jugement, ni le commandement, ni la saisie elle-même ne suffisent pour empêcher l'opposition, car ces actes sont présumés ne pas être connus du défaillant; mais la vente, n'ayant lieu qu'après une certaine publicité, fait cesser cette présomption.

2° *Notification de la saisie des immeubles.* — Ici, on n'exige pas la vente, parce que la procédure de saisie immobilière étant plus longue et plus compliquée, il est probable qu'elle n'est pas restée ignorée du débiteur.

3° *Emprisonnement ou recommandation du défaillant.* — La recommandation est l'ordre donné par un créancier, muni également de la contrainte par corps, de maintenir en prison son débiteur, déjà incarcéré à la requête d'un autre créancier, jusqu'à ce qu'il soit payé lui-même.

Celui qui se laisse mettre en prison ou s'y laisse maintenir sans opposition est censé acquiescer au jugement.

4° *Paiement des frais.* — C'est une reconnaissance de la condamnation.

5° En outre, *un acte quelconque* duquel il résulte que le jugement a été connu du défaillant : c'est au tribunal d'apprécier.

Ainsi, pour que l'opposition ne soit plus admissible, il n'est pas nécessaire que l'exécution soit achevée, mais il ne suffit pas non plus qu'elle soit simplement commencée; il faut que l'exécution ait été connue du défaillant, ou tout au moins qu'elle soit assez avancée pour être réputée connue de lui.

Formes de l'opposition. — Elles diffèrent suivant la nature du jugement.

Est-ce un *défaut contre avoué?* — l'opposition est formée par *requête d'avoué à avoué.*

Est-ce un *défaut contre partie?* — elle se forme de 2 manières :

1° Par *acte extrajudiciaire,* c.-à-d. par exploit d'huissier.

2° Par *déclaration sur les actes d'exécution* au moment de leur signification ; par ex., sur un procès-verbal de saisie.

Dans ces 2 cas, l'opposition n'est valable qu'autant qu'elle a été *réitérée dans la huitaine par requête* avec constitution d'avoué de la part de l'opposant.

Effets de l'opposition. — 1° L'opposition est suspensive de l'exécution du jugement.

Aucun jugement par défaut ne peut être exécuté pendant 8 jours à partir de la signification, quand même il n'y a pas eu d'opposition, mais les juges peuvent, *en cas d'urgence,* ordonner l'exécution provisoire; de plus l'opposition, dès qu'elle est formée, suspend l'exécution jusqu'au jugement à intervenir, à moins que les juges n'aient ordonné l'exécution provisoire nonobstant opposition, ce qu'ils ont le droit de faire toutes les fois qu'il y a *péril en la demeure.*

L'opposition arrête l'exécution, *même à l'égard des tiers,* en ce sens, que si le jugement ordonne à un tiers de faire une chose, par ex., à un séquestre de restituer un objet litigieux, ce tiers ne doit exécuter le jugement que sur un certificat du greffier, constatant qu'il n'y a pas d'opposition.

2° L'opposition permet au défaillant de présenter sa défense et de faire rétracter le jugement.

Mais si l'opposant fait de nouveau défaut, il sera débouté de son opposition, sans pouvoir en former une nouvelle : OPPOSITION SUR OPPOSITION NE VAUT.

Jugements non susceptibles d'opposition. — Tous les jugements par défaut, quelle que soit la nature ou l'importance des droits contestés, sont susceptibles d'opposition ; toutefois, il y a des exceptions, entre autres :

Le *jugement qui déboute d'une 1re opposition.*

Le *défaut profit joint.*

Le *jugement par forclusion,* c.-à-d. faute de produire un mémoire dans une instruction par écrit.

SIGNIFICATION DES JUGEMENTS PAR DÉFAUT. — Lorsque le défaut est *contre avoué,* la signification est faite, comme pour les jugements contradictoires, par un *huissier ordinaire.* Mais lorsque le défaut est *contre partie,* ou un défaut profit joint, la signification est faite par un *huissier commis,* c.-à-d. désigné par le tribunal. Cette précaution est prise afin d'assurer la remise de l'exploit au défaillant, qui peut-être n'a pas reçu l'ajournement.

EXÉCUTION. — Les jugements, tant contradictoires que par défaut, ne peuvent être exécutés qu'après la signification ; seulement, le délai entre la signification et l'exécution varie suivant que le jugement est contradictoire ou par défaut. Ainsi, lorsque le jugement est contradictoire, l'exécution peut avoir lieu *24 heures* après la signification, tandis que s'il est par défaut, l'exécution ne peut être commencée que *8 jours* après la signification.

PÉREMPTION. — En principe, le droit d'exécuter un jugement se prescrit, comme tout autre droit, par 30 ans. Il en est ainsi pour les jugements contradictoires, et pour les jugements par défaut contre avoué. Quant au jugement par défaut contre partie, il doit être exécuté dans les *6 mois* de son obtention, passé ce délai, il est *périmé,* c.-à-d. non avenu. Cette courte prescription, appelée *péremption,* a été admise pour éviter qu'après avoir tenu caché pendant longtemps un jugement par défaut, on pût venir l'exécuter à un moment où le défaillant n'a plus entre les mains les pièces utiles à sa défense.

Mais quels sont les actes d'exécution nécessaires pour mettre obstacle à la péremption ? Les actes d'exécution qui ont l'effet d'empêcher l'opposition, sont tous suffisants pour empêcher la péremption, mais ce ne sont pas les seuls. Il est admis, en effet, que l'exécution n'a pas besoin d'être aussi avancée pour arrêter la péremption. Ainsi, un procès-verbal de *carence* ne suffit pas pour empêcher l'opposition, mais suffit pour arrêter la péremption. On appelle ainsi, l'acte par lequel l'huissier constate qu'il n'a rien trouvé à saisir au domicile du débiteur. On comprend, en effet, qu'il serait trop rigoureux d'interdire l'opposition au défaillant qui a pu ignorer ce procès-verbal; mais que d'un autre côté, il serait injuste que le défaillant opposât la péremption à son adversaire qui, n'ayant rien trouvé à saisir, n'a pu faire vendre le mobilier, et par conséquent mettre le jugement à exécution.

Différences entre le défaut contre avoué et le défaut contre partie :

Le jugement par défaut contre avoué est *signifié par un huissier ordinaire*, — il peut être *exécuté pendant 30 ans*, — il est susceptible *d'opposition pendant 8 jours*, — et seulement *par requête*.

Le jugement par défaut contre partie est *signifié par un huissier commis*, — il ne peut être *exécuté que pendant 6 mois*, — il est susceptible *d'opposition tant qu'il n'est pas exécuté*, — et cela de 2 manières : *par acte extrajudiciaire* ou par *déclaration* sur un acte d'exécution.

EXCEPTIONS.

Il y a 2 sortes de moyens à faire valoir en justice contre une demande : les défenses et les exceptions.

Les *défenses* portent sur le fond ou le mérite de la demande et tendent à la faire rejeter, comme faite sans droit.

Les *exceptions*, sans attaquer le fond ou le mérite de la demande, tendent à la faire écarter pour le moment, et jusqu'à l'accomplissement de certaines conditions.

Parmi les exceptions, les unes ont pour effet d'entraîner indirectement un retard, les autres ont pour objet direct d'obtenir un délai : ces dernières sont appelées *dilatoires*.

Les exceptions admises par le Code sont :

La *Caution à fournir par les Étrangers*.

Les *Renvois* (incompétence, — connexité, — litispendance).

Les *Nullités*.

Les *Exceptions dilatoires* (celles de l'héritier, — de la femme commune ; — celle en garantie).

La *Communication des pièces*.

§ I. **Caution à fournir par les Étrangers.**

L'Étranger a le droit de poursuivre devant un tribunal de France un Français qui a contracté des obligations envers lui, même en pays étranger, mais à une condition : c'est que l'Étranger fournira préalablement une *caution*, c.-à-d. présentera une personne solvable s'engageant à rembourser les *frais et dommages-intérêts* auxquels il pourrait être condamné vis-à-vis du Français. Exiger cette caution, c'est opposer l'exception *judicatum solvi*.

On a voulu éviter que l'Étranger, après avoir engagé un procès mal fondé, pût se retirer dans son pays et abandonner l'instance en laissant les frais à la charge du Français, qui eût été souvent dans l'impossibilité de les recouvrer.

Les *frais* sont les dépens auxquels le demandeur pourrait être condamné s'il perdait le procès.

Les *dommages-intérêts* dont la caution répond sont seulement *ceux résultant du procès*, par ex., pour injures faites par l'Étranger dans le cours de l'instance, ou pour le tort que le procès par lui-même peut causer au défendeur, mais nullement ceux résultant des préjudices éprouvés en dehors du procès ; ainsi, lorsqu'un Étranger demande le prix des marchandises par lui expédiées à un Français, si celui-ci réclame à son tour des dommages-intérêts pour retard dans l'expédition ou pour mauvaise qualité des marchandises, il ne pourra pas exiger la caution pour le montant de cette réclamation.

A la place d'une personne, la loi admet comme garantie équivalente le dépôt d'une somme d'argent ou la possession par l'Étranger d'immeubles suffisants en France.

La caution *judicatum solvi* est exigée seulement de l'*Étranger demandeur*, et jamais du défendeur, la défense étant de droit naturel.

Elle n'a pas lieu dans les *affaires commerciales*, car elle eût entravé les rapports commerciaux ; mais elle s'applique aux procès criminels lorsque l'Étranger se porte partie civile.

Enfin, sont *dispensés* de fournir caution :
Les Étrangers autorisés à résider en France.
Ceux dont la nation dispense, par un traité, les Français de cette formalité chez elle.
Ceux ayant en France des immeubles suffisants.

§ II. **Renvois.**

Sous ce titre, la loi traite des exceptions appelées *déclinatoires*, c.-à-d. des exceptions d'incompétence, de litispendance et de connexité. (Le mot *renvoi* s'applique plus spécialement au cas où, pour parenté ou alliance, une partie demande que l'affaire soit portée devant un autre tribunal).

EXCEPTION D'INCOMPÉTENCE. — Il y a 2 sortes d'incompétences :
1° Absolue ou *ratione materiæ*, lorsqu'on a saisi une juridiction d'une affaire dont elle ne peut connaître. Ici, ce n'est pas seulement le tribunal auquel on s'est adressé qui est incompétent, mais toute la classe des tribunaux dont il fait partie ; ex. : une affaire civile portée devant un tribunal de commerce. Ce n'est pas seulement le tribunal saisi qui est incompétent, mais toute la classe des tribunaux de commerce. De même si une affaire de la compétence des tribunaux d'arrondissement est portée devant un juge de paix.

2° **Relative** ou *ratione personæ*, lorsqu'on a saisi la juridiction qui doit connaître de l'affaire, mais qu'au lieu de s'adresser à tel tribunal de cet ordre, on s'est adressé à un autre tribunal du même ordre. Ex. : on revendique devant le tribunal civil de Rouen une maison située au Hâvre. Le tribunal de Rouen est certainement compétent pour juger un procès de cette nature ; mais dans l'espèce, ce n'est pas lui qui doit en connaître, c'est le tribunal civil du Hâvre, car c'est celui de la situation de l'objet litigieux.

L'incompétence *ratione materiæ* tient à l'organisation judiciaire, et par conséquent est d'ordre public, tandis que l'incompétence *ratione personæ* est d'ordre privé ; de là, entre ces 2 incompétences, les différences suivantes :

L'incompétence *ratione materiæ* peut être invoquée en *tout état de cause*, — tant *par le demandeur* que *par le défendeur ;* — enfin, c'est un *devoir* pour le tribunal de l'invoquer d'office.

L'incompétence *ratione personæ* ne peut être proposée qu'au début de l'instance *(in limine litis)*, — *par le défendeur seul ;* — enfin, c'est une *faculté* pour le tribunal de l'invoquer d'office.

EXCEPTION DE LITISPENDANCE. — Il y a *litispendance* lorsqu'une affaire portée devant un tribunal est déjà introduite devant un autre tribunal ; mais il faut qu'il s'agisse du même objet, de la même cause et des mêmes parties.

Ainsi, dans une action mixte, après avoir saisi le tribunal du domicile du défendeur, on porte l'affaire devant le tribunal de la situation de l'objet. De même encore, si après avoir poursuivi 2 codébiteurs devant le domicile de l'un d'eux, le créancier les poursuit en même temps devant le domicile de l'autre.

Le tribunal saisi en second lieu doit se dessaisir, et renvoyer l'affaire aux juges déjà appelés à statuer ; autrement, il pourrait arriver que les 2 tribunaux rendissent des décisions opposées. Cette exception a donc pour but d'éviter la contrariété de jugements.

EXCEPTION DE CONNEXITÉ. — Il y a connexité lorsque 2 affaires, sans être identiques, comme dans la litispendance, sont liées par un rapport si intime qu'il est nécessaire de les faire examiner par les mêmes juges.

Ainsi, un acheteur actionne son vendeur en délivrance devant le tribunal de la situation ; à son tour, le vendeur poursuit l'acheteur en paiement du prix devant le tribunal du domicile de ce dernier : les 2 tribunaux sont compétents ; mais si les 2 affaires étaient jugées séparément, il y aurait peut-être un inconvénient, car un tribunal pourrait ordonner de payer le prix, l'autre refuser la délivrance.

Le tribunal saisi le 2me doit renvoyer l'affaire au 1er, comme pour la litispendance, et contrairement à ce qui a lieu pour l'incompétence ; dans ce cas, en effet, le tribunal n'indique pas celui qui doit connaître de l'affaire.

La litispendance et la connexité doivent-elles être proposées au début de l'instance comme l'incompétence *ratione personæ*, ou peuvent-elles être invoquées en tout état de cause comme l'incompétence *ratione materiæ* ? La loi ne s'explique pas : on admet qu'il faut tenir compte des circonstances.

§ III. **Nullités.**

Lorsque la forme prescrite à peine de nullité n'a pas été observée dans un acte de procédure, on propose l'annulation de cet acte par l'exception de *nullité*.

Cette exception doit être présentée avant toute défense ou exception autre que celle d'incompétence, sous peine d'être couverte, c.-à-d. non avenue. Toutefois, s'il s'agit d'un acte fait dans le cours de l'instance, il suffit que la nullité soit invoquée avant qu'on ait discuté le mérite de l'acte vicieux. Ex. : dans une enquête, on opposera valablement une nullité avant la discussion des témoignages.

§ IV. **Exceptions dilatoires.**

Les exceptions ci-dessus ont pour résultat d'entraîner un retard dans la procédure, mais tel n'est pas leur but : certaines exceptions, au contraire, ont pour but direct d'obtenir un délai ; de là leur nom de *dilatoires*.

Le Code en cite deux : 1° celle de l'héritier ou de la femme commune en biens ; — 2° celle de garantie.

EXCEPTION DE L'HÉRITIER. — Les droits actifs et passifs du défunt passant instantanément sur la tête de l'héritier, celui-ci peut être actionné immédiatement à la place de l'auteur. Mais, comme il a 3 partis à prendre (accepter purement et simplement, accepter sous bénéfice d'inventaire, ou renoncer), et qu'il jouit d'un délai de 3 mois pour faire inventaire et de 40 jours pour délibérer sur le choix de ces partis, il était rationnel qu'il lui fût permis de refuser tout débat avant l'expiration de ces délais ; d'autant plus qu'en acceptant le procès, il eût fait acte d'héritier et perdu la faculté de renoncer.

Ainsi, l'héritier poursuivi pendant les 3 mois et 40 jours peut faire surseoir à l'examen du fond jusqu'à l'expiration de ces délais. C'est là une exception *dilatoire*, car, sans contester le mérite de l'action, il demande qu'il soit sursis au fond pendant un certain temps.

A la dissolution de la communauté, la femme jouit, à l'instar d'un héritier, de 3 mois et 40 jours pour accepter ou renoncer à sa part de communauté. Si pendant ces délais on l'actionne, elle a également une exception dilatoire.

EXCEPTION DE GARANTIE. — Celui qui est tenu d'indemniser quelqu'un de certains préjudices ou de le protéger contre certaines attaques est un *garant ;* celui qui a droit à cette garantie s'appelle *garanti*. Dans la vente, par ex., le vendeur étant tenu de mettre l'acheteur à l'abri de toute éviction et de le défendre contre les actions en revendication formées par les tiers, est un garant, l'acheteur, un garanti.

Le garanti a 2 manières d'exercer son recours en garantie contre son garant :

1º Par *action principale*, — lorsque le garanti, ayant soutenu seul l'action intentée et succombé, fait à son tour un nouveau procès à son garant. Ainsi, j'achète une maison ; un tiers me fait un procès et me dépossède ; j'agis ensuite contre mon vendeur. Ce mode de procéder, outre qu'il entraîne des lenteurs et des frais, puisqu'il exige 2 procès, expose le garanti à ce que le garant lui dise : Vous ne vous êtes pas bien défendu, si vous m'aviez appelé en cause, vous eussiez triomphé.

2º Par *action incidente*, — lorsque le garanti, dès qu'il est attaqué, appelle le garant en cause pour qu'il prenne sa défense et qu'il n'y ait qu'un seul procès. A cet effet, il demande qu'il soit sursis à l'examen du procès pendant le temps nécessaire pour faire venir le garant en cause.

Cette demande d'un délai est l'*exception de garantie*, laquelle est par conséquent dilatoire.

Espèces de garantie. — Il y en a 2 : la garantie est formelle ou simple.

Elle est *formelle* en matière réelle Telle est la garantie de propriété due par le vendeur à l'acheteur.

Simple en matière personnelle. Telle est la garantie que doit un débiteur à celui qui l'a cautionné.

Dans la garantie formelle, l'action originaire étant réelle, est plutôt dirigée contre la chose que contre le possesseur de cette chose, en sorte que le défendeur (garanti) peut se faire mettre hors de cause en mettant le garant à sa place, sans que le demandeur s'y oppose, car il importe peu à ce dernier d'avoir tel ou tel adversaire.

Dans la garantie simple, au contraire, l'action originaire étant personnelle, le défendeur (garanti) est tenu personnellement vis-à-vis du demandeur ; il peut bien appeler son garant en cause, mais il ne peut pas se faire mettre en dehors du procès. Ainsi, la caution peut appeler en cause le débiteur principal, mais elle ne peut se soustraire à une condamnation, car elle répond de la dette personnellement; son seul avantage sera, si elle est condamnée vis-à-vis du créancier, d'obtenir par le même jugement condamnation du débiteur envers elle.

Le *délai* accordé au garanti pour appeler son garant en cause est de *8 jours* à partir de la demande originaire, plus l'augmentation à raison des distances. S'il y a plusieurs garants, on prend le plus long délai.

Si le garant est lui-même garanti par un autre, il peut aussi appeler son garant; pour cela il a aussi 8 jours à partir du moment où il a été appelé, et ainsi de suite.

Le *tribunal compétent* est celui qui a été saisi de la demande originaire (réelle ou personnelle).

Si les demandes originaires et en garantie sont en état d'être jugées en même temps, il n'y a qu'un seul jugement. Mais si la demande originaire est seule en état, il y est statué séparément, et la garantie fait l'objet d'un second jugement.

Les exceptions dilatoires doivent être proposées avant toutes défenses au fond, mais après les autres exceptions (*judicatum solvi*, renvois, nullités). Ainsi, l'héritier poursuivi pour une dette du défunt doit opposer l'exception dilatoire avant de contester la dette; mais si le demandeur est un Étranger, il doit tout d'abord exiger *caution*.

§ V. **Exception de communication de pièces.**

C'est la demande d'un délai pour vérifier les pièces signifiées ou employées par l'adversaire : elle doit être faite dans les 3 jours de la signification ou de l'emploi des pièces.

La communication est accordée, — ou à l'amiable, — ou par le tribunal. Elle a lieu de 2 manières : 1° *entre avoués,* c.-à-d. par la remise des pièces par un avoué à l'autre sur récépissé; 2° *au greffe,* c.-à-d. par le dépôt des pièces entre les mains du greffier qui les communique.

VÉRIFICATION DES ÉCRITURES.

Il y a 2 sortes d'écrits : les actes authentiques ou publics — et les actes privés.

L'acte *authentique* fait foi, c.-à-d. preuve par lui-même. Celui qui s'appuie sur un titre authentique n'a pas à en prouver la sincérité, c'est à l'adversaire à en prouver la fausseté. La procédure employée à cet effet s'appelle *faux incident civil*. (Voyez titre suivant.)

L'acte *privé* n'a par lui-même aucune foi, il ne fait preuve qu'autant qu'il est reconnu par l'adversaire. C'est à celui qui s'en sert à prouver qu'il est vrai. La procédure, dans ce cas, s'appelle *reconnaissance* ou *vérification d'écritures*.

La demande en reconnaissance d'écritures est généralement incidente, c.-à-d. formée dans le cours d'un autre procès ; elle peut toutefois être principale. Ainsi, le créancier, porteur d'un billet à terme souscrit par son débiteur, peut craindre que ce dernier ne vienne à mourir avant l'échéance, et que ses héritiers ne nient l'écriture de leur auteur ; alors il appelle le débiteur *en reconnaissance d'écritures*.

Cette demande est formée par assignation à 3 jours francs.

Si le débiteur reconnaît de suite l'écriture (ou signature), le tribunal donne acte de cette reconnaissance. L'écrit ainsi reconnu en justice a la foi d'un acte authentique. Dans ce cas, les frais sont pour le demandeur, car le défendeur n'a rien contesté.

Si le débiteur ne comparaît pas, il est donné défaut contre lui, et l'écriture est tenue pour reconnue. S'il dénie l'écrit attribué, soit à lui, soit à ses auteurs, il y a lieu alors à *vérification d'écritures*.

Le jugement qui autorise la vérification indique les moyens qui seront admis (il y en a 3 : les titres, — les témoins, — les experts) ; il nomme un juge commissaire pour procéder à la vérification ; enfin, il ordonne le dépôt de la pièce au greffe. Le greffier dresse procès-verbal de l'état de la pièce lors du dépôt, puis l'on procède, soit à une enquête, soit à une expertise ; dans ce dernier cas, on compare l'écriture déniée avec d'autres écritures ou signatures émanées d'une manière certaine de la personne à laquelle est attribuée la pièce à vérifier. Si les parties ne s'entendent pas sur le choix de ces pièces, le tribunal les désigne ; toutefois, ce pouvoir n'est pas arbitraire, certaines pièces seulement sont admissibles, ce sont :

Les *signatures privées apposées sur des actes authentiques* en présence d'un notaire ou d'un juge.

L'*écriture* ou la *signature publiques*, c.-à-d. faites par l'individu qui les dénie, en qualité de personne publique.

Les *écritures* (ou portions d'écritures) et les *signatures reconnues librement*. On n'admet pas celles reconnues à la suite d'une vérification en justice.

Tout détenteur d'une pièce de comparaison est tenu de la représenter si la justice l'exige. Si les pièces ne peuvent être déplacées (par ex., un registre de l'état civil de l'année courante), le tribunal peut décider que la vérification aura lieu au domicile du dépositaire.

Si le jugement déclare la pièce vraie, le défendeur est condamné aux frais, et à des dommages-intérêts, s'il y a lieu ; de plus, à 150 fr. d'amende, s'il a dénié sa propre signature. Si la pièce est repoussée, c'est le demandeur qui paie les frais.

La pièce vérifiée a, comme celle reconnue, la foi d'un acte authentique, et de plus, elle emporte hypothèque judiciaire. Toutefois, cette hypothèque ne peut être inscrite qu'à l'échéance de la dette, bien que la reconnaissance ait lieu auparavant ; autrement, le créancier auquel on aurait refusé hypothèque et qui se serait contenté d'un billet sous seing-privé, pourrait se jouer de son débiteur, car, en l'appelant dès le lendemain de la souscription du billet en reconnaissance d'écriture, il se procurerait cette hypothèque. Cette fraude avait été imaginée après la promulgation du Code de procédure, mais une loi de 1807 y a porté remède en ne permettant d'inscrire l'hypothèque qu'à l'échéance de la dette.

FAUX INCIDENT CIVIL.

La procédure particulière employée pour prouver la fausseté d'un acte authentique s'appelle FAUX INCIDENT CIVIL ou *inscription de faux*. Ce dernier nom vient de ce que la pièce fait foi tant que l'adversaire n'a pas déclaré au greffe son intention d'attaquer l'acte, ce qu'il fait en s'inscrivant en faux.

Le faux donne lieu à 2 procédures : l'une criminelle, l'autre civile. L'action civile se présentant le plus souvent incidemment à un autre procès, s'appelle *faux incident civil;* tandis que l'action criminelle étant le plus souvent principale, a reçu le nom de *faux principal.* Mais, si dans le cours d'un procès criminel, un faux est découvert et poursuivi, ce sera un *faux criminel incident;* de même, si en dehors d'un procès civil, on attaque un acte authentique, le *faux civil* sera *principal.*

Les actes attaquables par le faux incident civil sont :

Les actes *authentiques.*

Les actes *privés vérifiés en justice.*

Les actes *privés mêmes non vérifiés.*

Dans ce dernier cas, la procédure de faux est facultative, car on peut dénier l'acte, et alors c'est à l'adversaire à en prouver la véracité; mais si l'on préfère, on peut en prouver soi-même la fausseté.

Il y a 2 sortes de faux :

1° *Matériel,* lorsqu'il consiste dans la contrefaçon de l'écriture ou de la signature, ou bien dans l'altération par ratures, addition ou surcharges.

2° *Intellectuel,* lorsqu'il consiste dans la mention faite sciemment de faits mensongers.

La procédure du faux se divise en 3 périodes :

1re PÉRIODE. — *Formalités précédant le jugement sur l'admission ou le rejet de l'inscription de faux.*

Le demandeur en faux fait sommation à son adversaire, par acte d'avoué, de déclarer s'il veut ou non se servir de la pièce arguée de faux.

Le défendeur doit faire sa déclaration dans les 8 jours ; s'il ne répond pas, ou s'il retire la pièce, celle-ci est rejetée ; s'il la maintient, le demandeur fait son inscription en faux au greffe, et demande au tribunal de l'autoriser à prouver la fausseté de l'acte. Le jugement peut, si la pièce n'est pas nécessaire au procès, repousser cette demande ; s'il l'accorde, il nomme un juge commissaire.

2me PÉRIODE. — *Formalités précédant le jugement sur les moyens de preuves.*

Dans les 3 jours de la signification du jugement ci-dessus, le défendeur fait l'apport de la pièce au greffe, il signifie l'acte de dépôt au demandeur avec sommation d'assister au procès-verbal de l'état de la pièce. Cet acte est fait en présence du procureur impérial et du juge commissaire, et signé par eux.

Le demandeur a 8 jours pour signifier ses moyens de faux ; le défendeur, 8 jours pour y répondre. Puis, un jugement indique les moyens qui seront employés.

3me PÉRIODE. — *Formalités précédant le jugement sur le faux.*

L'instruction se fait par titres, témoins ou experts (dans ce cas, les experts sont toujours désignés d'office par le tribunal).

Si le faux est établi, le tribunal ordonne la suppression, la lacération ou radiation, en tout ou en partie, et même la réformation ou le rétablissement de cette pièce. C'est le greffier qui est chargé d'effectuer ces opérations. Toutefois, l'exécution du jugement est *suspendue de droit jusqu'à l'expiration des délais d'appel, de requête civile et de cassation,* ou jusqu'à ce que la partie condamnée ait acquiescé, autrement dit, jusqu'à ce qu'il y ait, quant au faux, *chose jugée* irrévocablement.

Lorsque la procédure révèle des indices de faux, si les auteurs ou complices sont vivants, et la poursuite criminelle non éteinte par prescription, le président ou le procureur peuvent décerner un mandat d'amener contre les prévenus.

Dans ce cas, il est sursis à statuer sur le procès civil jusqu'à ce que le procès criminel soit jugé. C'est ce que signifie l'adage : LE CRIMINEL TIENT LE CIVIL EN ÉTAT.

Pour éviter que le crime de faux soit soustrait à la connaissance du ministère public par un arrangement entre les parties, aucune *transaction* sur la poursuite du faux ne peut être exécutée, si elle n'a été homologuée en justice, après avoir été communiquée au ministère public.

ENQUÊTES.

L'ENQUÊTE est la procédure qui consiste à établir la vérité d'un fait par la déclaration de témoins.

Il y a 2 sortes d'enquête :

1° L'enquête est *publique* ou *sommaire*, lorsqu'elle se fait à l'audience devant le tribunal entier. Dans ce cas, si l'affaire est susceptible d'appel, il est dressé procès-verbal de la déposition des témoins, afin qu'on n'ait pas besoin de recommencer l'enquête en appel. — Si la cause est en dernier ressort, le jugement constate seulement le résultat des dépositions.

2° L'enquête est *secrète* ou *ordinaire*, lorsqu'elle se fait, non pas à l'audience devant le tribunal, mais en la chambre du Conseil devant un juge assisté de son greffier, et en présence seulement des parties et de leurs avoués. Dans ce cas, il est toujours dressé procès-verbal des dépositions, lesquelles sont lues ensuite à l'audience.

Devant les tribunaux d'arrondissement, l'enquête est *ordinaire* dans les affaires *ordinaires*, et *sommaire* dans les affaires *sommaires*. Devant les tribunaux de commerce et de paix, elle est toujours *sommaire*.

L'enquête est le plus souvent *incidente*, c.-à-d. qu'elle a lieu à l'occasion d'un procès, quelquefois cependant elle est *principale ;* par ex., lorsqu'un créancier à terme, craignant qu'à l'échéance le débiteur ne nie la dette et que les témoins ne soient morts, demande à recueillir, dès à présent, les témoignages utiles à la constatation de sa créance.

La preuve testimoniale n'étant pas toujours permise par la loi, l'enquête doit être autorisée par jugement. L'enquête ne peut, en effet, être ordonnée qu'aux 3 conditions suivantes :

1° *Si la loi ne défend pas la preuve testimoniale des faits.* Elle la défend lorsque l'intérêt est au-dessus de 150 fr., sauf quelques exceptions,

2° *Si les faits sont déniés,* ou si étant reconnus, l'aveu n'est pas permis. — Ainsi, dans la séparation de corps, l'aveu des parties n'étant pas admis, les faits reconnus par elles pourront faire l'objet d'une enquête.

3° *Si les faits sont admissibles,* c.à-d. pertinents et concluants. — Les faits pertinents sont ceux qui ont un rapport direct avec l'affaire ; — les faits concluants sont ceux qui peuvent avoir quelque influence sur la solution du procès.

Contre-enquête. — Si une partie ne peut, sans y être autorisée par un jugement, faire entendre des témoins pour un fait, son adversaire, au contraire, peut *de plein droit,* c.-à-d. sans jugement, établir la preuve contraire, en faisant entendre à son tour des témoins pour démentir le fait allégué. C'est la *contre-enquête.*

Témoins. — Toute personne, homme, femme, enfant, ayant connaissance d'un fait contesté en justice, peut être appelée à déposer sur ce fait.

Toutefois, certaines personnes sont *incapables* d'être témoins et ne doivent pas être assignées. Ce sont les *parents et alliés* EN LIGNE DIRECTE de l'une ou de l'autre des parties (c.-à-d. ascendants et descendants), ou son *conjoint.*

D'autres personnes, sans être incapables de déposer, sont *reprochables*, c.-à-d. susceptibles d'être repoussées comme témoins suspects, si l'une des parties l'exige. Ce sont :

Les *parents* ou *alliés* EN LIGNE COLLATÉRALE de l'une ou de l'autre partie ou de son conjoint.

L'*héritier présomptif* ou le *donataire*.

Celui qui a *bu* ou *mangé* avec la partie et à ses frais depuis le jugement permettant l'enquête.

Celui qui a *donné des certificats* sur les faits relatifs au procès.

Les *serviteurs* et *domestiques*.

L'individu *en état d'accusation* (mais non celui en état de prévention).

Le *condamné*, soit à une peine afflictive ou infamante, soit même à une peine correctionnelle pour vol.

Bien que la loi semble limiter les reproches à ces cas, la jurisprudence en admet beaucoup d'autres. Ainsi, devant les tribunaux, on reproche un témoin parce qu'il est l'ami de l'adversaire, son créancier, son débiteur ou son associé.

Les *reproches* doivent être proposés *avant* la déposition, afin que la partie mécontente d'une déposition défavorable ne cherche pas, après coup, des moyens de repousser ce témoignage. Toutefois, ils peuvent être proposés *après* la déposition, s'ils sont justifiés par écrit.

Autrefois, un témoin ne suffisait pas (*testis unus, testis nullus*), mais les dépositions concordantes de 2 témoins liaient les juges. Aujourd'hui, les juges peuvent admettre le témoignage d'une seule personne et repousser celui de plusieurs.

On peut faire entendre autant de témoins qu'on veut. Mais pour qu'on ne cherche pas à grossir les frais, il n'est permis de faire supporter à l'adversaire que les frais de 3 témoins (non sur l'enquête entière, mais sur chaque fait).

Procédure. — Le jugement qui permet l'enquête précise les faits à prouver et désigne un juge commissaire.

Le demandeur fait fixer, par ordonnance de ce juge, les jour et heure de l'enquête; il assigne les témoins et signifie au défendeur les noms de ces témoins avec sommation d'assister à l'enquête.

Au jour fixé, chaque témoin déclare ses noms, profession, âge et demeure; — s'il est parent ou allié à l'une des parties; — ou s'il est à leur service. Puis il prête serment de dire *vérité* et dépose, hors de la présence des autres, oralement, et non par écrit, afin que sa déposition ne soit pas préparée à l'avance. Le greffier écrit la déposition sous la direction du juge; lecture en est donnée au témoin, afin qu'il puisse confirmer ou modifier ses dires; enfin, le procès-verbal est signé des témoins, des parties, du greffier et du juge.

Les témoins reprochés sont entendus également, car le juge ne fait que constater les reproches, lesquels ne peuvent être jugés que par le tribunal. Seulement, les dépositions des témoins dont le reproche est admis ne sont pas lues à l'audience.

Le témoin qui ne comparaît pas, ou qui refuse de déposer sur les faits connus de lui est condamné à 10 fr. au moins de dommages-intérêts vis-à-vis de la partie; en outre, il est passible d'une amende de 100 fr. Le témoin défaillant est réassigné à ses frais; s'il fait défaut de nouveau, il est condamné à 100 fr. d'amende. Dans ce cas, l'amende n'est plus simplement facultative.

L'enquête doit, à peine de nullité, être *commencée* dans la *huitaine* de la signification du jugement qui l'autorise, et *terminée* dans la *huitaine* à partir du jour où elle a été commencée : c'est afin de ne pas laisser aux parties le temps de séduire les témoins.

Telle est la procédure de l'enquête ORDINAIRE, car si l'enquête est SOMMAIRE, les dépositions ne sont rédigées que s'il y a lieu à appel, et le témoin reproché n'est pas entendu si le reproche est fondé, puisqu'il y est statué de suite.

DESCENTES SUR LES LIEUX.

La DESCENTE SUR LES LIEUX est le transport d'un juge à l'endroit où est situé l'objet litigieux pour inspecter et étudier personnellement son état, et fournir au tribunal des renseignemets utiles à la cause.

Ce transport est ordonné, soit d'office par le tribunal, soit sur la réquisition de l'une ou de l'autre des parties.

Le juge désigné par le tribunal procède à l'examen, assisté de son greffier et en présence des parties intéressées ou elles dûment appelées. Procès-verbal de la visite est dressé sur les lieux mêmes, puis déposé au greffe, où l'une des parties en demande copie, qu'elle signifie à son adversaire.

La partie qui requiert la descente doit faire l'*avance des frais* de transport et les consigner au greffe. C'est afin d'éviter que le juge soit forcé d'actionner un plaideur pour obtenir le remboursement de ses frais. Les juges ne recevant aucun honoraire pour leur déplacement, il ne s'agit ici que des frais de transport, nourriture et logement.

RAPPORTS D'EXPERTS.

Les juges ne pouvant avoir les connaissances spéciales qu'exige l'examen d'une foule d'objets, sont souvent forcés de recourir aux lumières et à l'expérience de personnes qui possèdent des connaissances techniques sur l'objet litigieux.

Cette manière de procéder est l'EXPERTISE.

La loi indique certains cas où l'on doit l'employer (ex. : partages en justice), mais les juges peuvent l'ordonner, soit d'office, soit sur la demande de l'une des parties ; de même ils ont la faculté de la refuser quand bon leur semble.

Le jugement qui ordonne l'expertise désigne les objets à examiner, — les experts nommés par lui d'office, ou ceux désignés par les parties, — enfin, un juge commissaire pour recevoir le serment des experts.

Experts. — Toute personne peut être nommée expert (sauf les interdits pour démence ou les individus privés de ce droit par suite de condamnation). Mais les experts peuvent être *récusés* comme les témoins et pour les mêmes causes. Ce droit de récusation cesse après la prestation de serment.

Il y a toujours 1 ou 3 experts, jamais 2, dans la crainte d'un partage. Le tribunal doit en désigner 3, mais il peut être autorisé par les parties ou par la loi à en nommer un seul. Les parties sont toujours libres d'en choisir 1 ou 3.

En principe, les parties ont le choix des experts; toutefois, en ordonnant l'expertise, le tribunal désigne d'office les experts, sauf aux parties à les remplacer dans les 3 jours.

Expertise. — Lors de la prestation de serment, on fixe le jour des opérations. Les experts procèdent à l'examen des lieux ou des objets soumis à leur appréciation; puis après avoir écouté les observations des parties, ils dressent leur rapport sur le lieu contentieux ou dans celui qu'ils indiquent. Ils doivent former un *seul avis*, à la pluralité des voix; toutefois, en cas d'opinions différentes, ils en indiquent les motifs, mais sans faire connaître l'avis personnel de chacun d'eux; cette défense a pour but d'éviter le ressentiment des parties et la discussion par les avocats du mérite de chaque expert.

Le rapport est déposé au greffe, puis il est lu à l'audience.

Les juges ne sont pas tenus de statuer dans le sens du rapport des experts, car ceux-ci ne font qu'émettre un *avis*.

INTERROGATOIRE SUR FAITS ET ARTICLES.

Il y a 2 moyens de demander des éclaircissements aux parties elles-mêmes :

La *comparution personnelle* (traitée page 37).

L'*interrogatoire sur faits et articles*.

Ce dernier moyen consiste à faire interroger une partie par un juge assisté du greffier, en chambre du Conseil, mais hors de la présence de l'autre partie.

L'interrogatoire sur faits et articles peut être employé *en toutes matières*, c.-à-d., même dans les cas où la preuve testimoniale n'est pas admissible, pourvu toutefois que l'aveu ne soit pas défendu (comme en matière de séparation de corps ou de biens), et que les parties en cause ne soient pas incapables de s'obliger (comme des mineurs ou des interdits).

L'interrogatoire peut être demandé *en tout état de cause*, c.-à-d. tant que le président n'a pas clos les débats en disant : *La cause est entendue*. Toutefois, la loi ne veut pas que les parties puissent par ce moyen retarder l'instruction ou le jugement.

La partie qui veut faire interroger son adversaire doit, à cet effet, adresser au tribunal une *requête* contenant tous les faits sur lesquels doit porter l'interrogatoire.

Le *jugement* ainsi rendu sur la requête de l'une des parties seulement n'est pas susceptible d'opposition, puisque l'autre partie n'a pas été appelée à se défendre.

Le juge commissaire désigné par le tribunal rend une *ordonnance* pour fixer les jour et heure de l'interrogatoire.

La requête, le jugement et l'ordonnance doivent être signifiés *24 heures* à l'avance à la partie qui sera interrogée. Ce court délai a pour but d'éviter qu'on ait le temps de combiner ses réponses.

Au jour fixé, la partie doit répondre verbalement sur les faits contenus dans le jugement, et même sur ceux posés d'office par le juge ; si elle refuse de répondre, ou si elle ne se présente pas, il est dressé procès-verbal, et les faits peuvent être tenus pour avérés ; si elle répond, il est aussi dressé procès-verbal signé, après lecture, par elle, le juge et le greffier.

De ces 2 moyens, chacun a son avantage : la comparution personnelle est plus prompte et plus simple, les adversaires sont en présence et les questions ne sont pas posées à l'avance ; mais l'interrogatoire est seul possible en cas de maladie.

INCIDENTS.

Dans son sens large, le mot *incident* désigne tout fait qui entrave ou complique la marche ordinaire d'une procédure. Tels sont les exceptions, la vérification d'écritures, le faux incident civil, les enquêtes, la comparution, l'interrogatoire sur faits et articles, les demandes *incidentes*, etc.

Dans son sens restreint, le mot *incident* désigne une demande nouvelle faite par l'une des parties ou par un tiers dans le cours d'une instance, et se rattachant à la demande primitive. Dans ce sens, on appelle :

Demande *additionnelle*, celle formée par le demandeur originaire.

Demande *reconventionnelle*, celle formée par le défendeur.

Demande en *intervention*, celle formée par un tiers.

Toutes ces demandes sont dites *incidentes ;* toutefois, cette expression s'applique plus spécialement aux demandes formées par l'une ou l'autre des parties, par opposition à celle formée par un tiers (*intervention*).

§ I. Demandes incidentes.

Il n'est pas permis aux parties d'introduire toute sorte de demandes nouvelles dans le cours d'un procès, car on pourrait éluder ainsi la tentative de conciliation et les règles sur la compétence.

Le demandeur peut former une demande nouvelle, à la condition qu'elle soit, pour ainsi dire, le développement de la cause principale. Ainsi, dans une instance en revendication d'immeuble, il pourra réclamer postérieurement les fruits perçus par le possesseur.

Quant au défendeur, il peut opposer d'abord des demandes ayant une connexité d'origine avec l'action principale. Ainsi, un locataire actionné en paiement de loyers peut opposer une demande en indemnité pour grosses réparations faites par lui pour le compte du propriétaire. En outre, le défendeur peut opposer des demandes en compensation n'ayant aucune communauté d'origine avec la demande principale, car la compensation éteignant la dette principale, est moins une demande reconventionnelle qu'un mode de défense analogue au paiement. Ainsi, un débiteur poursuivi en remboursement d'argent prêté peut opposer une demande en paiement d'objets par lui vendus, si le prix est liquide et exigible.

Les demandes incidentes sont *formées*, non par ajournement, mais *par simple acte* d'avoué à avoué : le défendeur peut y répondre également par un simple acte.

Ces demandes sont *jugées par préalable*, s'il y a lieu, c.-à-d. avant la demande principale. Ainsi, le tribunal peut, à son gré, statuer de suite sur l'incident ou le joindre au principal pour vider le tout par une décision unique.

§ II. **Intervention.**

C'est l'action par laquelle un tiers, prétendant avoir des intérêts dans la cause pendante entre 2 parties, demande à y être admis pour faire valoir ses droits.

Un 2ᵐᵉ moyen au profit des tiers est la *tierce-opposition :* c'est l'action par laquelle une personne demande qu'un jugement, rendu à l'issue d'un procès dans lequel elle n'a pas figuré, soit réformé en tant qu'il préjudicie à ses droits.

Le 1ᵉʳ moyen a lieu *pendant*, — le 2ᵐᵉ *après* le procès.

En 1ʳᵉ instance, il suffit de justifier d'un intérêt quelconque ; ainsi, les créanciers peuvent intervenir dans tous les procès où figure leur débiteur, tandis qu'ils n'ont pas droit de former tierce-opposition contre un jugement rendu sans fraude. Mais en appel, l'intervention n'est permise qu'à ceux qui pourraient attaquer le jugement par la tierce-opposition.

L'intervention est formée par requête contenant constitution d'avoué. On peut intervenir *en tout état de cause,* mais sans pouvoir retarder le jugement de la cause principale, si celle-ci est en état.

INTERVENTION FORCÉE. — Il arrive quelquefois que les parties en cause, dans la crainte qu'un tiers, qui a des intérêts se rattachant à l'objet litigieux, ne vienne plus tard former tierce-opposition au jugement, mettent ce tiers en demeure d'intervenir au procès. Par ex., dans une instance en revendication, j'apprends que mon adversaire n'a que la copropriété par indivis de l'immeuble que je lui réclame, alors j'appelle son copropriétaire en cause, afin que le jugement *soit déclaré commun.*

C'est l'*intervention forcée.*

REPRISE D'INSTANCE ET CONSTITUTION DE NOUVEL AVOUÉ.

Lorsqu'une affaire est *en état,* aucun événement, tant du côté des parties que de celui des avoués, ne peut interrompre le cours de l'instance.

Sont EN ÉTAT : 1° les affaires *instruites oralement* (c.-à-d. à l'audience), — lorsque la plaidoirie est commencée (la plaidoirie est réputée commencée quand les conclusions ont été prises contradictoirement à l'audience); 2° les affaires *instruites par écrit,* — lorsque l'instruction est complète, ou que les délais pour produire les pièces sont expirés.

Quand une affaire n'est pas en état, le *décès* d'une partie, ou la *cessation de fonctions d'un avoué* (par décès, démission, interdiction, destitution), interrompent l'instance. Pour reprendre l'instance, l'héritier de la partie décédée fait un acte d'avoué. Si la reprise était demandée par l'adversaire, celui-ci devrait assigner l'héritier en reprise. Même formalité si, au lieu du décès d'une partie, c'est un avoué qui cesse ses fonctions.

Mais le *changement d'état* d'une partie (par ex., le mariage, l'émancipation), n'a aucune influence sur la procédure. Toutefois, le demandeur qui change d'état avant que le défendeur ait constitué avoué, doit renouveler son assignation.

DÉSAVEU.

Le DÉSAVEU est le démenti donné par une personne à un officier ministériel qui a fait un acte excédant son mandat. Les officiers publics, étant crus sur leur affirmation, ne sont pas astreints, comme les mandataires ordinaires, à établir qu'ils ont reçu mandat de faire les actes qu'on leur reproche; c'est, au contraire, à leurs clients (leurs mandants) de prouver que le mandat n'a pas été donné ou qu'il a été dépassé.

Tel est l'objet de l'ACTION EN DÉSAVEU.

Cette action est exigée vis-à-vis des AVOUÉS pour faire tomber les *offres*, *aveux* ou *consentements* faits par eux au nom de leurs clients. Toutefois, il est certains actes qu'on peut repousser sans recourir au désaveu, ce sont ceux qui doivent, *à peine de nullité*, être *signés* de la partie; ex,: l'inscription de faux, la récusation des experts, le désaveu lui-même, etc.

Par analogie, le désaveu est exigé vis-à-vis des HUISSIERS; mais les *avocats* sont, comme tout mandataire, obligés de prouver leur mandat.

Le désaveu est *principal* ou *incident*, suivant qu'il est fait en dehors ou dans le cours d'une instance. S'il est incident, il est porté devant le tribunal près duquel l'acte s'est passé; — s'il est principal, devant le tribunal du défendeur.

Cette procédure, à raison de sa gravité, suit des règles particulières; ainsi, le désaveu se forme par acte au greffe, signé du désavouant; il n'est pas soumis à la tentative de conciliation, mais il doit être communiqué au ministère public.

Le désaveu formé pendant une instance en arrête le cours, et, s'il est admis, l'acte désavoué est annulé ainsi que la procédure qui l'a suivi. S'il a lieu après l'instance terminée, les dispositions du jugement relatives au chef qui a donné lieu au désaveu sont annulées, et l'officier est condamné à des dommages-intérêts et à une peine disciplinaire.

Le désavouant qui succombe est passible de dommages-intérêts vis-à-vis de l'officier et des parties en cause. Le rejet est mentionné en marge du désaveu.

RÉGLEMENT DE JUGES.

Il arrive quelquefois que 2 tribunaux se déclarent compétents ou incompétents dans la même affaire. Dans une action mixte, par ex., 2 tribunaux peuvent avoir été saisis; s'ils retiennent tous les deux l'affaire, il est nécessaire de faire déterminer lequel des deux doit en connaître.

C'est le RÉGLEMENT DES JUGES.

Si les 2 tribunaux entre lesquels a lieu la lutte de compétence sont dans le même ressort, on s'adresse au tribunal qui leur est immédiatement supérieur; dans le cas contraire, à la cour de cassation. Ainsi, pour 2 justices de paix du même arrondissement, on va au tribunal d'arrondissement; si elles sont dans des arrondissements différents, mais dans le ressort de la même cour impériale, on va à cette cour; si elles relèvent de cours différentes, le réglement est fait par la cour de cassation.

On adresse, à cet effet, une requête au tribunal qui doit connaître du réglement, afin d'obtenir permission d'assigner son adversaire. Le jugement d'autorisation est signifié avec assignation, puis un 2me jugement détermine le tribunal compétent.

Au lieu de recourir de suite à un réglement de juges, on peut quelquefois proposer l'exception de litispendance ou de connexité, — ou bien faire appel sur la compétence; mais cette voie est plus lente et plus coûteuse.

RENVOI POUR PARENTÉ OU ALLIANCE.

Lorsque dans un tribunal un juge est parent ou allié d'une partie, l'adversaire peut demander que ce juge ne siége pas; s'il y a plusieurs juges parents, il est à craindre que leur influence ne s'exerce sur leurs collègues, et l'on peut demander que le tribunal entier ne connaisse pas de l'affaire.

Dans le 1er cas, c'est une demande en RÉCUSATION, — dans le 2me, une demande en RENVOI.

Pour demander le renvoi, il faut, si la partie est elle-même un juge, qu'elle ait un parent ou allié parmi les autres juges d'arrondissement, ou 2 parmi les autres conseillers, quand on est devant une cour. — Si la partie n'est pas un des juges, il faut alors qu'elle ait 2 parents parmi les juges d'un tribunal d'arrondissement, et 3 parmi les conseillers d'une cour.

Le renvoi ne peut être demandé que par l'adversaire de la partie qui a des parents, et non par la partie parente. Celle-ci ne peut, en effet, s'appuyer que sur la haine; or, dit-on, il est plus difficile de communiquer la haine que l'affection. Toutefois, la partie parente peut invoquer la récusation.

Le tribunal compétent est toujours celui qui a été saisi, mais les juges parents ne siégent pas. Le renvoi peut être demandé tant que l'affaire n'est pas *en état*.

La demande se forme par acte au greffe, signée de la partie qui la fait; le tribunal, par un 1er jugement, ordonne la communication aux juges parents ainsi qu'au ministère public, et désigne un juge rapporteur. Un 2me jugement, rendu contradictoirement avec l'adversaire, statue sur le renvoi; s'il est admis, et s'il s'agit d'un tribunal, l'affaire est renvoyée à l'un des tribunaux du ressort de la même cour; s'il s'agit d'une cour, on renvoie à l'une des 3 cours voisines.

Appel peut être interjeté, mais dans les *5 jours*.

On admet encore le renvoi pour cause de *sûreté publique* ou de *suspicion légitime*.

RÉCUSATION.

La RÉCUSATION est le droit qu'a une partie de demander que certains juges, dont la partialité est à craindre à raison de circonstances déterminées, ne connaissent pas de l'affaire soumise au tribunal où ils siègent.

Dans le renvoi, on suspecte le tribunal entier et l'on demande à aller devant un autre. — Dans la récusation, on demande qu'un ou plusieurs juges soient écartés, mais le tribunal reste saisi.

Un juge peut être récusé dans les cas suivants :

1° S'il est *parent* ou *allié* des parties ou de l'une d'elles, jusqu'au degré de cousin issu de germain.

2° Si la *femme du juge* est *parente* ou *alliée* de l'une des parties, ou si le *juge* est *parent* ou *allié de la femme* de l'une des parties au degré ci-dessus, lorsque la femme est vivante, ou qu'étant décédée, il existe des enfants : si elle est décédée et qu'il n'y ait pas d'enfants, le beau-père, le gendre, les beaux-frères ne peuvent être juges.

3° Si le juge, sa femme, leurs descendants ou ascendants ou alliés dans la même ligne ont un *différend actuellement engagé sur pareille question* que celle dont il s'agit entre les parties.

4° S'ils ont un *procès en leur nom dans un tribunal où l'une des parties est juge.*

S'ils sont *créanciers* ou *débiteurs* de l'une des parties.

5° Si, dans les 5 ans qui ont précédé la récusation, il y a eu *procès criminel* entre eux et l'une des parties ou son conjoint, ou ses parents et alliés en ligne directe.

6° S'il y a *procès civil* entre eux et l'une des parties, et que ce procès, s'il a été intenté par la partie, l'ait été avant l'instance dans laquelle la récusation est proposée; ou si ce procès, étant terminé, ne l'a été que dans les 6 mois précédant la récusation.

7° Si le juge est *tuteur, subrogé-tuteur* ou *curateur* de l'une des parties;

S'il est *héritier présomptif* ou *donataire,* — *maître* ou *commensal* de l'une des parties;

S'il est *administrateur* de quelque établissement, Société ou direction partie dans la cause;

Si l'une des parties est sa *présomptive héritière.*

8° Si le juge a *donné conseil, plaidé* ou *écrit sur le différend;*

S'il en a précédemment *connu* comme juge ou arbitre;

S'il a *sollicité, recommandé* ou *fourni aux frais du procès;*

S'il a déposé comme *témoin;*

Si, depuis le commencement du procès, il a *bu* ou *mangé* avec l'une ou l'autre des parties dans leur maison, ou *reçu* d'elle des *présents.*

9° S'il y a *inimitié capitale* entre lui et l'une des parties; —S'il y a eu de sa part *agressions, injures* ou *menaces,* verbalement ou par écrit, depuis l'instance, ou dans les 6 mois précédant la récusation proposée.

Le juge qui connaît une cause de récusation en sa personne doit le déclarer au tribunal, qui décide s'il s'abstiendra. Si le juge ne prévient pas le tribunal, ou s'il ignore la cause de récusation, la partie doit, comme pour le renvoi, proposer la récusation avant que la cause soit *en état.*

La procédure est à peu près la même que dans le renvoi : une requête est adressée au tribunal. — Un 1er jugement déclare si la demande est ou non admissible. Dans le 1er cas, communication est donnée au juge et au procureur. Puis un 2me jugement statue définitivement. — Quand la demande est rejetée, le récusant est passible d'une amende de 100 fr. au moins, et, en outre, de dommages-intérêts envers le juge.

Il y a toujours lieu à appel, mais dans les *5 jours* seulement.

PÉREMPTION.

La PÉREMPTION est l'extinction d'une instance par la discontinuation des poursuites pendant un certain temps (*3 ans*). C'est un moyen admis en faveur du défendeur et fondé sur une présomption d'abandon de la poursuite de la part du demandeur.

Le défendeur, seul, peut demander la péremption ; quant au demandeur, il a un autre moyen d'arrêter la procédure, le *désistement*. (Voy. tit. suiv.)

La péremption, en éteignant la procédure, laisse intact le droit du demandeur, qui peut recommencer le procès, pourvu que son action ne soit pas éteinte elle-même par la prescription.

En appel, la péremption entraîne l'extinction de l'action elle-même, car elle donne au jugement attaqué la force de la chose jugée. (Voy. *Appel.*)

La péremption n'a pas lieu *de plein droit*, c.-à-d. par cela seul que le délai est expiré ; il faut qu'elle soit invoquée par le défendeur avant que le demandeur ait fait aucun acte ; autrement, elle serait couverte par le seul fait de la continuation des poursuites. En cela, elle diffère de la prescription, qui donne un droit acquis dès que le temps voulu est accompli, et qui ne peut plus être anéantie par le fait de celui contre qui elle courait. Mais, comme la prescription, la péremption n'a *pas lieu d'office*, c.-à-d. que l'une et l'autre doivent être proposées par les parties.

DÉSISTEMENT.

Le DÉSISTEMENT est la renonciation à la procédure qu'on a commencée. C'est une faculté accordée au demandeur de retirer son action tout en conservant le droit de la renouveler. Il en use lorsque, par ex., il croit avoir avantage à attendre pour se procurer des pièces.

Le désistement ne dépend pas du demandeur seul : il doit être accepté par le défendeur, qui peut le repousser, s'il préfère que l'instance soit continuée et l'affaire jugée. Le désistement n'est valable qu'autant qu'il est *signé* des parties.

Les *effets* du désistement sont de remettre les choses dans l'état où elles étaient avant la demande, c.-à-d. de faire considérer l'action comme n'ayant pas été exercée. En outre, tous les frais sont à la charge du demandeur.

MATIÈRES SOMMAIRES.

La procédure exposée jusqu'ici est dite *ordinaire*, par opposition à la procédure plus simple appelée *sommaire*.

Les affaires prennent le nom de la procédure qui leur est applicable, et se divisent en matières ordinaires et matières sommaires.

Les affaires SOMMAIRES sont celles qui, à raison de leur simplicité, ou de la modicité de leur intérêt, ou enfin de la célérité qu'exige leur nature, sont soumises à une procédure plus simple, plus rapide et moins coûteuse. Ce sont :

1° Les *Appels des juges de paix.*

2° Les *Demandes pures personnelles* (ni réelles, ni mixtes), *à quelque somme qu'elles s'élèvent, s'il y a titre non contesté.*

Quand on dit que le titre ne doit pas être contesté, cela ne signifie pas qu'il ne doit y avoir aucune contestation, car alors il n'y aurait pas de procès. Mais, tout en reconnaissant la validité d'un titre, par ex., d'une créance, on peut se prétendre libéré par paiement ou autrement.

3° Les *Demandes formées sans titre, mais n'excédant pas 1,500 fr. de capital, en matière personnelle et mobilière, ou 60 fr. de revenu, en matière immobilière.*

4° Les *Demandes provisoires* ou *requérant célérité,*

5° Les *Demandes en paiement de loyers, fermages et arrérages de rentes.*

f

La procédure des affaires sommaires est la même que celle des affaires ordinaires, sauf certaines modifications.

Ainsi, il y a lieu au *Préliminaire de Conciliation* dans toute affaire qui n'en n'est pas dispensée.

La demande est formée par *Ajournement*.

Le défendeur fait sa *Constitution d'avoué* dans les 8 jours.

Mais il n'y a ni *Défenses*, ni *Réponse*, ni *Avenir*.

L'affaire est plaidée et le jugement rendu comme en matière ordinaire.

La procédure sommaire suit encore des règles particulières sur les incidents, l'enquête et les frais.

Les *Demandes incidentes* et en *intervention* sont formées par requête d'avoué contenant seulement des conclusions motivées, c.-à-d. que la requête ne peut qu'énoncer l'objet et les motifs, et non les développer comme en matière ordinaire.

L'*Enquête* est beaucoup plus simple : — elle a lieu à l'audience, et non en chambre du Conseil ; — les dépositions ne sont transcrites qu'autant que l'affaire est susceptible d'appel; — enfin, le témoin reproché n'est pas entendu, le reproche étant jugé de suite. (Voy. p. 65.)

Les *Frais* sont moins considérables : les avoués n'ont en effet, outre leurs déboursés, qu'un droit d'obtention de jugement; ils ne comptent pas un droit particulier pour chaque acte de leur ministère.

PROCÉDURE DEVANT LES TRIBUNAUX DE COMMERCE.

Les MATIÈRES COMMERCIALES sont généralement fort simples, et exigent, pour être bien jugées, plutôt la connaissance du commerce que la notion du droit. C'est pour cela qu'on a institué des tribunaux de commerce, composés spécialement de commerçants, et qu'on a admis, pour ces sortes d'affaires, une procédure plus simple et plus expéditive.

Les affaires commerciales sont toutes dispensées du *Préliminaire de Conciliation.*

La demande est formée par un *Ajournement*.

Il n'y a pas d'autre acte de procédure; on vient à l'audience au jour indiqué, la cause est plaidée et jugée de suite. Devant les tribunaux de commerce, il n'y a pas d'avoués; toutefois, ceux-ci peuvent, comme toute autre personne, représenter les parties en qualité de mandataires; dans certaines villes, même, ils sont *agréés :* on appelle ainsi des personnes attachées près d'un tribunal de commerce, et recommandées par lui aux parties pour les représenter.

Le *Délai* de l'ajournement est d'*un jour franc*.

Dans les affaires requérant célérité, on peut, avec la permission du président, assigner de *jour à jour*, et même d'HEURE A HEURE, c.-à-d. assigner le lundi pour le mardi, et même à midi pour une heure. Bien plus, dans les *affaires maritimes* où il existe des parties non domiciliées en France, et dans celles où il s'agit d'agrès, victuailles, équipages et radoubs de vaisseaux prêts à mettre à la voile, et autres matières urgentes et provisoires, on peut assigner d'*heure à heure*, sans ordonnance du président.

L'assignation est remise à personne ou à domicile; et même, quand il s'agit d'une personne embarquée, l'assignation peut être remise à bord, à quelqu'un du navire, comme si c'était le domicile.

Le *Tribunal compétent*, en matière de commerce, est au choix du demandeur :

1° Le tribunal du domicile du défendeur.

2° Celui dans l'arrondissement duquel la promesse a été faite et la marchandise livrée.

3° Celui dans l'arrondissement duquel le paiement devait être effectué.

Ainsi, un négociant de *Paris* va à *Rouen* acheter et se faire livrer des marchandises qu'il s'engage à payer au *Hâvre*, il pourra être poursuivi devant l'un ou l'autre des tribunaux de commerce de ces 3 villes.

D'après ce principe : que *le juge de l'action est juge de l'exception*, les tribunaux de commerce connaissent de toutes les exceptions proposées devant eux, et notamment de l'exception d'incompétence. A l'égard de cette dernière, ils ne sont pas forcés, comme les tribunaux civils, de statuer préalablement au principal. Dans un but de célérité, il leur est permis de joindre la question de compétence au fond, pour vider le tout par un seul et même jugement; mais à la condition, toutefois, de statuer par 2 dispositions dictinctes, parce que la question de compétence est toujours susceptible d'appel, alors même que le principal est en dernier ressort.

Quant aux *incidents* autres que les exceptions, le tribunal de commerce en connaît également; il en est, cependant, qui doivent être jugés par le tribunal civil seul, tels sont les vérifications d'écritures et le faux incident civil; dans ce cas, le tribunal de commerce surseoit.

Les *Preuves* sont les mêmes qu'en matière civile; toutefois, la preuve testimoniale peut être admise dans tous les cas, et quelle que soit la valeur du litige.

L'*Enquête* a lieu comme en matière sommaire.

La preuve écrite peut résulter des registres et de la correspondance des commerçants.

L'expertise peut toujours être confiée à *un seul expert*.

Enfin, il y a un mode de preuve spécial, c'est le recours aux *arbitres*, quand il s'agit de comptes.

En matière commerciale, il n'y a qu'une seule espèce de défaut contre le défendeur (celui *contre partie*), puisqu'il n'y a pas d'avoués. Ce défaut suit anjourd'hui les mêmes règles que le défaut contre partie: ainsi, il est signifié par un huissier commis, — il doit être exécuté dans les 6 mois, sous peine de péremption, — il est susceptible d'opposition tant qu'il n'est pas réputé exécuté, — enfin, l'opposition se fait de 2 manières : par acte extrajudiciaire ou par déclaration sur un acte d'exécution.

Tous les jugements des tribunaux de commerce sont *exécutoires par provision*, c.-à-d. que l'appel n'est pas suspensif.

Les tribunaux de commerce étant des tribunaux d'exception, NE CONNAISSENT PAS DE L'EXÉCUTION DE LEURS JUGEMENTS, car les difficultés soulevées à raison de l'exécution, sont des questions de procédure étrangères à leur compétence; telles sont les contestations sur la validité du commandement, de la saisie, ou de la vente des biens. Mais cette règle doit s'entendre avec restriction, car les tribunaux de commerce connaissent des mesures d'instruction qu'ils ordonnent, par ex., des enquêtes ou expertises; et seuls, ils interprètent les clauses obscures de leurs jugements.

RECOURS CONTRE LES JUGEMENTS.

Les voies de recours contre les décisions des tribunaux sont au nombre de 6, savoir :

L'OPPOSITION, pour les jugements par défaut.

L'APPEL, pour ceux en 1er ressort (contradictoires ou par défaut).

La TIERCE OPPOSITION, au profit des tiers.

La REQUÊTE CIVILE, pour les jugements en dernier ressort.

La PRISE A PARTIE, contre les juges.

La CASSATION, pour les jugements en dernier ressort.

Ces voies se divisent :

1° En voies de *Rétractation* et de *Réformation*.

2° En voies *Ordinaires* et *Extraordinaires*.

Le recours est une voie de RÉTRACTATION lorsqu'on s'adresse au tribunal même qui a rendu le jugement attaqué : *opposition, requête civile, tierce opposition* (principale, quelquefois même incidente).

Il est une voie de RÉFORMATION lorsqu'on en réfère à un autre tribunal : *appel, tierce opposition* (quand elle est incidente devant un tribunal inférieur).

Les voies ORDINAIRES sont l'*opposition* et l'*appel*. Elles suspendent de droit l'exécution, sauf exception.

Les voies EXTRAORDINAIRES sont la *tierce opposition*, la *requête civile*, la *prise à partie*, la *cassation*. Elles ne suspendent pas de droit l'exécution, et une seule, la tierce opposition, peut être déclarée suspensive par les juges.

APPEL.

L'APPEL est le recours qui a pour but de faire réformer par un tribunal supérieur le jugement d'un tribunal inférieur.

Le demandeur se nomme *Appelant* et le défendeur *Intimé*.

ESPÈCES D'APPEL. — L'appel est principal ou incident.

L'appel *principal* est celui qui est fait le premier. Il se forme par assignation et doit être fait dans le délai de 2 *mois*.

L'appel *incident* est celui fait par l'intimé dans le cours de l'instance en appel. Il se forme par requête et peut avoir lieu en tout état de cause (c.-à-d. tant que l'appel principal n'est pas jugé, et même après les délais de 2 mois).

EFFETS DE L'APPEL. — Il y en a 2 :

1° L'appel est *Dévolutif*, c.-à-d. qu'il attribue la connaissance de l'affaire à un tribunal supérieur ; le différend est remis en question, et les seconds juges ont la plénitude de juridiction sur toutes les dispositions attaquées. En cassation, au contraire, la cour n'a que le droit d'annuler ce qui a été fait, sans remplacer la 1re décision par une autre.

2° L'appel est *Suspensif*, c.-à-d. qu'il arrête l'exécution du jugement attaqué, excepté dans le cas où l'*exécution provisoire* est ordonnée.

TRIBUNAUX D'APPEL. — Ce sont :

Les *Tribunaux d'arrondissement*,— pour les justices de paix.

Les *Cours impériales*, — pour les tribunaux d'arrondissement et de commerce.

Les *Tribunaux de commerce*, — pour les Conseils de Prud'hommes.

Jugements susceptibles d'appel. — Ce sont toutes les *décisions en 1er ressort* (qu'elles soient définitives ou avant dire droit, contradictoires ou par défaut).

Les **Décisions en 1er ressort** devant les tribunaux de commerce et ceux d'arrondissement sont :

Les *Demandes mobilières au dessus de 1,500 fr.*

Les *Demandes immobilières sur un objet au-dessus de 60 fr. de revenu.*

Certaines demandes, quel que soit l'intérêt, par ex., celles concernant l'état des personnes, la compétence, les renvois.

La fausse qualification donnée par les juges à leur décision est sans influence sur le droit d'appel. Ainsi, on peut appeler d'un jugement qualifié à tort en dernier ressort; et si l'on fait appel d'un jugement mal à propos qualifié en 1er ressort, cet appel devra être rejeté comme non recevable, sans qu'il y ait lieu d'examiner le fond. Toutefois, la fausse qualification a pour résultat de renverser l'effet suspensif de l'appel, en ce sens que l'appel d'une décision en 1er ressort n'arrêtera pas l'exécution; tandis que l'appel d'un jugement mal à propos qualifié en 1er ressort sera suspensif. Mais on peut s'adresser de suite à la cour pour faire rétablir les effets de l'appel.

Délais. — 1° *Délais pendant lesquels l'appel n'est pas recevable.* — Les jugements exécutoires par provision pouvant être exécutés immédiatement, et l'appel n'en n'arrêtant pas l'exécution, on peut en appeler aussitôt la sentence, car il importe à l'appelant que le jugement soit réformé au plus tôt.

Mais les jugements *non exécutoires par provision* ne pouvant pas être exécutés de suite, la loi, dans le but de laisser aux parties le temps de réfléchir et de les empêcher de faire appel au sortir de l'audience, ne permet d'en appeler qu'après un certain délai. Ainsi : Lorsque le jugement est définitif ou interlocutoire, l'appel n'est recevable que *8 jours après le prononcé de la sentence.* Pendant ce délai l'exécution est interdite.

Si le jugement est préparatoire, l'appel n'est recevable qu'*après le jugement définitif.* Inutile, en effet, de se plaindre des détails d'instruction avant de connaître la solution du procès. — S'il est par défaut, l'appel n'est pas recevable *pendant les délais d'opposition.* Tant qu'elle est possible, l'opposition doit être préférée, comme plus simple.

2° *Délais pendant lesquels l'appel est recevable.* — Le délai ordinaire est aujourd'hui de *2 mois* (l. 2 mai 1862).

Ce délai court, si le jugement est *contradictoire,* du *jour de la signification* à personne ou à domicile, et non du jour du jugement. — S'il est par *défaut,* du jour où l'opposition n'est plus recevable.

Ceci ne s'applique qu'à l'appel *principal;* quant à l'appel *incident,* il peut être *formé en tout état de cause.* L'intimé peut, en effet, faire appel, même après les 2 mois, et bien qu'il ait signifié le jugement sans protestation; car s'il a acquiescé au jugement, c'est à la condition de le voir maintenu dans son entier; mais du moment où on attaque ce jugement sur un chef, il reprend le droit de l'attaquer sur les autres chefs.

PROCÉDURE. — L'acte d'appel est signifié à personne ou à domicile; il contient les mêmes indications que l'ajournement, sauf l'exposé des moyens (cet exposé est inutile, puisque l'appelant doit signifier ses griefs dans un acte spécial); — l'intimé constitue avoué; — l'appelant a 8 jours pour signifier ses griefs; — l'intimé 8 jours pour y répondre. Puis vient l'audience : l'affaire est plaidée et jugée d'après les mêmes règles qu'en 1re instance.

Aucune demande nouvelle ne peut être formée en appel, excepté : les demandes en compensation; — celles en défense à l'action principale, — ou pour intérêts, arrérages, loyers et autres accessoires échus depuis le jugement de 1re instance; — enfin, celles en dommages-intérêts pour préjudice souffert depuis ledit jugement. C'est afin qu'on ne puisse pas priver son adversaire des 2 degrés de juridiction.

Par le même motif, *aucune intervention* n'est recevable, si ce n'est de la part de ceux qui pourraient former tierce-opposition. Cette exception a pour but d'empêcher un nouveau procès, ou plutôt un recours extraordinaire.

Péremption. — En appel, la péremption n'a pas simplement pour effet, comme en 1re instance, d'anéantir les actes de procédure, elle éteint l'action, c.-à-d. le droit de poursuivre l'appel, et donne au jugement attaqué *force de chose jugée*. L'abandon des poursuites pendant 3 ans est considéré, ici, comme un acquiescement au jugement de 1re instance.

Amende de fol appel. — Si l'appelant succombe, il est condamné à une amende qui est de 5 fr. pour les appels des juges de paix, et de 10 fr. pour ceux des tribunaux d'arrondissement et de commerce.

Exécution. — Si le jugement est *confirmé*, la connaissance des difficultés d'exécution appartient au tribunal qui a jugé en 1er ressort. — S'il est *infirmé*, l'exécution appartient à la cour elle-même, ou à un tribunal du même ordre que celui qui a jugé en 1er ressort, et que la cour désigne. Mais l'exécution n'appartient jamais au tribunal qui a rendu la sentence attaquée, car on craint que ce tribunal ne tende à faire exécuter le jugement dans le sens de son opinion.

DROIT D'ÉVOCATION. — C'est la faculté qu'a un tribunal de s'emparer d'une affaire de la compétence d'un autre tribunal.

Les tribunaux d'appel, lorsqu'ils *infirment* un *interlocutoire*, ont le droit, si le fond est en état d'être jugé, d'évoquer l'affaire, c.-à-d. de la retenir et de statuer sur le tout par un seul et même jugement. Le tribunal dont l'interlocutoire est réformé pourrait, s'il rendait le jugement définitif, faire prévaloir son opinion (repoussée en appel).

Dans un but d'économie et de célérité, ce droit d'évocation existe encore, si c'est un jugement *définitif* qui est infirmé pour vice de forme ou pour toute autre cause (*étrangère au fond*). Si l'infirmation avait lieu pour un motif tiré du fond, le tribunal d'appel devrait nécessairement juger l'affaire. Mais il faut dans ce cas, comme dans le précédent, que la cause soit en état de recevoir une solution définitive, afin qu'il n'y ait qu'un seul arrêt.

TIERCE OPPOSITION.

Les voies de recours sont *ordinaires* (opposition et appel), ou *extraordinaires* (tierce-opposition, requête civile, prise à partie, cassation).

La TIERCE-OPPOSITION est la voie par laquelle une personne, qui n'a pas figuré dans un procès, demande l'annulation de tout ou partie du jugement rendu entre les parties en cause, sous prétexte que ce jugement préjudicie à ses droits.

Tout individu qui n'a pas figuré en personne au procès, n'est pas étranger au jugement : ainsi, le mandant est représenté par le mandataire, — le pupille, par son tuteur ; — de même, les ayants cause (héritiers ou légataires), sont représentés par leur auteur. Enfin, les créanciers (chyrographaires) étant représentés par le débiteur, ne peuvent former tierce-opposition contre les jugements rendus contre celui-ci, à moins cependant qu'il n'y ait eu fraude.

D'après le principe : *Res inter alios judicata, aliis neque nocere, neque prodesse potest*, comment un tiers a-t-il intérêt à attaquer un jugement, puisque ce jugement ne peut lui nuire ? Il est vrai qu'en droit, le jugement auquel on est étranger ne peut causer aucun préjudice, mais en fait, il n'en est pas toujours ainsi, et l'on peut quelquefois avoir intérêt à empêcher l'exécution d'un jugement rendu entre d'autres personnes.

Par ex., si un dépositaire s'est laissé condamner à restituer à une personne l'objet déposé, le déposant n'a pas à redouter, en droit, ce jugement qui ne lui est pas opposable ; mais en fait, il peut craindre que la chose ne soit reprise et vendue par le revendiquant, et que ce dernier, étant insolvable, ne puisse l'indemniser. Il a donc intérêt, au lieu de le poursuivre directement, à former tierce-opposition, car alors les juges pourront suspendre l'exécution du jugement, et empêcher l'enlèvement de l'objet litigieux jusqu'à ce que le droit soit établi.

Tous les jugements sont attaquables par tierce-opposition (contradictoires ou par défaut, en 1er ou en dernier ressort).

La tierce-opposition est *principale* lorsqu'elle est formée en dehors de toute instance ; dans ce cas, le tribunal compétent est celui qui a rendu le jugement attaqué.

Incidente, lorsque dans une instance on attaque un jugement opposé par l'adversaire ; dans ce cas, si le tribunal où l'on se trouve, est égal ou supérieur à celui qui a rendu le jugement attaqué, c'est lui qui est compétent ; mais s'il est inférieur, ce sera le tribunal primitif.

Le *Délai* n'ayant été réglé que dans le cas de séparation de biens (*1 an*), on accorde *30 ans*.

Il n'y a aucune procédure particulière ; la demande se forme par ajournement ou par requête, suivant les circonstances.

EFFETS. — La tierce-opposition n'est ni *dévolutive*, ni *suspensive*. Toutefois, *les juges peuvent suspendre l'exécution* du jugement quand bon leur semble, excepté dans le cas d'un jugement passé en force de chose jugée ordonnant de délaisser la possession d'un immeuble ; dans ce cas, l'exécution n'étant pas à redouter, puisqu'il s'agit d'un immeuble, on a voulu empêcher que le possesseur ne cherchât à retarder la restitution en faisant agir un tiers.

REQUÊTE CIVILE.

La REQUÊTE CIVILE est une voie extraordinaire ouverte aux parties contre les décisions inattaquables par les voies ordinaires. Son nom vient de ce qu'autrefois, pour attaquer une décision souveraine, il fallait adresser à la chancellerie une requête en permission, dont les termes devaient être *polis*.

La requête civile est *principale* ou *incidente*, suivant qu'elle est formée en dehors, ou dans le cours d'une instance.

Les jugements susceptibles de ce recours sont les jugements EN DERNIER RESSORT (contradictoires ou par défaut). Ceux en 1er ressort ne sont pas attaquables par ce moyen, ni pendant les délais d'appel, parce qu'il y a une voie ordinaire, — ni même après ces délais, parce qu'alors on est en faute d'avoir négligé l'appel.

De même, si le jugement en dernier ressort est par défaut, la requête civile n'est permise qu'après les délais d'opposition, et si on l'accorde ici, malgré la faculté d'user d'une voie ordinaire, c'est dans la crainte que la partie n'ait ignoré la condamnation.

CAS D'OUVERTURE DE REQUÊTE CIVILE. — Il y en a 11 :

1° S'il y a eu *dol personnel*, c.-à-d. dol émané de l'adversaire, et non d'un tiers étranger à l'instance.

2° Si les *formes prescrites à peine de nullité* ont été violées, soit avant, soit après le jugement, pourvu que la nullité n'ait pas été couverte par les parties (par ex., en plaidant sur le fond). Ce cas donne aussi lieu à cassation (voy. ce titre).

3° S'il a été *prononcé sur choses non demandées*.

4° S'il a été *adjugé plus qu'il n'a été demandé*.

5° S'il a été *omis de prononcer sur l'un des chefs*.

6° S'il y a *contrariété de jugements en dernier ressort* entre les mêmes parties, sur les mêmes moyens et *dans les mêmes cours et tribunaux*.

Quand les 2 jugements sont rendus par des tribunaux *différents*, c'est un cas de recours en cassation.

7° Si, *dans un même jugement*, il y a des *dispositions contraires*.

8° Si la *communication au ministère public n'a pas eu lieu* dans les cas où elle est exigée, et que le jugement ait été rendu contre celui en faveur duquel elle était ordonnée (par ex., un mineur).

9° Si l'on a *jugé sur pièces* reconnues ou déclarées *fausses* depuis le jugement.

10° Si, depuis le jugement, il a été *recouvré des pièces décisives* et qui avaient été retenues par le fait de la partie (par ex., une quittance).

11° Si l'*État*, les *communes*, les *établissements publics* et les *mineurs* n'ont *pas été défendus*, ou s'ils ne l'ont pas été valablement. (Ainsi, un mineur a agi seul, ou bien son tuteur n'a pas pris l'avis du conseil de famille).

Le *Délai* pour former requête civile est de *2 mois*.

Le *Tribunal compétent* est toujours celui qui a rendu le jugement attaqué, peu importe que la requête soit principale ou incidente, car c'est un moyen fondé sur ce que le tribunal a été surpris ou n'a pas été suffisamment éclairé.

Procédure. — Il est d'usage d'adresser une *requête en permission d'assigner* au président du tribunal compétent. On doit préalablement faire une *consignation de 300 fr. à titre d'amende*, et de *150 fr. pour dommages-intérêts*.

Il faut aussi une *consultation de 3 avocats* exerçant depuis 10 ans et déclarant qu'ils sont d'avis de la requête civile.

Le reste se passe comme dans une procédure ordinaire; toutefois, il y a *2 instances* successives et distinctes.

La 1re, appelée instance sur le RESCINDANT, a pour but de faire rétracter le jugement attaqué. Si l'annulation est prononcée, les parties sont remises dans l'état où elles étaient avant le jugement rétracté.

La 2me, appelée instance sur le RESCISOIRE, a pour but de faire statuer de nouveau sur le fond du procès et d'obtenir un jugement destiné à remplacer celui qui a été annulé.

Par exception, il n'y a qu'*une seule instance* dans le cas de *contrariété de jugements*. En effet, le tribunal en annulant le dernier jugement comme contraire au principe de la chose jugée, ordonne que le 1er soit exécuté sans avoir à examiner lequel des deux jugements est conforme à l'équité.

Effets. — La requête civile n'est ni *dévolutive*, ni *suspensive.* Il n'est même pas permis aux juges de suspendre l'exécution, comme dans la tierce-opposition. Bien plus, il est un cas où *le jugement doit être exécuté au principal avant de plaider;* c'est lorsqu'il s'agit du délaissement d'un héritage.

PRISE A PARTIE.

La PRISE A PARTIE est une voie extraordinaire par laquelle une personne poursuit un juge en réparation du préjudice qu'il lui a causé par sa faute dans l'exercice de ses fonctions.

CAS DE PRISE A PARTIE. — Il y en 4 :

1° *S'il y a eu dol, fraude ou concussion.* — Il y a dol ou fraude, par ex., quand on altère la déposition d'un témoin. Concussion, quand on perçoit des droits non dûs, ex.: un juge porte plus de jours qu'il n'en a employés dans une descente sur les lieux.

2° *Si la prise à partie est expressément autorisée par la loi.* — Ceci s'applique seulement aux matières criminelles (ex. : défaut de signature des sentences dans les 24 heures).

3° *Si le juge est déclaré par la loi responsable* à peine de dommages-intérêts. — Par ex., si une cour accorde un sursis à l'exécution d'un jugement de commerce.

4° *S'il y a déni de justice.* — Il y a 3 cas de déni :
Si le juge refuse de répondre à une requête.
S'il néglige de juger une affaire en état et en tour d'être jugée.
S'il refuse de juger, sous prétexte de silence, obscurité ou insuffisance de la loi.

Pour qu'il y ait déni, il faut que le juge soit mis en demeure par 2 réquisitions faites par huissier, non directement au juge, mais en la personne du greffier.

Les *Personnes attaquables* par la prise à partie sont : les membres des cours ou tribunaux et les cours et tribunaux eux-mêmes, — les membres du ministère public, — enfin, mais exceptionnellement, les greffiers.

Le *Tribunal compétent* est la *Cour impériale* — lorsqu'il s'agit de juges ou membres de la cour impériale, ou bien de tribunaux proprement dits. C'est la *Cour de cassation* — lorsqu'il s'agit d'une cour ou d'une section de cour, ou bien des membres de la cour de cassation.

La prise à partie est *formée* par une requête en permission adressée à la cour compétente qui, en chambre du Conseil, rend un 1er arrêt, sans débat oral. — Si la prise à partie est rejetée, le demandeur paie une amende de 300 fr. — Si elle est admise, il signifie sa requête au juge, qui doit constituer avoué. Après les écritures, l'affaire est plaidée à l'audience, et l'arrêt définitif est rendu par les chambres réunies.

Les *Effets* de ce recours ne sont pas déterminés par la loi ; s'il s'agit d'un acte en dehors d'une instance, cet acte est annulé. Mais s'il s'agit d'un jugement rendu par dol, le jugement est-il annulé ? ou bien est-il maintenu et le juge condamné à une indemnité ? On n'est pas fixé.

CASSATION.

Le recours en CASSATION est une voie extraordinaire d'attaquer les jugements *en dernier ressort*.

Ce n'est pas un 3me degré de juridiction ; la cour n'examine pas s'il a été bien ou mal jugé au fond, mais si les moyens proposés sont justifiés. Si elle annule le jugement, elle ne le remplace pas, mais elle renvoie devant un autre tribunal.

Le pourvoi en cassation n'est donc *pas dévolutif;* il n'est pas non plus *suspensif,* excepté quand il s'agit d'un jugement ordonnant la suppression ou la réformation d'une pièce déclarée fausse.

CAS D'OUVERTURE DE CASSATION. — Il y en a 4 :

1° *Incompétence* ou *excès de pouvoir.* — L'excès de pouvoir s'entend des actes défendus à toute juridiction, par ex., une décision réglementaire (5, c. N.), ou portant défense d'exécuter une loi.

L'incompétence se rapporte à des actes permis aux tribunaux, mais qui émanent d'un autre tribunal que celui qui devait en connaître.

L'incompétence *ratione materiæ* donne toujours lieu à cassation, que l'exception ait ou non été proposée, car elle est d'ordre public.

Quant à l'incompétence *ratione personæ*, elle ne donne lieu à cassation qu'autant que l'exception a été proposée au début de l'instance et repoussée, car autrement, elle a été couverte par le silence du défendeur. Elle est encore un moyen de cassation lorsque le jugement est par défaut.

2° *Violation de la loi.* — La cour de cassation recherche seulement si le droit a été violé, et non si le fait a été bien ou mal apprécié. Elle doit tenir pour vrais les faits attestés par la décision attaquée, excepté si la loi n'admet pas la vérification de ces faits, par ex., la paternité naturelle, car alors c'est une question de droit.

3° *Violation des formes* de procédure prescrites à peine de nullité. — C'est aussi un cas de requête civile, mais comme la cassation n'est pas admise dans les cas de requête civile, on a fait une distinction qui permet les 2 sortes de recours : si l'inobservation des formes n'a pas été invoquée, il y a erreur involontaire, la requête civile seule est admise ; si, au contraire, la nullité a été proposée et repoussée, le recours en cassation est seul permis.

4° *Contrariété de jugements rendus par des cours ou tribunaux différents* entre les mêmes parties et sur les mêmes moyens. — Si les 2 jugements émanaient du *même tribunal*, ce serait un cas de requête civile.

Le *délai* pour se pourvoir en cassation est de *2 mois*.

Les *jugements attaquables* sont : les décisions EN DERNIER RESSORT, c.-à-d. les arrêts des cours impériales et les jugements des tribunaux d'arrondissement, de commerce et des Conseils de prud'hommes rendus en 1er et dernier ressort, ou 2me ressort (c.-à-d. en appel),

Quant aux jugements des juges de paix, ils ne sont susceptibles de cassation que dans un seul cas pour *excès de pouvoir*).

Les *personnes qui ont le droit d'exercer* le pourvoi sont :

1° Les *parties* qui ont figuré dans l'instance, leurs héritiers ou ayants cause (mais non les tiers).

2° Le *procureur général* près la cour de cassation, mais dans 2 cas seulement :

    1° Sur l'ordre du gouvernement, pour excès de pouvoir.

    2° De son chef, pour violation de la loi, ou des formes, ou même excès de pouvoir.

Dans ce dernier cas, le pourvoi est dit *dans l'intérêt de la loi*, parce qu'il ne produit aucun effet vis-à-vis des parties. Le jugement, bien que cassé à la suite de ce pourvoi, est maintenu à l'égard des parties, et vaut transaction pour elles. Au reste, le procureur général ne peut se pourvoir qu'après l'expiration du délai accordé aux parties.

La *Procédure* est particulière : — Un mémoire en forme de requête, signé d'un avocat à la cour de cassation, est déposé au greffe, mais il n'est pas signifié à l'adversaire qui n'est pas représenté dans la 1re partie de l'instance. On doit consigner à l'avance une amende qui est de 150 fr. pour les jugements contradictoires, et de moitié pour ceux par défaut. L'affaire est portée devant la *Chambre des requêtes :* un conseiller fait un rapport, l'avocat du demandeur présente ses moyens, le ministère public ses conclusoins, la cour statue ; si les moyens ne lui paraissent pas sérieux, elle rejette le pouvoi ; l'arrêt est *motivé*, et est définitif. Si les moyens paraissent sérieux et admissibles, la cour prononce le *renvoi à la Chambre civile*. Dans ce cas, l'arrêt n'est pas *motivé :* il est inutile, en effet, de donner des motifs qui, peut-être, ne seront pas adoptés par la Chambre. Ainsi, la Chambre des requêtes examine l'admissibilité des pourvois, elle élimine les moins sérieux et admet les autres à un 2me examen.

Devant la *Chambre civile*, le défendeur est représenté. Il est fait un nouveau rapport, et les avocats des 2 parties ont la parole, le ministère public donne ses conclusions, et la cour rend un arrêt qui est toujours *motivé*. Si elle rejette le pourvoi, son arrêt est définitif. Si elle l'admet, elle casse le jugement et renvoie l'affaire à un autre tribunal du même ordre. Ce tribunal n'est pas lié par l'arrêt de la cour, il peut juger dans le même sens que le 1er tribunal.

Dans ce cas, le nouveau pourvoi, s'il y en a un, est porté devant, les 3 chambres de la cour réunies ; et si le jugement est cassé une 2me fois, l'affaire est renvoyée devant un 3me tribunal, mais ce dernier n'a pas la même liberté de décision que le 2me ; il reste bien juge souverain de l'appréciation des faits, mais il doit se conformer à l'arrêt de la cour sur le point de droit (l. 1er, avril 1837).